**JUGENDSTIL
IM
QUADRAT**

Heike Maria Johenning

JUGENDSTIL IM QUADRAT

ART NOUVEAU SQUARED

Deutscher
Kunstverlag

Inhalt – Content

To Friedrich and Kasimir

Dank

Mein Dank geht an alle Jugendstilfans, die ich mit meiner Leidenschaft für Jugendstilfliesen anstecken durfte. Allen voran danke ich Peter Knoch, der als Architekt und echter Berliner die wunderbarsten Fliesenspiegel hinter den unscheinbarsten Jugendstil-Haustüren aufspürte. Eva Marquardt hat sich monatelang in Charlottenburger Hauseingänge gemogelt, aber im Gegensatz zu mir abgewartet, bis jemand die Tür öffnete, und dann Fotos von den Hausnummern geschickt. Ein florales Dankeschön geht an meine Autorenkollegin Dr. Birgit Ströbel, die mich mit einschlägiger Literatur und ausreichend Enthusiasmus für „unser" Thema versorgt hat. Dr. Thomas Rabenau als zertifizierter Fliesenexperte kann jede Fliese einer Manufaktur zuordnen. Tobias Klaus verdanke ich eine ganze Reihe einschlägiger Adressen, die er vor vielen Jahren mit einem Kinderwagen abgelaufen war und deren Hausnummern er glücklicherweise notierte. Lars Schwuchow fand die ausgefallensten Exemplare, da er berufsbedingt unzählige Hausflure betreten darf. Mein Autorenkollege Bernd Westermann hat mir Fotos von zauberhaften Fliesenspiegeln geschickt, die auch ihn verzückt hatten. Jana Köhler lotste mich in ihren Frisiersalon, in dem wunderbare Fliesen zu bestaunen waren. Jeska Neuhaus hat eine Vielzahl der Fotos professionell bearbeitet und so manch lädierte Fliese retuschiert. Die überaus freundliche Belegschaft der Firma Fliesenhandel Schittek verschaffte mir neue Einblicke in die Geschichte der glasierten Tontafeln. Dorka Demeter und Phil Lewis haben dafür gesorgt, dass mein Instagram-Account @artnouveau.heike international bekannt wurde, und mich mit Expertise, Herzen und Likes gepusht. Verena Aibel hat als meine Mentorin in Übersee ihre Symbolkenntnisse über den Teich geschickt. Last but not least danke ich allen Hauseigentümern und Bewohnern, die so großzügig und aufgeschlossen waren, mir Zugang zu ihren Hausfluren zu verschaffen. Selten kam ein „Det woll'n wa hier nich", wenn ich höflich über die Gegensprechanlage mein Ansinnen erläuterte. Ein Rechtsanwalt wich mir im Hausflur nicht von den Fersen, damit ich auch ja „keine Fliese mitnehmen" würde. Die wundersamerweise im Krieg nicht beschädigten, mindestens 120 Jahre alten Jugendstilfliesen scheinen auch die Herzen der Bewohner höher schlagen zu lassen. Einer brachte mir gar eine Ersatzfliese, die er in seiner Wohnung hortete, falls mal eine kaputt gehen sollte.

Acknowledgment

My thanks go to all the Art Nouveau fans who I was able to infect with my passion for Art Nouveau tiles. First and foremost, I would like to thank Peter Knoch, who, as an architect and true Berliner, tracked down the most marvellous tile backsplashes behind the most inconspicuous Art Nouveau front doors. Eva Marquardt spent months sneaking into entrances to houses in Charlottenburg, but unlike me, she waited until someone opened the door, and then sent photos of the house numbers. A floral thank you goes to my author colleague Dr Birgit Ströbel, who provided me with relevant literature and sufficient enthusiasm for 'our' topic. As a certified tile expert, Dr Thomas Rabenau can assign every tile to a manufacturer. I have to thank Tobias Klaus for a whole series of relevant addresses, which he had walked through many years ago with a pram and whose house numbers he fortunately noted down. Lars Schwuchow found the most unusual ones, as his job allows him to enter countless hallways. My author colleague Bernd Westermann sent photos of enchanting tile backsplashes that had also enchanted him. Jana Köhler directed me to her hairdressing salon, where I could marvel at wonderful tiles. Jeska Neuhaus professionally edited a large number of the photos and retouched many a damaged tile. The extremely friendly staff at Fliesenhandel Schittek gave me new insights into the history of glazed tiles. Dorka Demeter (@magic.of.artnouveau) and Phil Lewis (@artnouveauman) helped me promoting my Instagram account (@artnouveau.heike) internationally and pushed me with their expertise, hearts and likes. Verena Aibel, as my overseas mentor, sent her symbol knowledge across the ocean. Last but not least, I would like to thank all the homeowners and residents who were so generous and open-minded to give me access to their hallways. Rarely did I get a 'We don't want that here' when I politely explained my request over the intercom. A lawyer wouldn't leave my side in the hallway so that I wouldn't 'take a tile'. The Art Nouveau tiles, miraculously undamaged in the war and at least 120 years old, also seem to make the hearts of the residents beat faster. One of them even brought me a replacement tile, which he keeps in his flat in case one should break.

Vorwort

So wie der Jugendstil auch erleben Jugendstilfliesen gerade ein Comeback. Die quadratischen Tontafeln erinnern an die Zeit um 1900, in der sich die Künste zu neuen Höhen aufschwangen. Dass ausgerechnet in Berlin trotz Krieg und Sanierungen noch so viele Fliesenspiegel in Hausfluren erhalten geblieben sind, hat auch mich verblüfft. Die kleinen Jugendstil-Kunstwerke haben in den vergangenen einhundertzwanzig Jahren zuweilen Schaden genommen, aber ihre Leuchtkraft ist noch immer bestechend. Ein und dasselbe Motiv begrüßte mich in unterschiedlichen Kombinationen in verschiedenen Hausfluren. Als ich herausfand, dass diese zauberhaften Keramikgärten nicht denkmalgeschützt sind, begann ich, sie dokumentarisch zu erfassen und auf Instagram – ohne Angabe der Adressen – zu posten. Die Fliesenfotos erwiesen sich in Kombination mit meinen Erklärungen der Jugendstilsymbolik zunächst als Nischenthema. Aber schon bald hatte ich Follower aus Argentinien, Frankreich, Südafrika, Kanada, Usbekistan, Schweden, Aserbaidschan, Belgien...und aus Deutschland. Jugendstilfliesen waren immer auch ein Exportprodukt. Seinerzeit wurden sie in die ganze Welt verschifft. Meine Follower eint die Bewunderung für ein gänzlich unterschätztes Kulturgut, dessen Schönheit ich nun auch in einem Buch zugänglich machen möchte. Zu unserer aller Freude gibt es Firmen, die noch Originale verkaufen oder Jugendstilfliesen – nach althergebrachter Technik – neu auflegen. Ungefähr 80 % der in diesem Buch erfassten Exemplare sind heute neu erhältlich. Ihnen fehlt allerdings eins: die Gebrauchsspuren. Kommen Sie mit auf eine Zeitreise der eigenwilligen Art.

Preface

Just like Art Nouveau, Art Nouveau tiles are currently experiencing a comeback. The square clay tiles are reminiscent of the period around 1900, when the arts soared to new heights. The fact that so many of the tiled hallways in Berlin, of all places, have been preserved despite the war and refurbishments also amazed me. The small Art Nouveau artworks have sometimes been damaged over the past one hundred and twenty years, but their brilliance is still captivating. The same motif greeted me in different combinations in different hallways. When I found out that these enchanting ceramic gardens are not listed buildings, I began to document them and post them on Instagram – without giving their addresses. The tile photos, in combination with my explanations of Art Nouveau symbolism, initially proved to be a niche topic. But I soon had followers from Argentina, France, South Africa, Canada, Uzbekistan, Sweden, Azerbaijan, Belgium…and Germany. Art Nouveau tiles have always been an export product. At the time, they were shipped all over the world. My followers are united by their admiration for a completely underestimated cultural asset, the beauty of which I would now like to make accessible in a book. To everyone's delight, there are companies that still sell originals or reissue Art Nouveau tiles using traditional techniques. Approximately 80 % of the items included in this book are now available as new. However, they lack one thing: signs of use. Join me for an unconventional journey through time.

Einleitung

Deutschland war um 1900 das wichtigste Zentrum für die Herstellung von Jugendstilfliesen in Europa. Es gab zu der Zeit etwa fünfundzwanzig Betriebe, die dieses aufwendige Verfahren beherrschten. Die keramischen Farb- und Hygienewunder waren ein erschwinglicher Gebrauchsgegenstand zum Schutz und zur Gestaltung von Wandflächen. Da deren Produktion günstig war, fand man sie auch in schlichten Mietshäusern. Hausflure galten als Statussymbol, das Entrée wurde zur Visitenkarte. Waren die Wohnungen auch klein, die Eingangsbereiche sollten üppig bunt sein und Eindruck machen. Jugendstilarchitekten betrachteten die Fliesen im Hausflur mit demselben künstlerischen Ernst wie Fenstergewände und Fassadenornamente. Der Produktionsprozess der quadratischen Ornamente war in den Anfangsjahren sehr aufwendig. Erst mit der Erfindung der Trockenpresse im 19. Jahrhundert wurde die Mechanisierung des Herstellungsprozesses und somit Massenproduktion möglich. Bis heute wird die Steingutmasse bei einer Temperatur von ca. 1.000 Grad zunächst als weißer, poröser Scherben ausgebrannt. In einem zweiten Arbeitsschritt erfolgt die Glasur der Fliese. Die Golem – Kunst und Baukeramik GmbH in Sieversdorf in Brandenburg produziert nach Originalrezepturen und anhand von historisch überlieferten Verfahrensvorgaben bis heute Jugendstilfliesen, die man in den Verkaufsräumen in den Hackeschen Höfen in Berlin bestaunen kann.

Wenn sich Motive nicht nur als Band erstrecken, sondern in der Fläche ausdehnen, spricht man von einem Fliesenbild. Als Bildmotiv bezeichnet man eine Anordnung über mindestens zwei bis maximal fünf Fliesen, die horizontal oder vertikal angeordnet sind. Wenn sich wie bei einer Tapete ein Ornament in einem Band horizontal oder vertikal an das nächste reiht, handelt es sich um ein Rapportmotiv. Ein Endlosmotiv bedingt, dass sich alle vier Fliesenseiten in jede Richtung perpetuieren (können).

Das im Jugendstil dominierende Pflanzenthema fand sich auch auf Jugendstilfliesen. Beliebte Motive waren Anemonen, Rosenblüten, Mohn, Seerosen, Tulpen, Sonnenblumen und Schwertlilien, aber auch Wiesenkräuter wie tränende Herzen, Disteln, Efeu oder Weinreben. Bei norddeutschen Fliesenherstellern tauchte das Thema Meer in verschiedenen Variationen auf. Es gab unterschiedliche Abstraktionsstadien: von naturalistisch bis abstrakt war alles dabei, manchmal sogar innerhalb eines einzelnen Motivs. Das Design der Fliesen ließ sich in den wenigsten Fällen einem bestimmten Urheber zuweisen, die Fabrikdesigner wurden selten überhaupt nur erwähnt. In Berlin gibt es sogar noch Jugendstilfliesen, die von Henry van de Velde für Villeroy & Boch entworfen wurden.

Im Jugendstil gelangte die Fliesenkunst zu einer neuen Blüte. Jugendstilfliesen erfreuen sich heute wieder großer Beliebtheit, allerdings eher in Bädern, Bars und Küchen als in Hausfluren. „Wie ein Zauberbann erscheint uns in der Tat, was den Lebenden und Wirkenden um 1900 Aufbruch, Befreiung, Anfang, Entdeckung wahrer Schönheit und blühende Entfaltung der Seele war" (Dolf Sternberger).

Introduction

Around 1900, Germany was the most important centre for the production of Art Nouveau tiles in Europe. At the time, there were around twenty-five companies that had mastered this elaborate process. The ceramic colour and hygiene wonders were an affordable commodity for protecting and decorating wall surfaces. As they were cheap to produce, they were also found in modest apartment blocks. Hallways were regarded as a status symbol and the entrance became a business card. Even if the flats were small, the entrance areas had to be lavishly colourful and make an impression. Art Nouveau architects regarded the tiles in the hallway with the same artistic seriousness as window panelling and façade ornamentation. The production process for the square ornaments was very time-consuming in the early years. It was not until the invention of the drying press in the 19th century that the manufacturing process was mechanised and mass production became possible. To this day, the earthenware mass is first fired at a temperature of approx. 1,000 degrees to produce a white, porous body. In a second step, the tile is glazed. Golem – Kunst und Baukeramik GmbH in Sieversdorf in Brandenburg still produces Art Nouveau tiles according to original recipes and historically handed down process specifications, which can be admired in the sales rooms in the Hackesche Höfe in Berlin.

When motifs not only extend as a band, but also across the surface, this is referred to as a tile picture. A pictorial motif is an arrangement of at least two to a maximum of five tiles arranged horizontally or vertically. If, as with wallpaper, one ornament follows the next horizontally or vertically in a band, this is a repeat motif. An endless motif means that all four sides of the tile (can) repeat in any direction.

The plant theme that dominated Art Nouveau was also found on Art Nouveau tiles. Popular motifs included anemones, rose petals, poppies, water lilies, tulips, sunflowers and irises, as well as meadow herbs such as weeping hearts, thistles, ivy and vines. The theme of the sea appeared in different variations among manufacturers from the Northern part of Germany. There were different levels of abstraction: from naturalistic to abstract, everything was included, sometimes even within a single motif. The design of the tiles could rarely be attributed to a specific author, and the factory designers were rarely even mentioned. In Berlin, you can still find Art Nouveau tiles that were designed by Henry van de Velde for Villeroy & Boch.

The art of tiling flourished in Art Nouveau. Art Nouveau tiles are once again very popular today, although more in bathrooms, bars and kitchens than in hallways. 'For those living and working around 1900, what was a new dawn, a liberation, a beginning, the discovery of true beauty and the blossoming development of the soul seems to us like a magical spell.' (Dolf Sternberger).

Die Fliesen

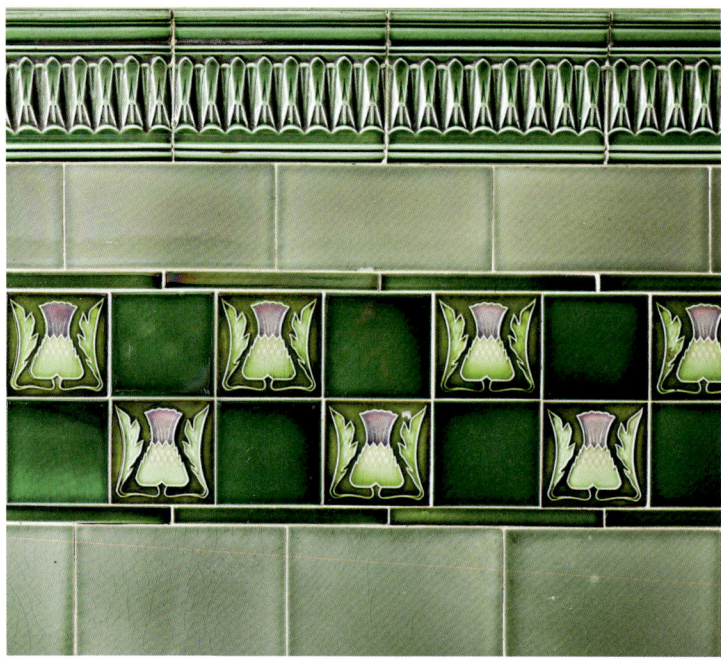

„Der Jugendstil ist das Träumen, man sei erwacht" (Walter Benjamin). Was für ein Glücksfall, dass heute noch bzw. wieder Jugendstilfliesen aus der Zeit um 1900 neu aufgelegt werden. Mit dieser Viertelfliese aus der Meißner Ofen- und Porzellanfabrik kann man sich getrost in die Zeit vor 120 Jahren träumen. Der kurz vor der Blüte stehende lilafarbene Distelkopf erwächst aus den stachelspitzigen Hüllblättern. Aufgrund ihrer Symbolik hinsichtlich ihrer Stand- und Wehrhaftigkeit sollte die Distel dämonische Mächte abhalten.

'Art Nouveau is dreaming that one has awoken' (Walter Benjamin). What a stroke of luck that Art Nouveau tiles from the period around 1900 are still being reissued today. With this quarter tile from the Meissen stove and porcelain factory, you can confidently dream yourself back to 120 years ago. The purple-coloured thistle head, which is about to blossom, grows out of the spiky bracts. Due to its symbolism with regard to its steadfastness and defence, the thistle was supposed to ward off demonic powers.

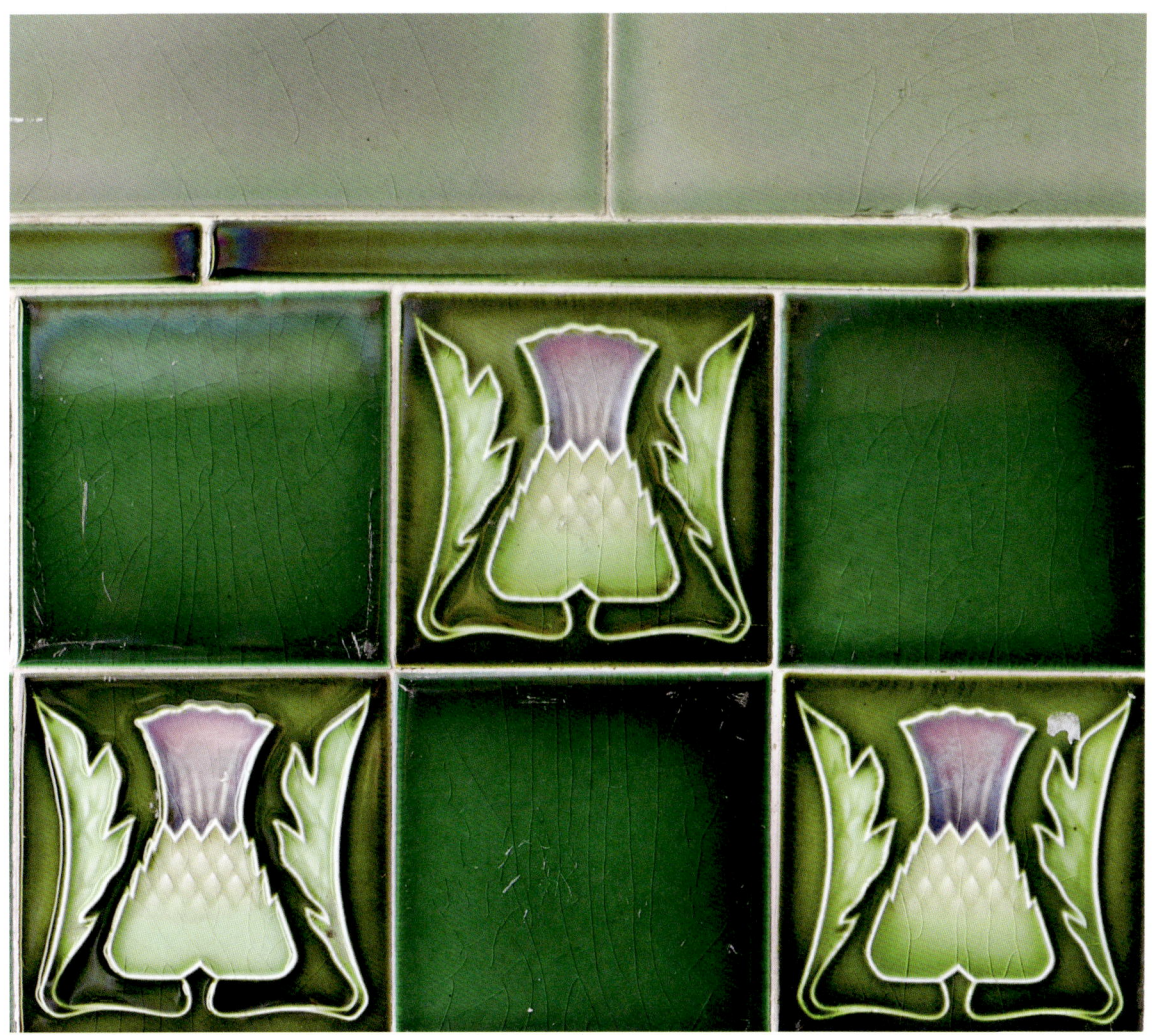

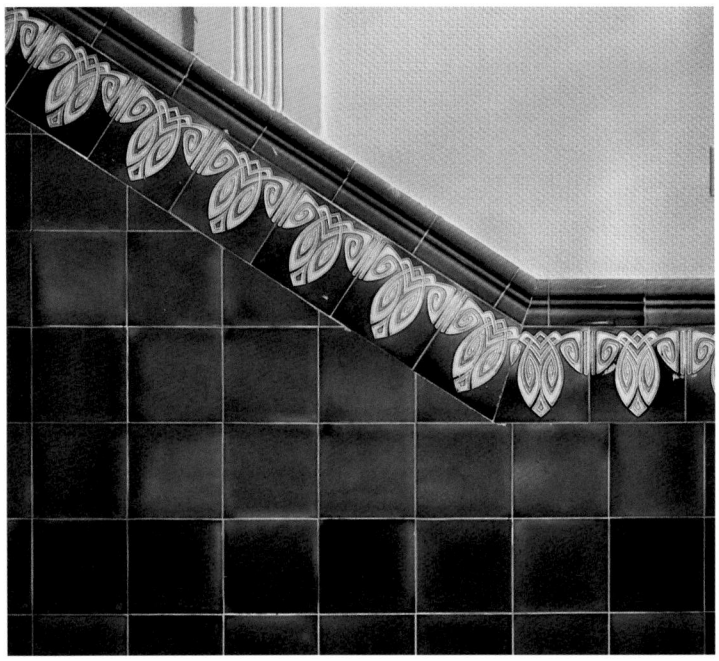

Spitze und elliptische Bögen werden bei diesem Fliesenbild aus Streifen oder Bändern gebildet, ineinander verflochten zu einem Rapportmotiv mit schleifenförmigen Ornamenten, die in die Flächen innerhalb der Bögen eingebracht sind. Für Bänder, die in Bogenformen einander überlagern, diente die Architektur des mittelalterlichen Kirchenbaus mit dem Kreuzbogenfries als Vorbild. Die Wandplattenfabrik Bankel entwarf im Jahr 1910 dieses aparte geometrische Dekor. Fließende Linien, geometrische Formen und feine Farbabstufungen schufen im Jugendstil eine neue ornamentale Ausdrucksform, die sich vom Historismus befreite.

In this tile design, pointed and elliptical arches are formed from strips or bands, interwoven to form a repeat motif with loop-shaped ornaments that are incorporated into the surfaces within the arches. The architecture of medieval church buildings with their cross-arched frieze served as a model for the bands, which overlap each other in arch shapes. The Wandplattenfabrik Bankel designed this distinctive geometric decoration in 1910. Flowing lines, geometric shapes and subtle colour gradations created a new ornamental form of expression in Art Nouveau that freed itself from historicism.

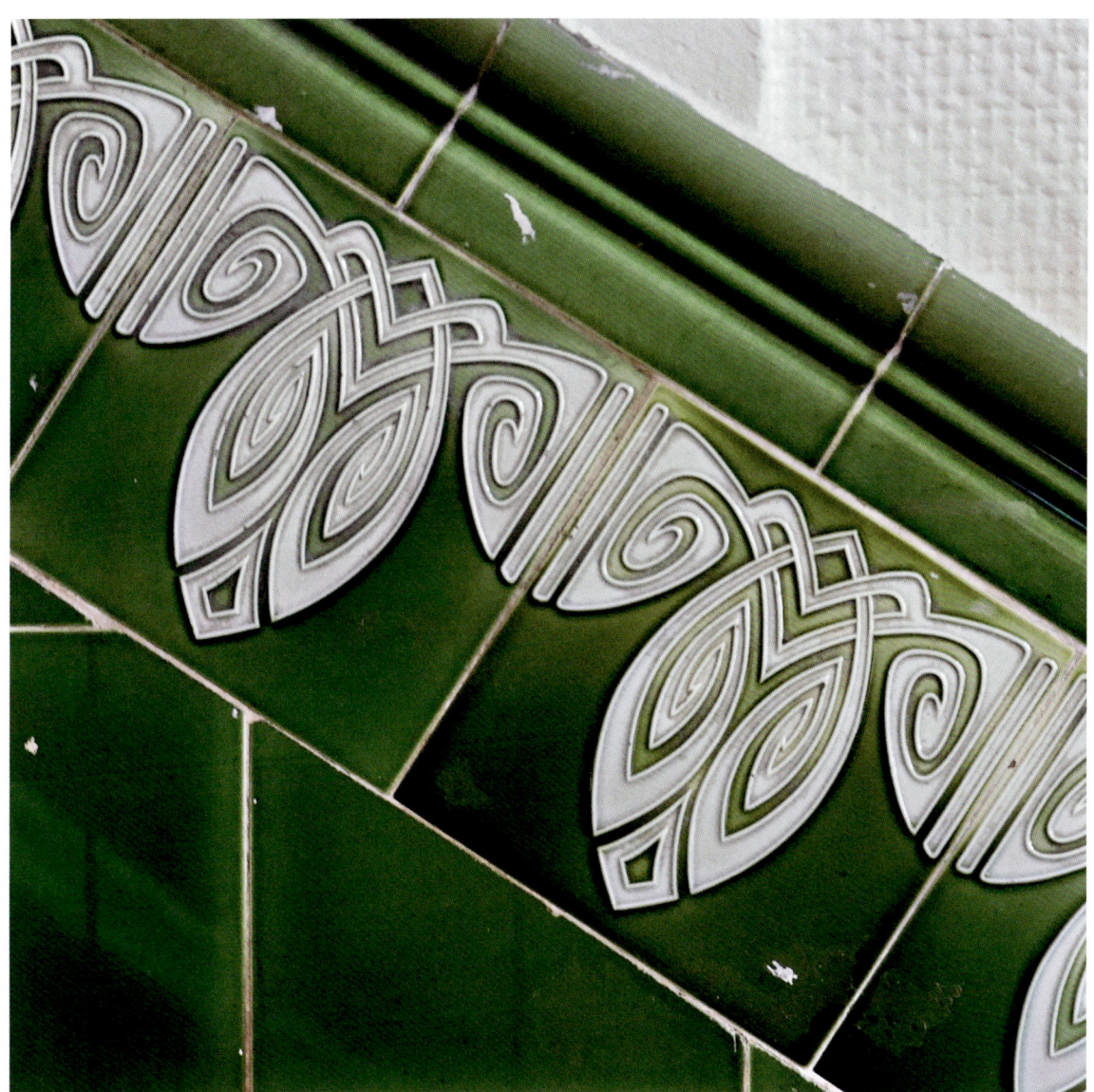

17

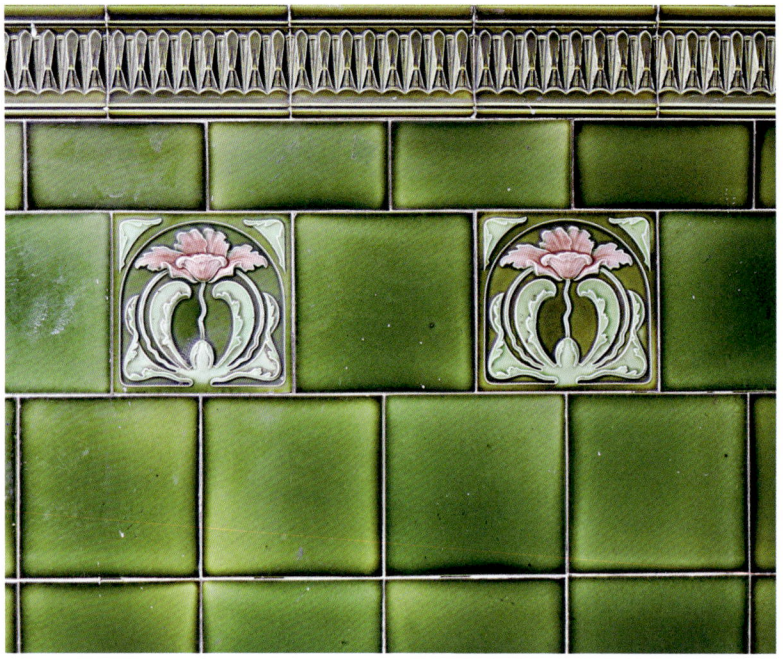

Mohn soll laut Mythologie aus den Tränen der Aphrodite gewachsen sein. Auf diesem Flachrelief aus den Teichert-Werken (später Meissen) in einem Hauseingang in Berlin Mitte ist eine Klatschmohnblüte zu sehen. Mohnblüten wurden im Jugendstil mit schwärmerischer Romantik assoziiert und galten aufgrund ihrer geschweiften Blätter als ungemein dekorativ. Dieses Motiv wird heute immer noch bzw. wieder hergestellt.

According to mythology, poppies are said to have grown from the tears of Aphrodite. This bas-relief from the Teichert factories (later Meissen) in a house entrance in Berlin Mitte shows a poppy flower. In Art Nouveau, poppies were associated with romantic fervour and were considered extremely decorative due to their curved leaves. This motif is still used today, or is being produced again.

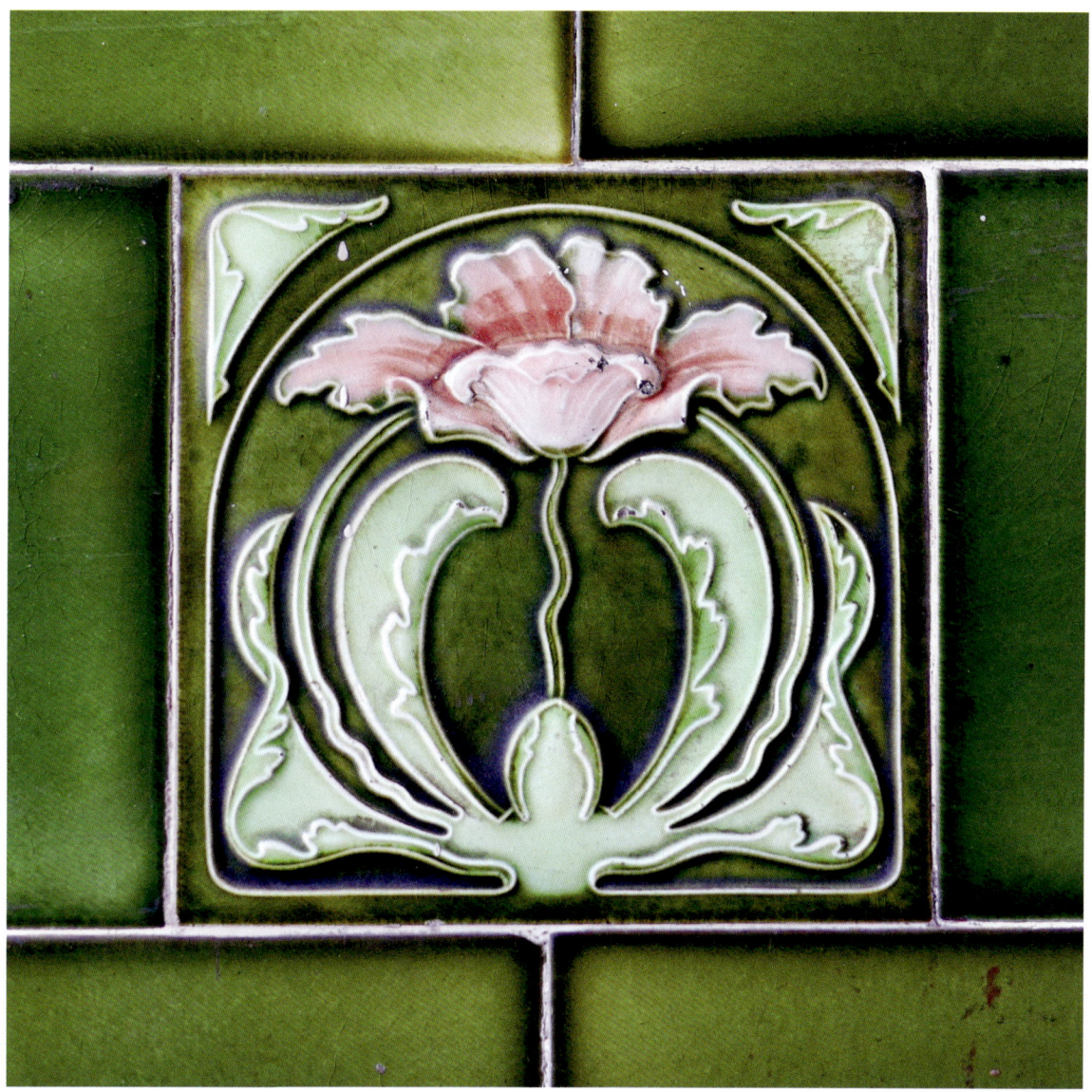

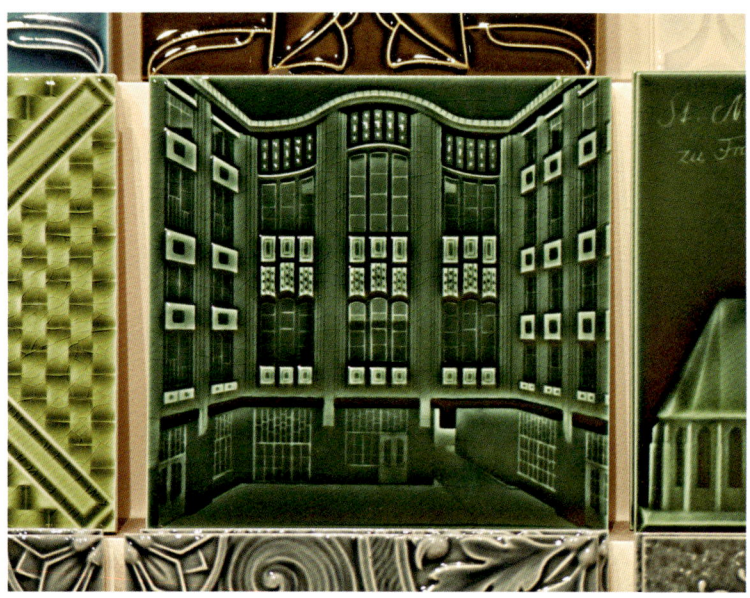

Die in den Hackeschen Höfen mit einem Shop vertretene Firma Golem verkauft u. a. Jugendstilfliesen als Repliken. Auf diesem Exemplar sieht man den von August Endell, einem der Begründer der Jugendstil-Bewegung, entworfenen ersten der acht Hackeschen Höfe. Der Designer und Kunsttheoretiker experimentierte mit bunten, glasierten Fliesen anstelle von Jugendstilornamentik, nachdem er München verlassen hatte, um mehr künstlerischen Freiraum in seiner Heimatstadt Berlin zu finden. „Endell brannte das ganze Feuerwerk seiner zinkenreichen, nervös sprühenden, in Flämmchen flackernden Ornamentik ab" (F. Ahlers-Hestermann). Und so ist diese Fliese eine Reminiszenz an den großen Jugendstilmeister und gleichzeitig das perfekte Souvenir – Jugendstil to go!

The company Golem, which has a shop in the Hackesche Höfe, sells Art Nouveau tiles as replicas, among other things. This example shows the first of the eight Hackesche Höfe, designed by August Endell, one of the founders of the Art Nouveau movement. The designer and art theorist experimented with colourful, glazed tiles instead of Art Nouveau ornamentation after leaving Munich to find more artistic freedom in his home town of Berlin. 'Endell set off all the fireworks of his colourful, nervously sparkling ornamentation flickering in little flames' (Friedrich Ahlers-Hestermann). Thus, this tile is a reminiscence of the great Art Nouveau master and at the same time the perfect souvenir – Art Nouveau to go!

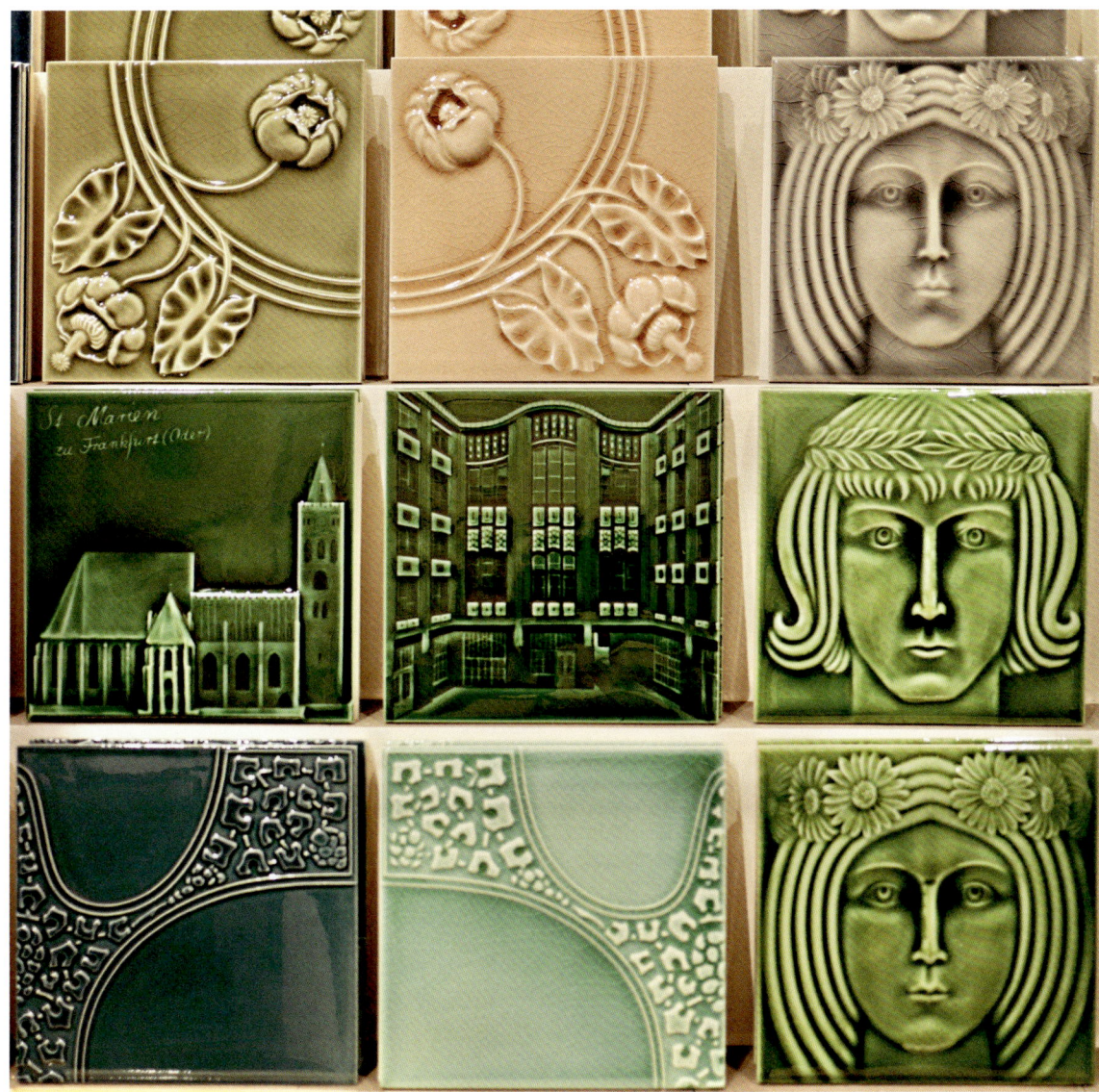

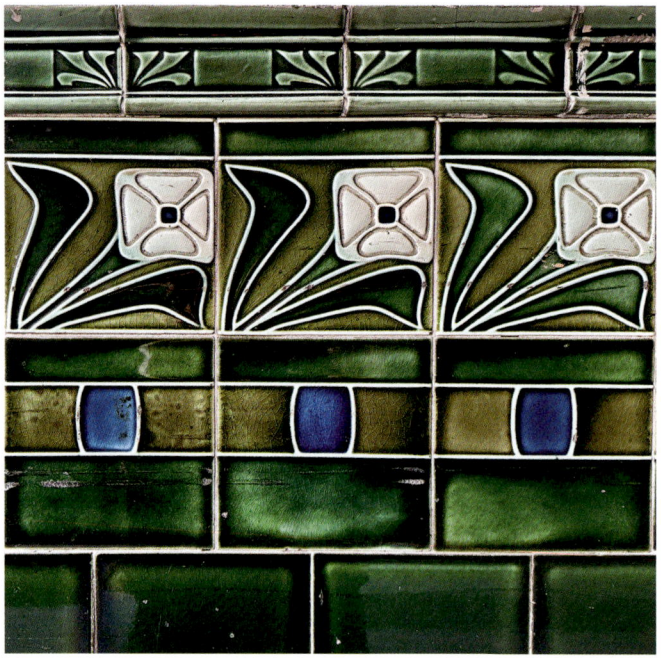

Der Japanische Blumen-Hartriegel ist ein Kraftbaum, der oft als Solitär die Blicke auf sich zieht. Von den 55 verschiedenen Hartriegelarten sieht man auf dieser Fliese aus dem Hause Witteburg den Cornus kousa mit jeweils einer einzelnen, mit vier Doldenblüten ausgestalteten weißen Blume. Im Jugendstil waren die auch „Dogwoods" genannten Kleinbäume ein Symbol für Schutz und Sicherheit, in einigen Kulturen gelten sie nach wie vor als Glückssymbol. Variationen des Motivs kann man heute noch im Prenzlauer Berg finden, oder im Fliesenhandel Schittek in Hamburg.

The Japanese flowering dogwood is a vigorous tree that often attracts attention as a solitary plant. Of the 55 different species of dogwood, this tile from Witteburg shows the Cornus kousa, each with a single white flower with four umbels. In Art Nouveau, these small trees, were a symbol of protection and safety, and in some cultures they are still regarded as a symbol of good luck. Variations of the motif can still be found today in Prenzlauer Berg, or at Fliesenhandel Schittek in Hamburg.

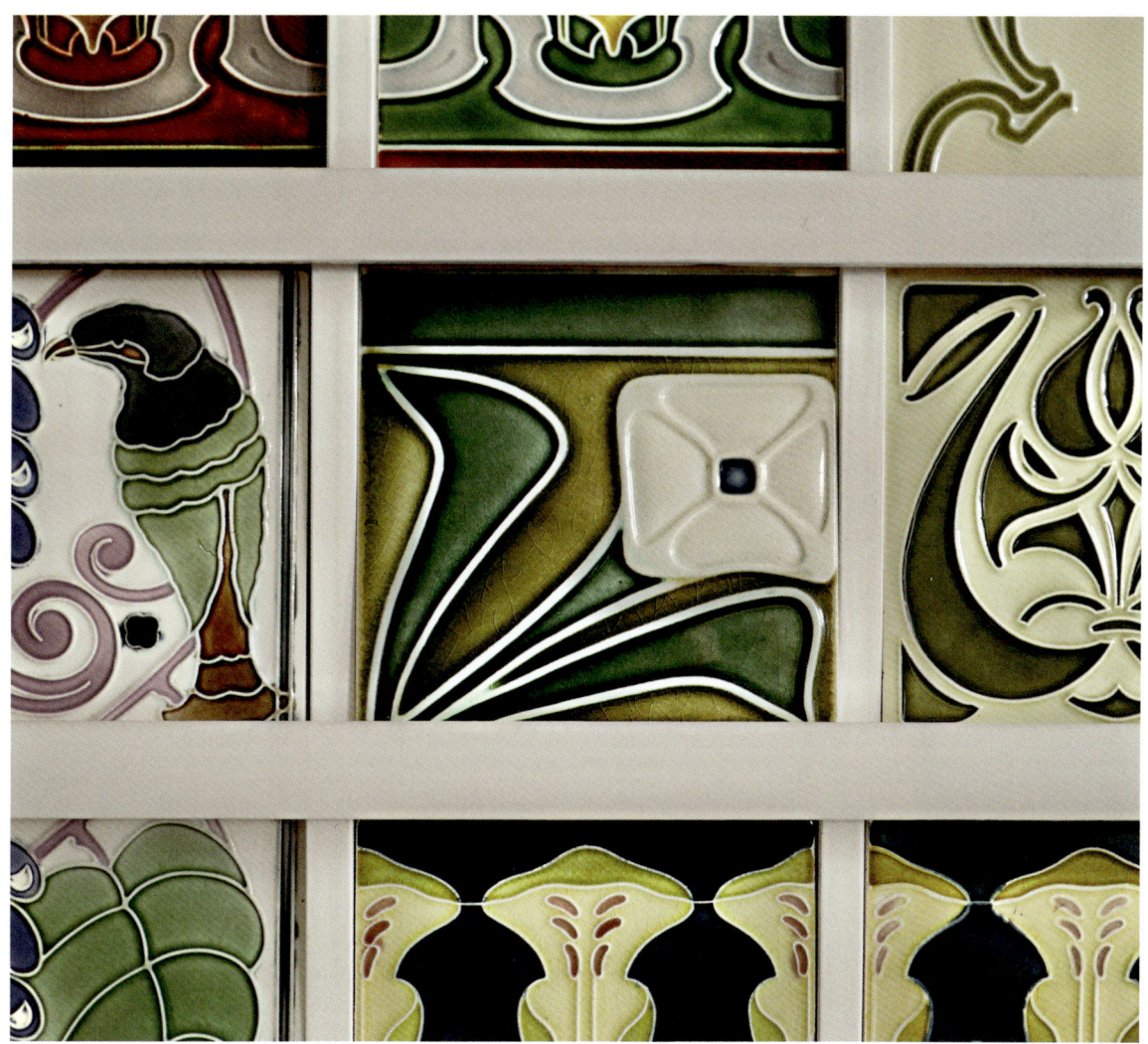

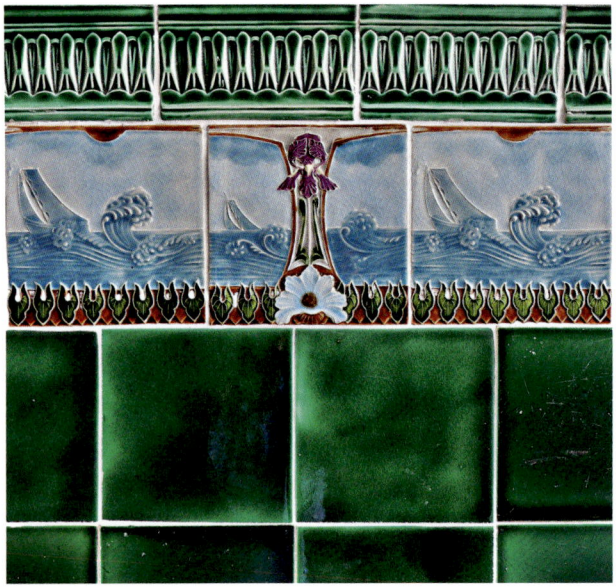

Die Norddeutsche Steingutfabrik (NSTG) war seit 1869 ein Bremer Hersteller von keramischen Wand- und Bodenfliesen. Das Unternehmen erhielt auf der Weltausstellung in St. Louis im Jahr 1904 eine Silbermedaille für seine extravaganten Jugendstilfliesen, die es bis nach Südamerika, Ostasien und Afrika verschiffte. Meeresmotive waren besonders beliebt. In diesem Hausflur wird die zu einem Leuchtturm stilisierte Lilie von Meereswellen umtost. Im Jugendstil wurde dem Wasser auch Heilkraft zugesprochen. Hier steigen aus den Wellen sogar heilende Kohlensäurebläschen auf. Die stilisierte Art, in der die Wellen erscheinen, ist dem Vorbild japanischer Farbholzschnitte (siehe u. a. die Werke von Hokusai, Hiroshige) entlehnt.

The Norddeutsche Steingutfabrik (NSTG) had been a Bremen-based manufacturer of ceramic wall and floor tiles since 1869. The company received a silver medal at the 1904 World's Fair in St. Louis for its extravagant Art Nouveau tiles, which it shipped as far afield as South America, East Asia and Africa. Sea motifs were particularly popular. In this hallway, the lily stylised as a lighthouse is surrounded by ocean waves. In Art Nouveau, water was also believed to have healing powers. Here, healing carbon dioxide bubbles even rise from the waves. The stylised manner in which the waves appear is modelled on Japanese woodblock prints (see the works of Hokusai and Hiroshige, among others).

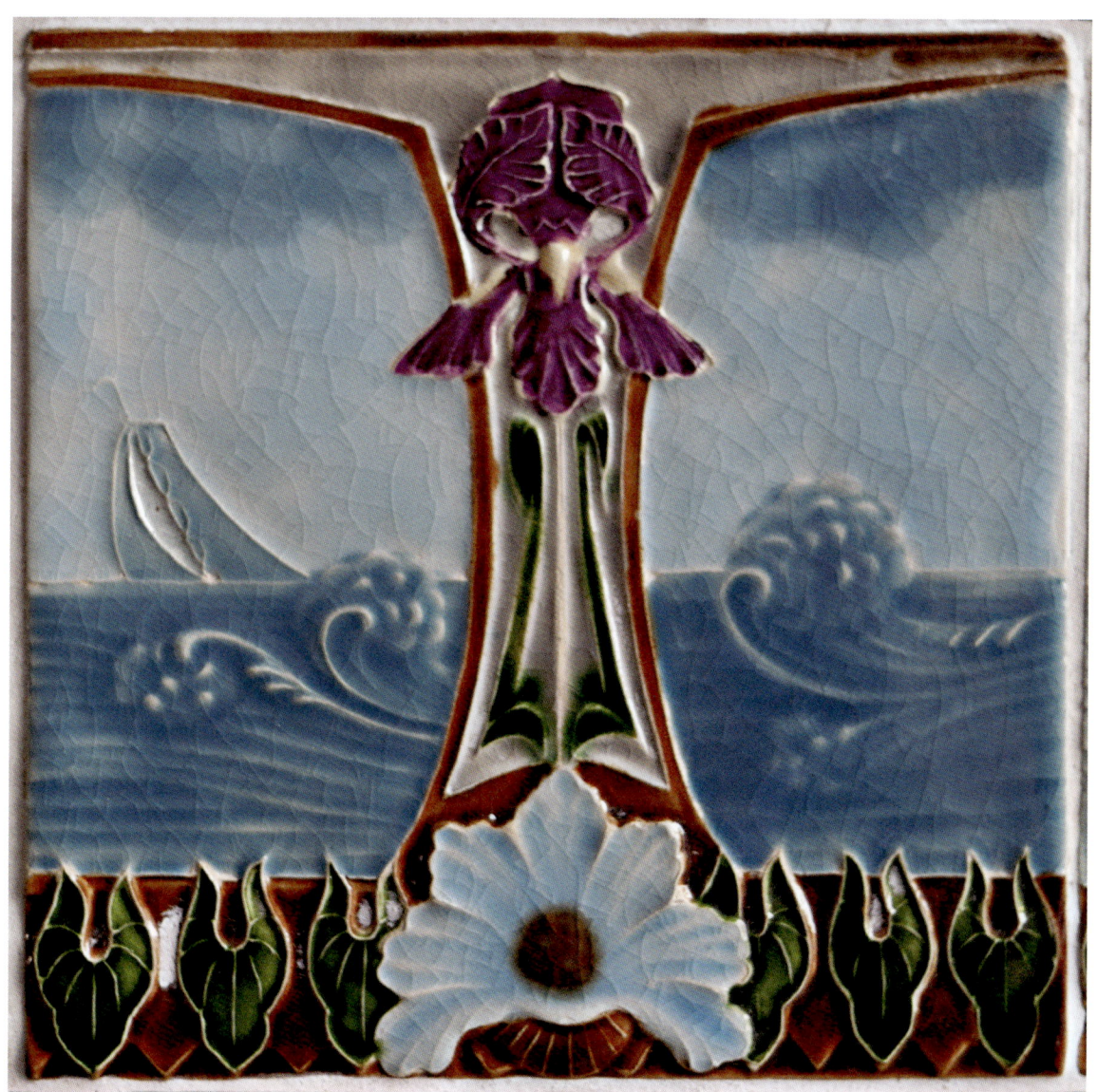

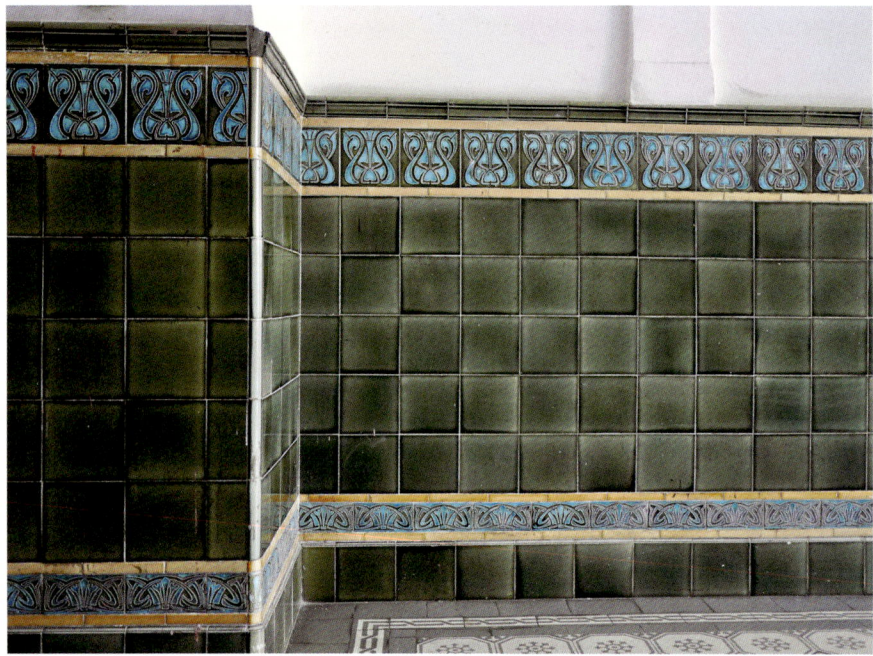

Um 1905 lösten geometrische Fliesenmuster die floralen Jugendstilmotive allmählich ab. Ein zauberhafter Fliesenspiegel um ein wasserblaues Zentralmotiv abstrakter Art aus der Manufaktur Tonwerk Offstein ist in einem unscheinbaren Mietshaus in Charlottenburg erhalten geblieben. Die Wirkung verstärkt sich durch die hellgelben Zierbänder und die dunkelgrün schimmernden Glattfliesen, die (in einer neu gebrannten Version) auch schon die eine oder andere fehlende Motivfliese ersetzen mussten.

Around 1905, geometric tile patterns gradually replaced the floral Art Nouveau motifs. An enchanting tiled mirror around an abstract water-blue central motif from the Tonwerk Offstein manufactory has been preserved in an inconspicuous apartment block in Charlottenburg. The effect is enhanced by the light yellow decorative bands and the dark green shimmering smooth tiles, which (in a newly fired version) have already had to replace one or two missing motif tiles.

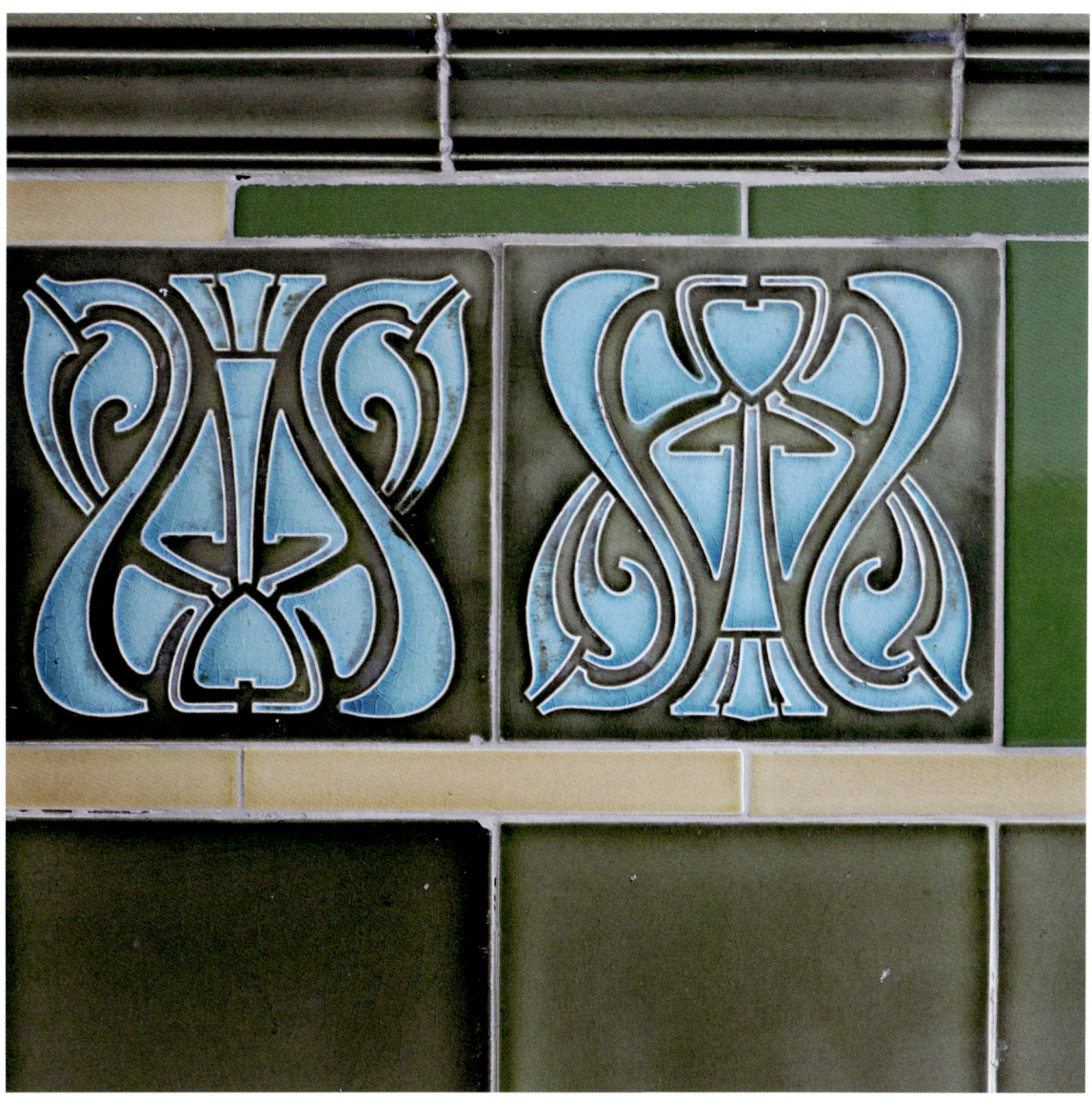

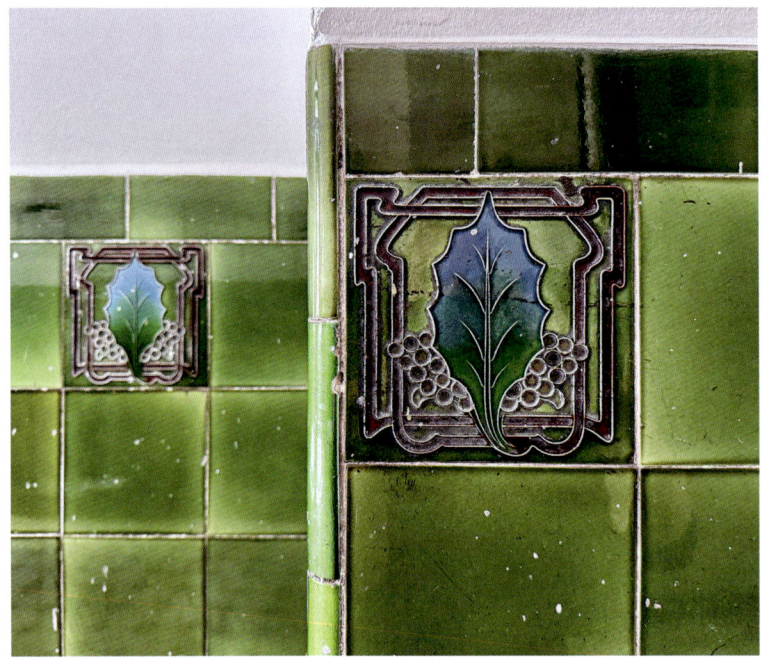

Charakteristisch für die Europäische Stechpalme sind die häufig dornig gezähnten, immergrünen Laubblätter und die leuchtend roten Steinfrüchte. Diese Gattung der Stechpalme steht für die Kraft der Liebe und den Schutz vor allem Bösen. Im Jugendstil galt sie als Symbol für den immerwährenden Kreislauf des Lebens und bot sich daher als Fliesenmotiv geradezu an. Dieses famose, wenngleich etwas verwitterte Exemplar hat die Meißner Manufaktur SOMAG im Jahr 1900 auf den Markt gebracht.

The European holly is characterised by its often thorny, toothed, evergreen leaves and bright red drupes. This genus of holly symbolises the power of love and protection from all evil. In Art Nouveau, it was regarded as a symbol of the eternal cycle of life and therefore lent itself perfectly as a tile motif. This splendid, albeit somewhat weathered, example was brought onto the market by the Meissen-based manufacturer SOMAG in 1900.

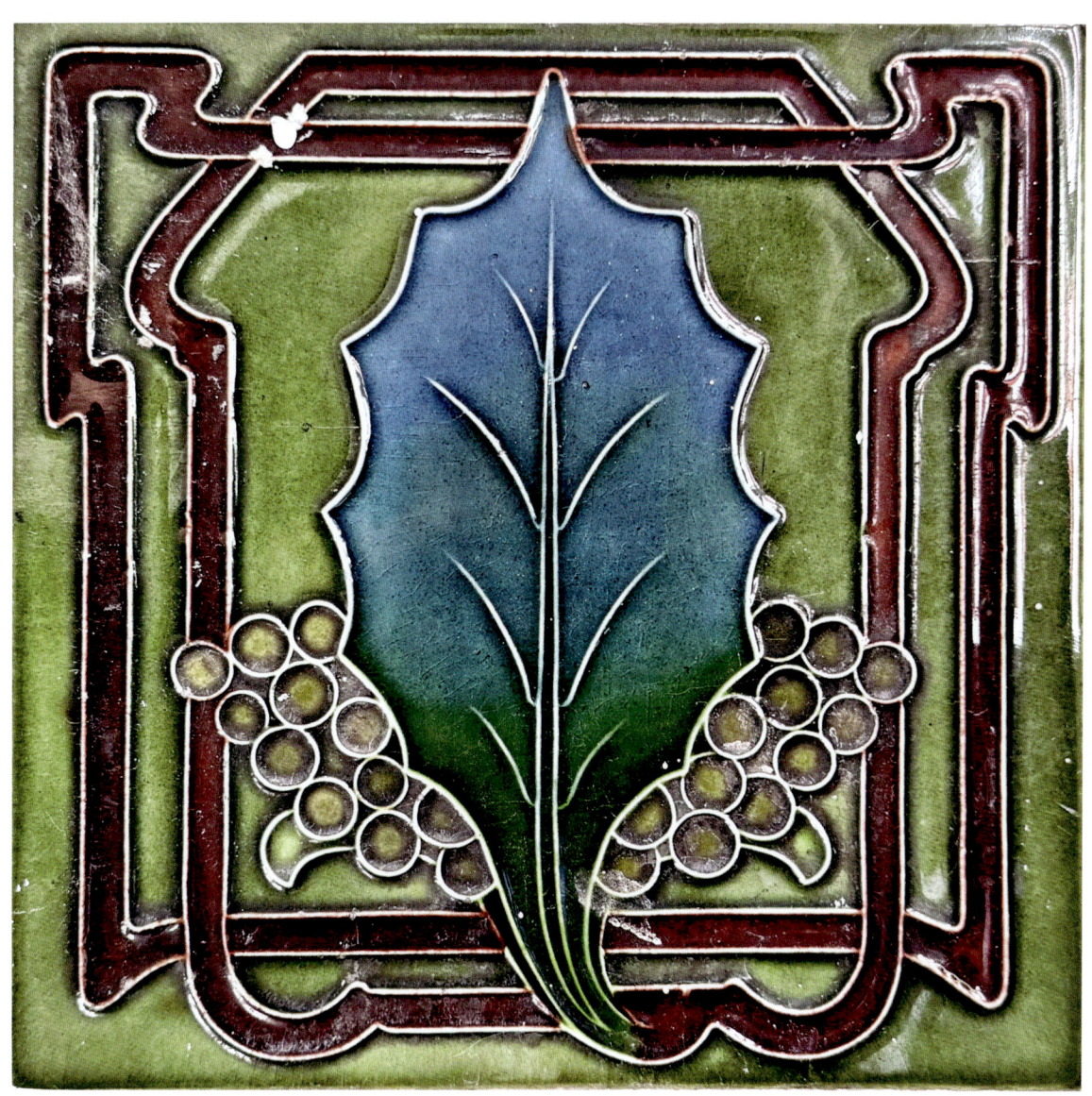

29

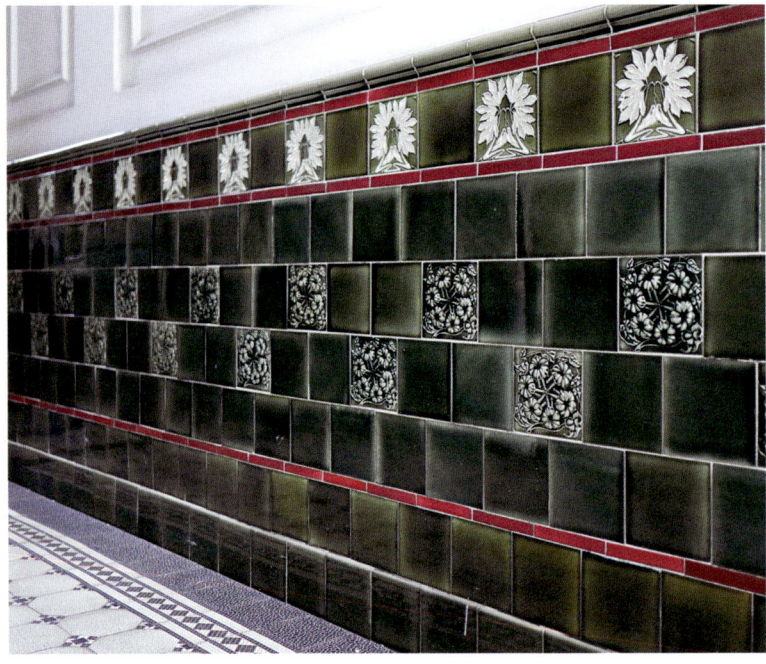

Das Besondere an diesen fein ziselierten Einzelfliesen aus dem Hause Boizenburg ist, dass die großen weißen Ahornblätter im unteren Drittel von schwungvollen Linien derart umspielt werden, dass ein ganzer Baum zu erkennen ist. In der Kultur der amerikanischen Ureinwohner gilt der Ahorn als Schutzbaum gegen negative Energien und böswillige Geister. Im Jugendstil stand er für Ruhe, Gelassenheit und Harmonie. Die Ahornblätter stellten im Laufe der Zeit erworbenes Wissen und Weisheit dar. Dieser Fliesenspiegel wird ergänzt durch rote Bänder und monochrome Glockenblumenfliesen, die dem famosen Ahorn aber den großen Auftritt lassen.

The special feature of these finely chiselled individual tiles from Boizenburg is that the large white maple leaves in the lower third are surrounded by sweeping lines in such a way that an entire tree can be recognised. In Native American culture, the maple is regarded as a protective tree against negative energies and malevolent spirits. In Art Nouveau, it symbolised calm, serenity and harmony. The maple leaves represented knowledge and wisdom acquired over the course of time. This tiled mirror is complemented by red bands and monochrome bellflower tiles, but they allow the enchanting maple to make a grand entrance.

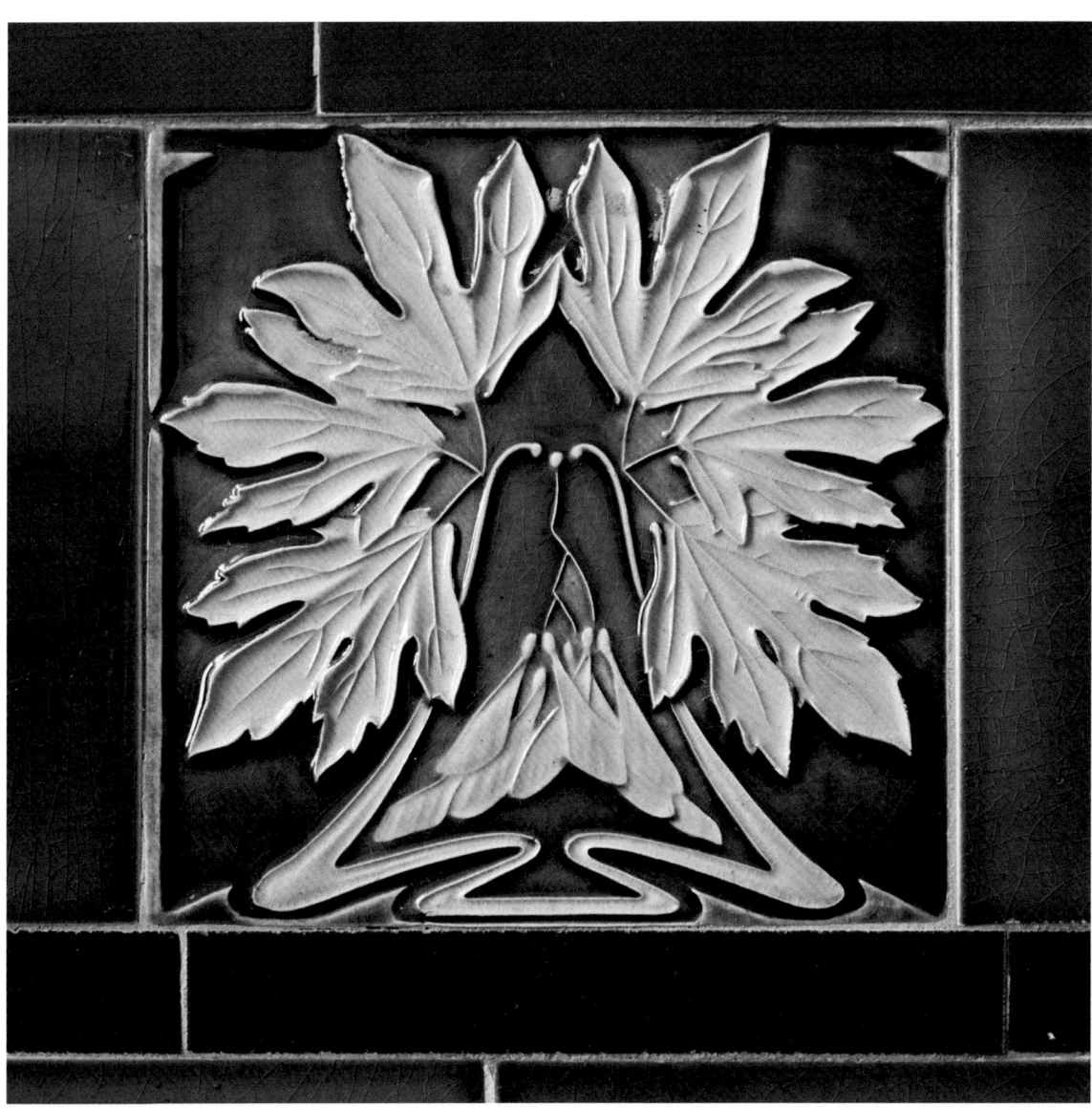

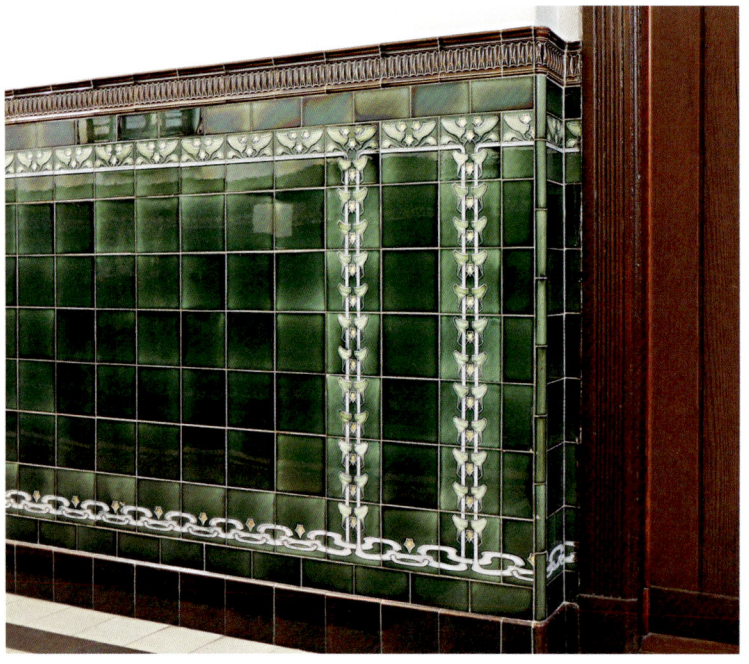

Ein Windengewächs rankt sich auf diesem Motiv aus der Meissener Manufaktur von unten an Bändern entlang bis zu den Blättern und den gelben, sternförmig stilisierten Blüten empor. Das Rapportmotiv im unteren Bereich dieses Dekors bildet eine Art Fries aus Mäanderformen, hier allerdings jugendstilig geschwungen. Die gelbe Prunkwinde stand im Jugendstil für Romantik und Wahrheit. Wie der Mohn haben deren Samen auch bewusstseinserweiternde Wirkstoffe, die rauschhafte Zustände ermöglichen.

In this motif from the Meissen manufactory, a bindweed climbs up from the bottom along ribbons to the leaves and the yellow, stylised star-shaped flowers. The repeat motif in the lower section of this decoration forms a kind of frieze of meandering shapes, albeit curved in an Art Nouveau style. In Art Nouveau, the yellow morning glory symbolised romanticism and truth. Like the poppy, its seeds also have mind-expanding active ingredients that enable intoxicating states.

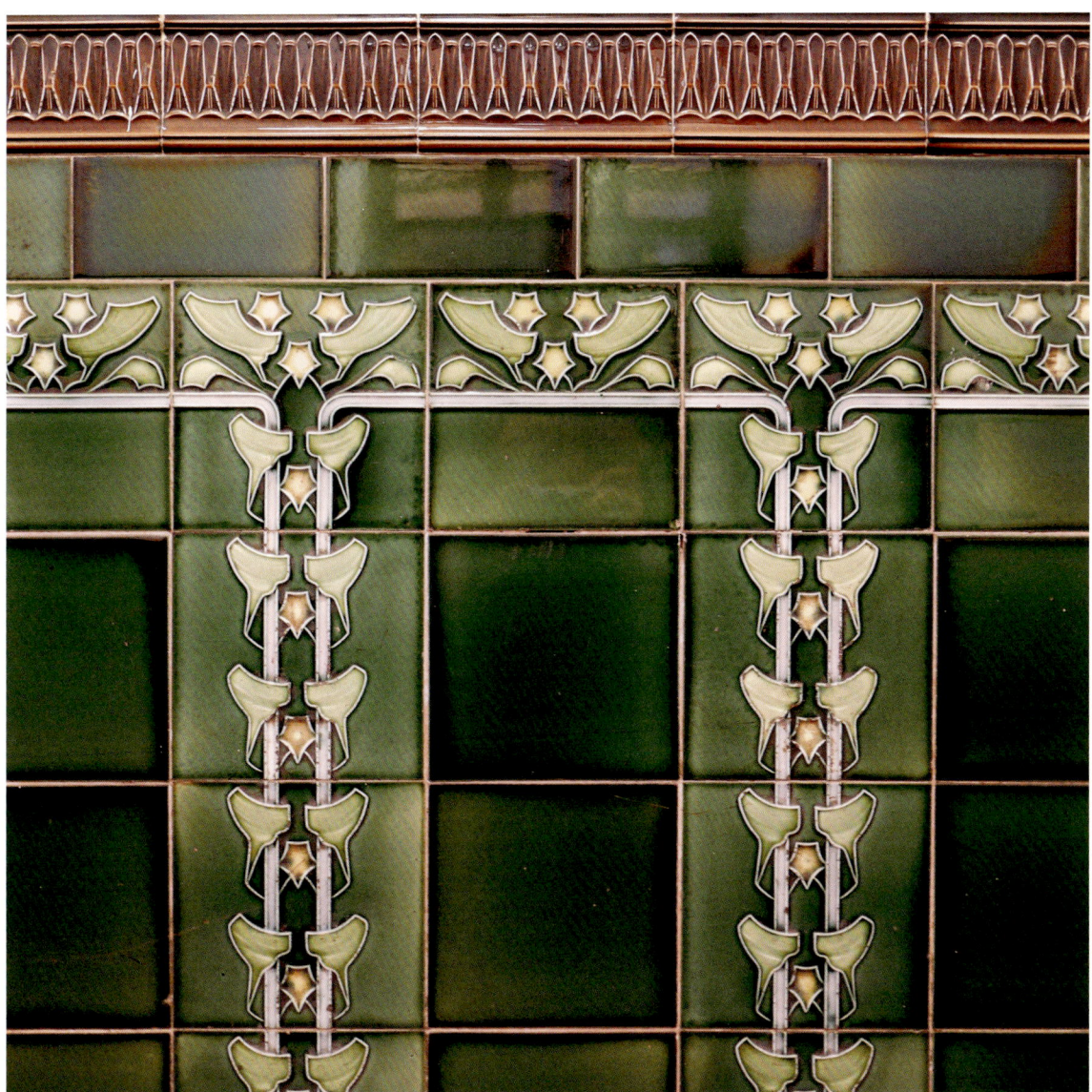

33

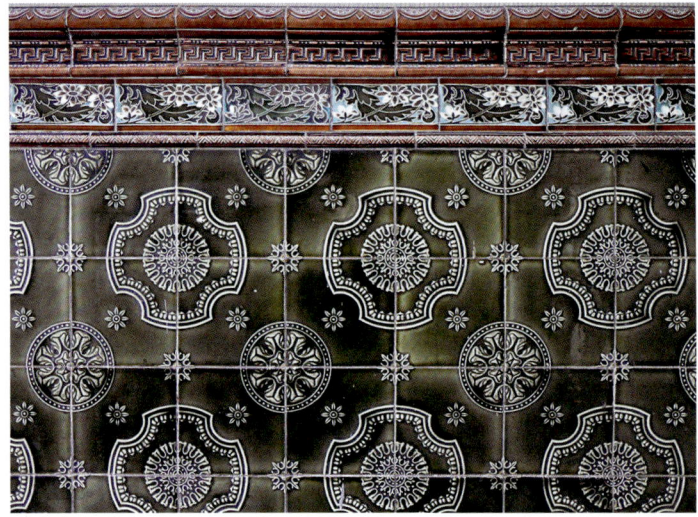

Es ist ein psychedelisch anmutendes Endlosmotiv der Extraklasse, das in einem Hausflur im Prenzlauer Berg zu bestaunen ist. Jeweils vier Einzelfliesen aus der Norddeutschen Steingutfabrik Grohn bringen ein Motiv aus scheinbar schwebenden kleinen und größeren Kreisen mit ausgesparten Ecken zum Tanzen. Dazwischen und an den Bordüren tummeln sich Edelweißblüten, die im Jugendstil für Mut und Tapferkeit standen. Vor allem im 19. Jahrhundert wurde im wahrsten Sinne „durch die Blume gesprochen". Viele Künstler dieser Zeit sahen in der Pflanzenwelt mehr als ein Mittel zur Übermittlung von Botschaften. Die exakte Wiedergabe der Vielfalt der Natur hatte nicht mehr oberste Priorität. Die Blume stand für sich allein, sie wurde die Protagonistin des jeweiligen Werkes.

It is a psychedelic-looking endless motif in a class of its own that can be marvelled at in a hallway in Prenzlauer Berg. Four individual tiles from the Norddeutsche Steingutfabrik Grohn create a dancing motif of seemingly floating small circles and larger circles with cut-out corners. Between them and on the borders are edelweiss flowers, which symbolised courage and bravery in Art Nouveau. Especially in the 19th century, people literally 'spoke through the flower'. Many artists of the time saw the plant world as more than just a means of conveying messages. The exact reproduction of nature's diversity was no longer the top priority. The flower stood alone, it became the protagonist of the respective work.

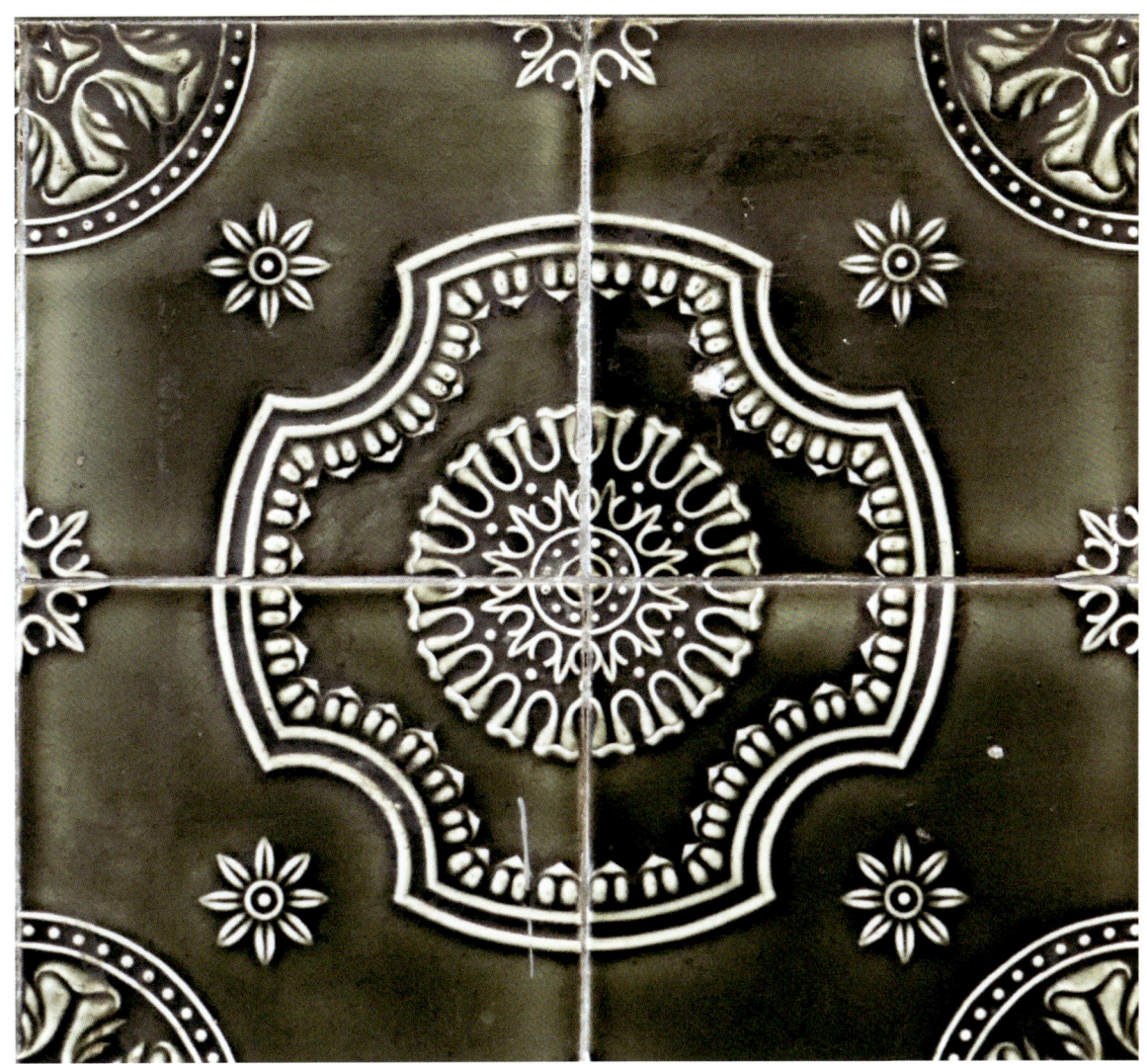

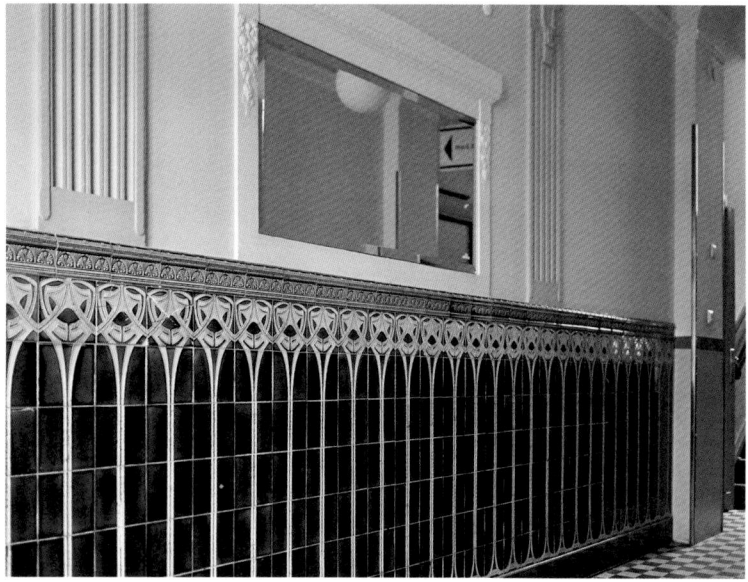

Dieses festliche Bandmotiv aus dem Hause Boizenburg kam seinerzeit in zwei Farbkombinationen auf
den Markt, hier in Oliv auf grünem Grund. Die Jugendstilkünstler liebten Bänder und Arabesken, weil
man mit ihnen schwungvolle Umrisslinien kreieren
konnte. Arabesken waren ein grundlegendes Element der islamischen Kunst, die ihren Ursprung in
Bagdad hatte. Die Arabeske ist eine Form der künstlerischen Dekoration, die auf rhythmischen linearen
Mustern aus verschlungenen Blättern, Ranken oder
schlichten Linien basiert. Die Jugendstilkünstler
waren sehr aufgeschlossen, was exotische Einflüsse
anbelangte. Dass auch die islamische Kultur im Jugendstil ihre Spuren hinterließ, ist ein wenig bekann-
tes Phänomen.

This festive ribbon motif from Boizenburg was produced in two colour combinations at the time, here
in olive on a green background. Art Nouveau artists
loved ribbons and arabesques because they could be
used to create sweeping outlines. Arabesques were a
fundamental element of Islamic art, which origi-
nated in Baghdad. The arabesque is a form of artistic
decoration based on rhythmic linear patterns of intertwined leaves, tendrils or simple lines. Art Nouveau artists were very open-minded when it came to
exotic influences. The fact that Islamic culture also
left its mark on Art Nouveau is a little-known phenomenon.

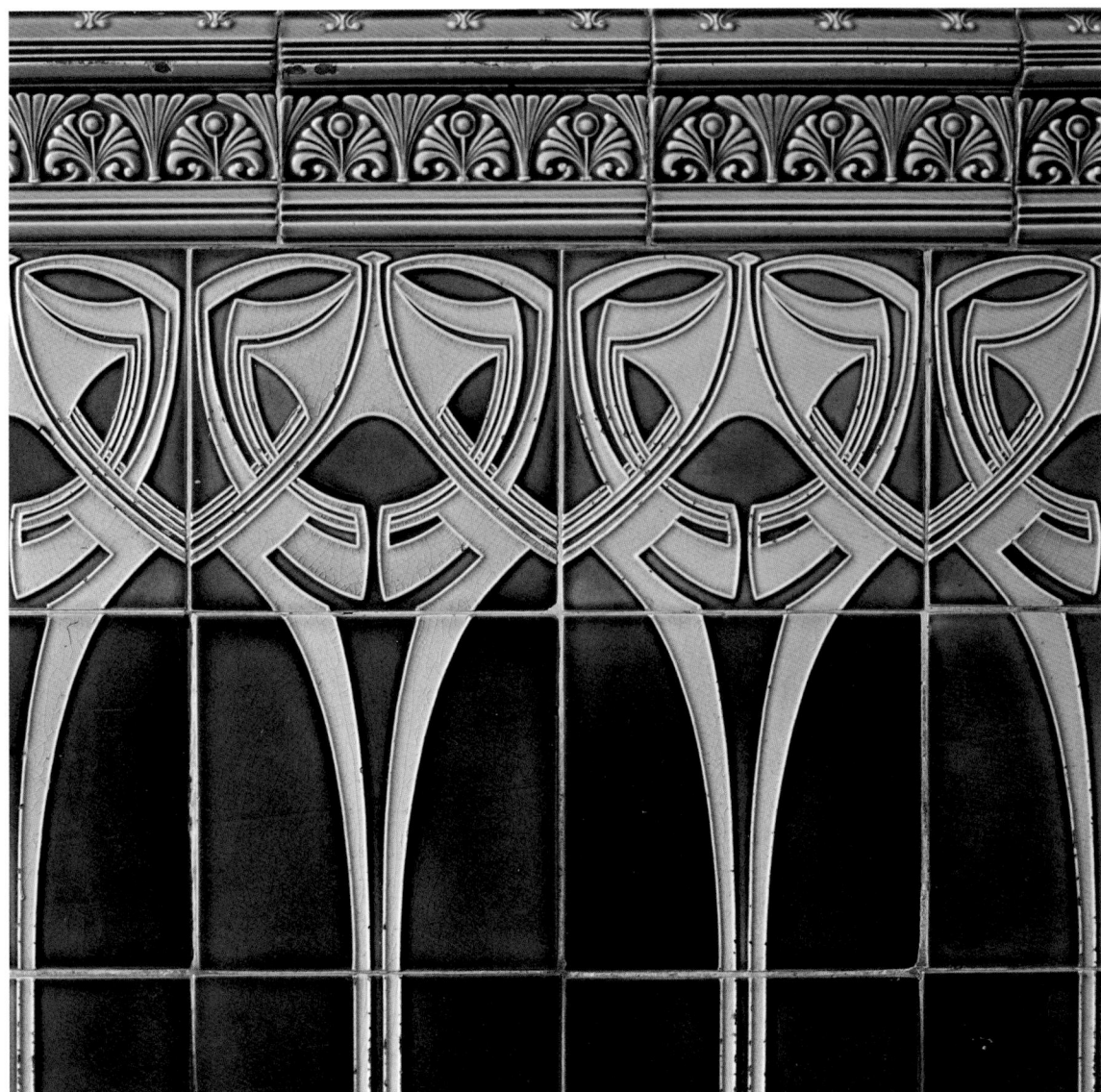

37

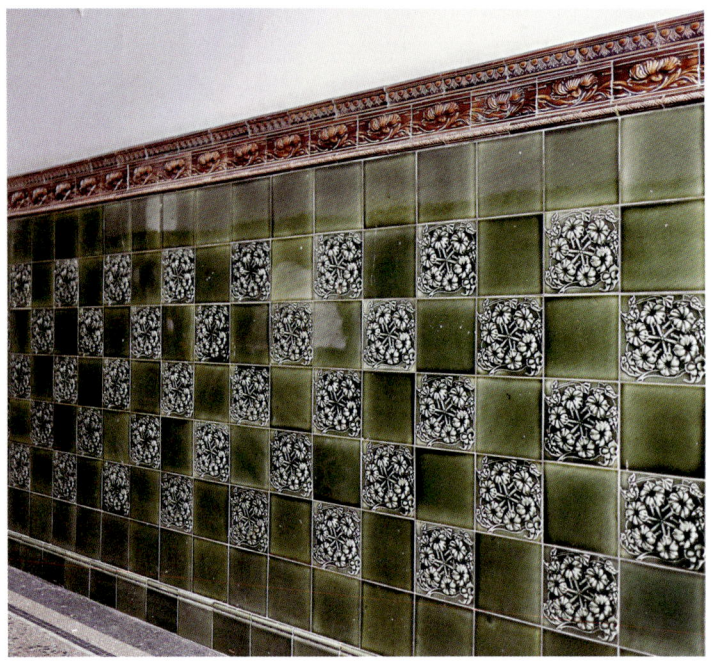

[Glockenblumen tauchen in Berliner Hausfluren des Öfteren auf. In diesem Mietshaus in Schöneberg wird der flaschengrüne Fliesenspiegel ergänzt durch eine dunkelrote Bordüre, die das monochrome Motiv aus dem Hause NSTG zu umspielen scheint. In der Traumdeutung war die Glockenblume seit jeher positiv konnotiert. Im Jugendstil stand sie für Einigkeit und Zusammengehörigkeit. Da die Farbe Grün wie keine andere den Kreislauf der Natur symbolisiert, wurde sie von den Jugendstilkünstlern zu ihrer Lieblingsfarbe auserkoren.

Bluebells are a common sight in Berlin hallways. In this apartment block in Schöneberg, the bottle-green tiling is complemented by a dark red border that seems to play around the monochrome motif from NSTG. In the interpretation of dreams, the bellflower has always had a positive connotation. In Art Nouveau, it symbolised unity and togetherness. As the colour green symbolises the cycle of nature like no other, it was chosen by Art Nouveau artists as their favourite colour.

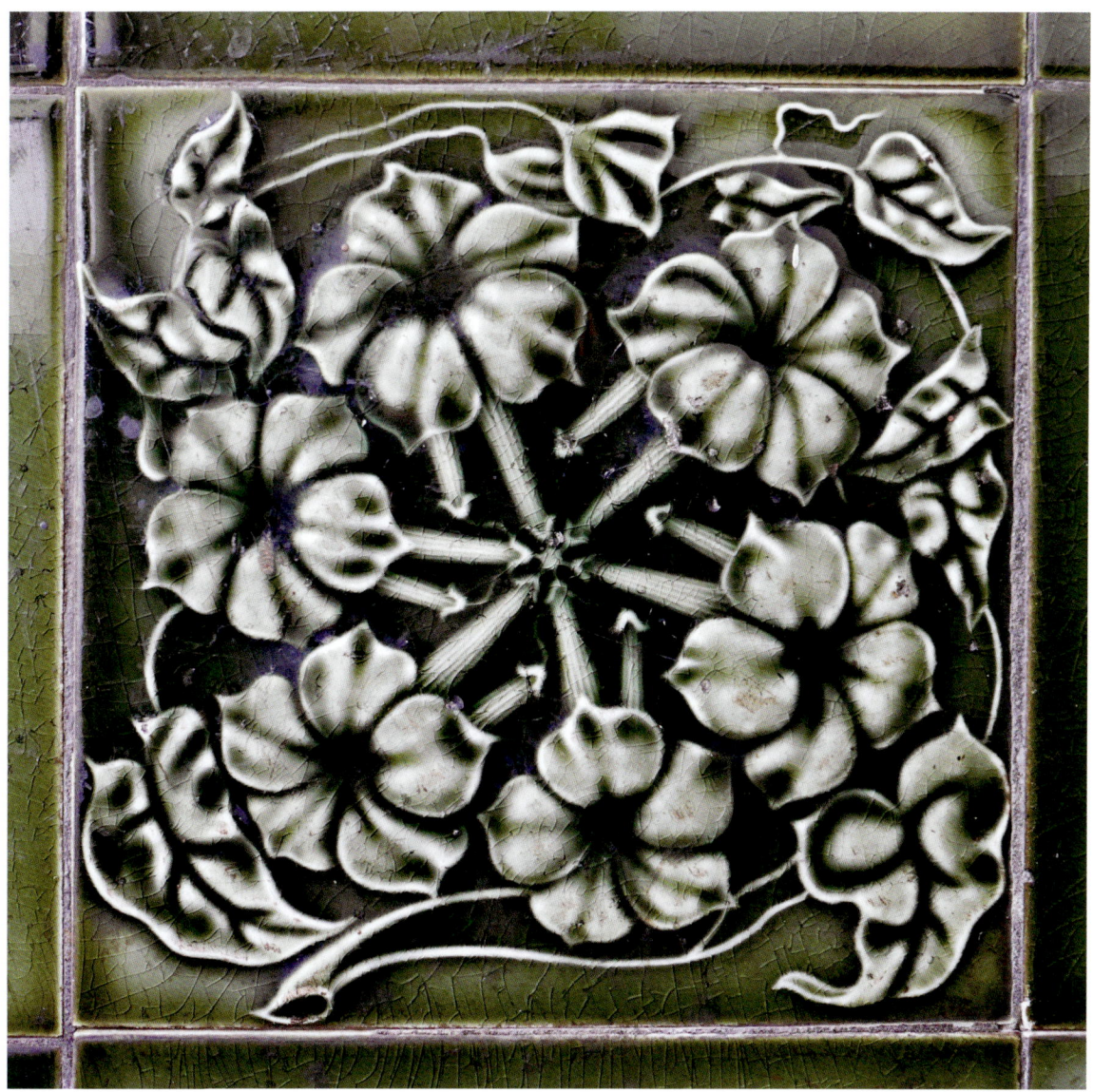

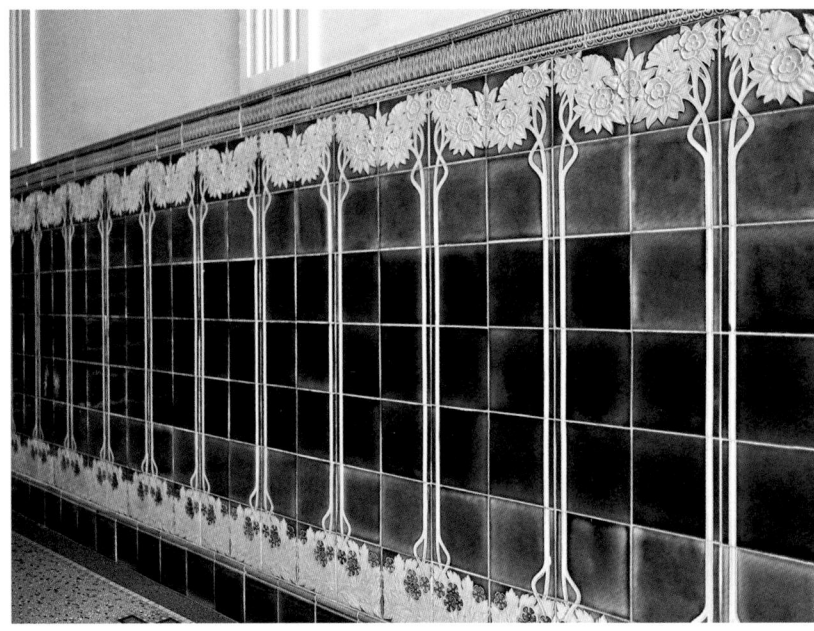

Diese üppige Blütenpracht verwandelt ein Spandauer Vestibül in einen Garten Eden. Zu erkennen ist unter anderem ein Alpenveilchen-Motiv, das die Pflanze als dynamischen Organismus von der Wurzel bis zur Blüte zeigt. Im Jugendstil stand die kurvenförmige Linie in Form von Blütenstängeln im Widerspruch zur Geraden. Dieses außergewöhnliche Fliesenmotiv der Firma NSTG Grohn hatte die optische Funktion, Hausflure durch die Einbindung von Naturformen zu beseelen und zu beleben. Die Norddeutsche Steingutfabrik (NSTG) an der Weser erlebte nach 1889 einen Aufschwung mit der Produktion von Jugendstilfliesen im Nasspressverfahren. Das Rohmaterial wurde per Schiff aus England importiert.

This lush floral splendour transforms an entire vestibule in Spandau into a Garden of Eden. Among other things, a cyclamen motif can be recognised, which shows the plant as a dynamic organism from root to flower. In Art Nouveau, the curved line in the form of flower stems stood in contrast to the straight line. This unusual tile motif from the NSTG Grohn company had the visual function of enlivening and revitalising hallways by incorporating natural forms. The earthenware factory NSTG on the Weser experienced a boom after 1889 with the production of Art Nouveau tiles using the wet moulding process. The raw materials were imported by ship from England.

41

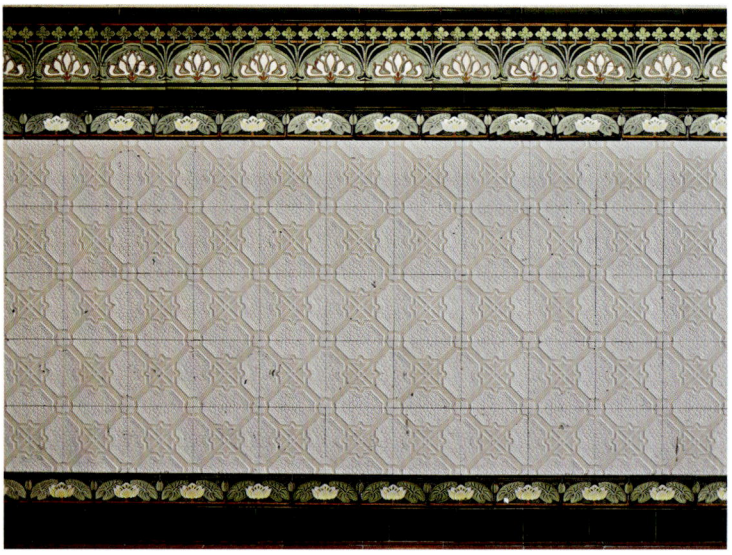

Villeroy & Boch produziert seit 270 Jahren in der Alten Abtei im saarländischen Mettlach feinste Keramiken. Die Jugendstilfliesen sind so legendär und beliebt, dass die Firma Golem – Kunst und Baukeramik sie heute wieder neu auflegt. Das für die Zeit um 1900 typische Seerosen-Motiv findet man in diesem Hausflur im Gleimviertel gleich in zwei Abstraktionsgraden, unten naturalistisch, oben stilisiert. Neben dem Mohn, der klassischen Rose oder der Winde ist die Seerose wohl eines der am häufigsten dargestellten Pflanzen des Jugendstils. Sie stand für Schönheit, unerschöpfliche Lebenskraft und das Leben nach dem Tod. Die Faszination dieser auch in unreinem Wasser gedeihenden Blüte erhielt vor allem durch Claude Monets Seerosenbilder Aufwind. Ursprünglich kam sie als Lotus aus Asien nach Europa.

Villeroy & Boch has been producing the finest ceramics in the Old Abbey in Mettlach, Saarland, for 270 years. The Art Nouveau tiles are so legendary and popular that the company Golem – Kunst und Baukeramik is reissuing them today. The water lily motif typical of the period around 1900 can be found in this hallway in the Gleimviertel in two degrees of abstraction, naturalistic at the bottom and stylised at the top. Alongside the poppy, the classic rose and the bindweed, the water lily is probably one of the most frequently depicted plants of Art Nouveau. It symbolised beauty, inexhaustible vitality and life after death. The fascination of this flower, which thrives even in impure water, was fuelled by Claude Monet's water lily paintings. It originally came to Europe as a lotus from Asia.

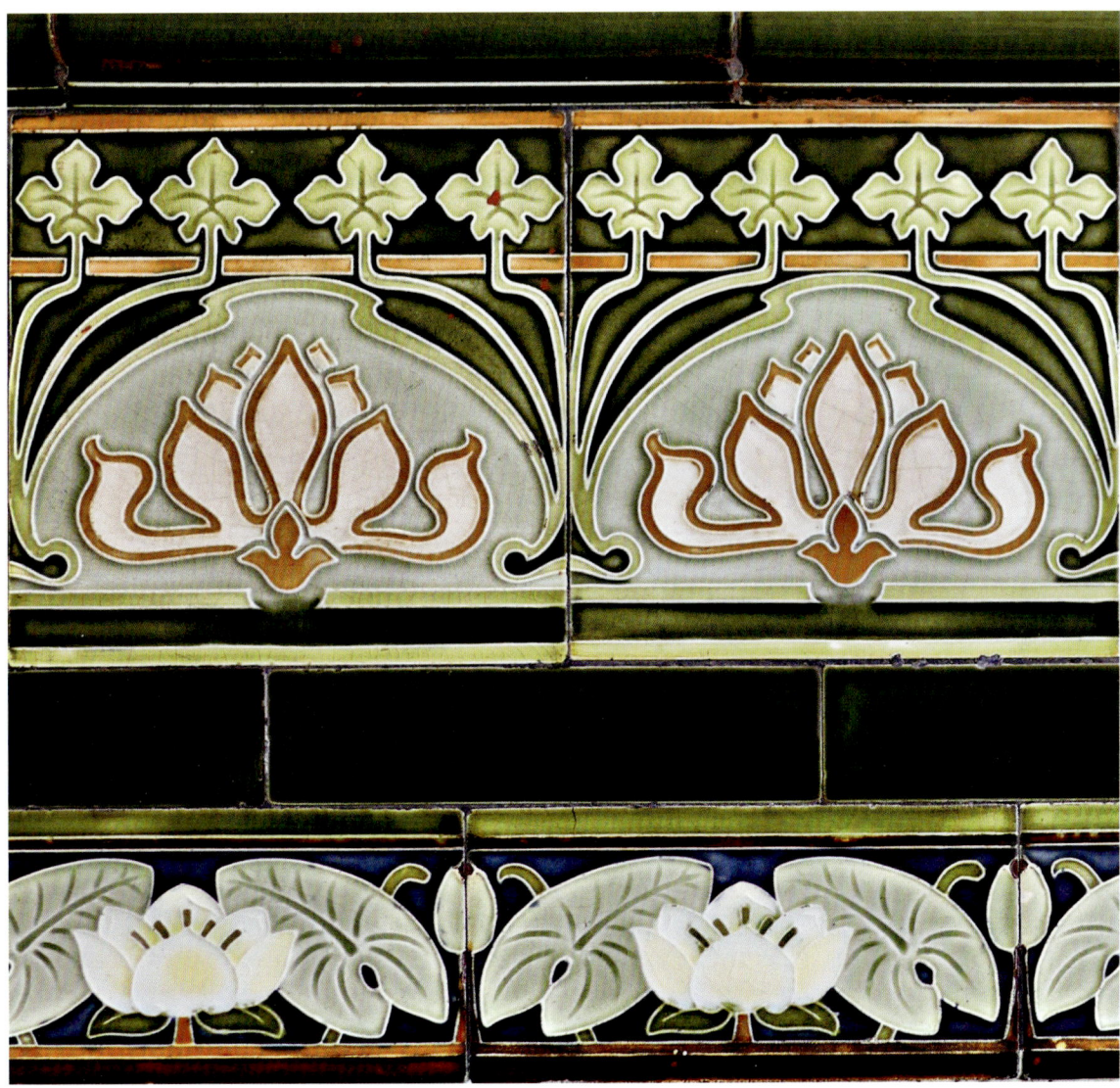

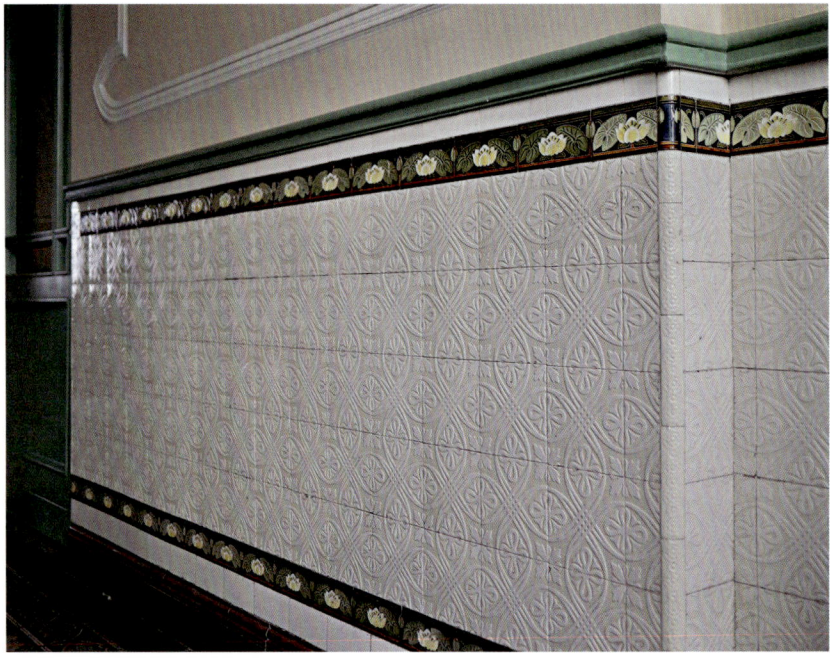

Im Jahr 1905 wurden diese schmückenden Halbflie-sen mit geöffneten Seerosen und zwei Blütenblättern von der Manufaktur Villeroy & Boch entworfen. An den Schmalseiten des Formats ist jeweils im An-schnitt eine Blüte im Knospenstadium zu sehen. Die Seerose gelangte über japanische Farbholzdrucke nach Europa und dann in das Repertoire der Jugend-stilkünstler. In den Drucken spielten vor allem die an langen Stielen über die Wasseroberfläche ragenden Lotosblüten eine bedeutende Rolle. Die exotischen Gewächse dienten als Vorlage und Inspiration für die Seerose, die zu einem der wichtigsten Symbole des Jugendstils wurde.

These decorative half-tile with open water lilies and two petals were designed by the Villeroy & Boch manufactory in 1905. A flower in the bud stage can be seen on the narrow sides of the format. The water lily came to Europe via Japanese coloured wood-block prints and thus entered the repertoire of Art Nouveau artists. The lotus blossoms on long stems rising above the surface of the water played a par-ticularly important role in the prints. The exotic plants served as a model and inspiration for the water lily, which became one of the most important symbols of Art Nouveau.

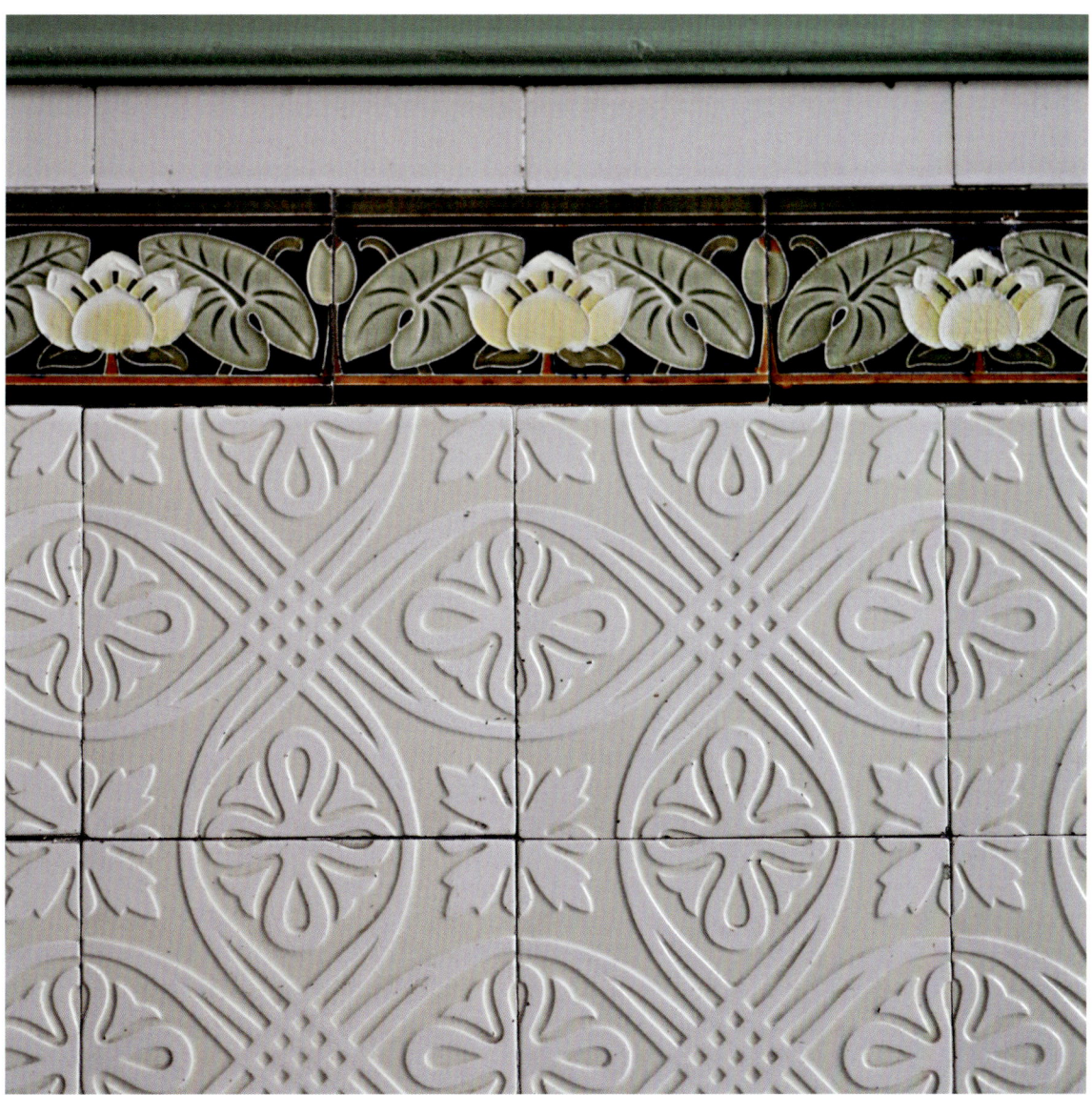

45

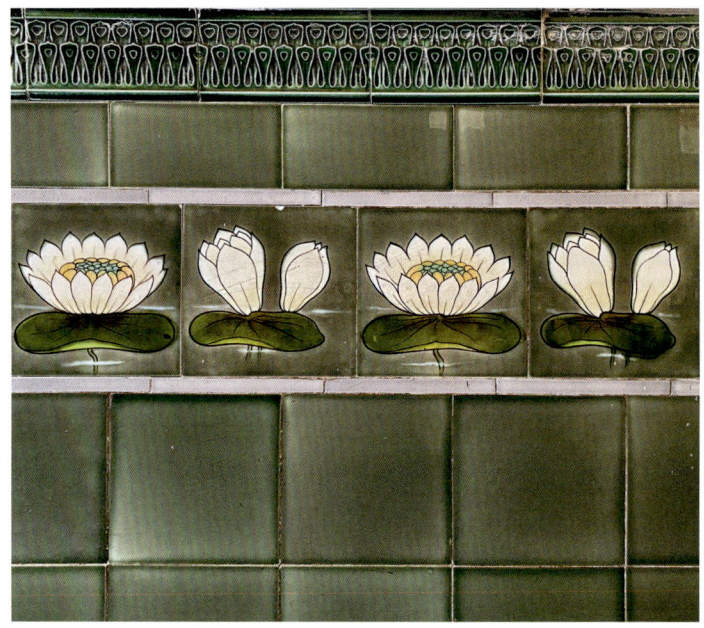

Diese einzigartigen Seerosenfliesen der Meissener Ofen- und Porzellanfabrik (vormals Teichert) sind so selten noch im Original zu finden, dass verirrte Jugendstil-Fans in diesem Hausflur im Prenzlauer Berg mit Werkzeug angerückt sind, um sie abzuschlagen. Glücklicherweise konnten sie nur die Bordüren von der Wand entfernen... Die losgelöst schwebende Blume der Nymphen wächst aus dunklem Wasser und steht für tiefgründige Schönheit und alles lebendig Organische. Teiche an sich waren im Jugendstil ein poetischer Topos für die mentale Bereitschaft zu Eskapismus und Kontemplation. Sie galten als abgeschlossenes Zauberreich umgeben von spezifischen Pflanzen wie Schilf und Seerosen.

These unique water lily tiles from the Meissen stove and porcelain factory (formerly Teichert) are so rare to find in their original form that stray Art Nouveau fans have come to this hallway in Prenzlauer Berg with tools to chip them off. Fortunately, they only managed to remove the borders from the wall... The detached, floating flower of the nymphs grows out of dark water and symbolises profound beauty and everything living and organic. In Art Nouveau, ponds themselves were a poetic topos for the mental readiness for escapism and contemplation. They were regarded as an enclosed magical realm surrounded by specific plants such as reeds and water lilies.

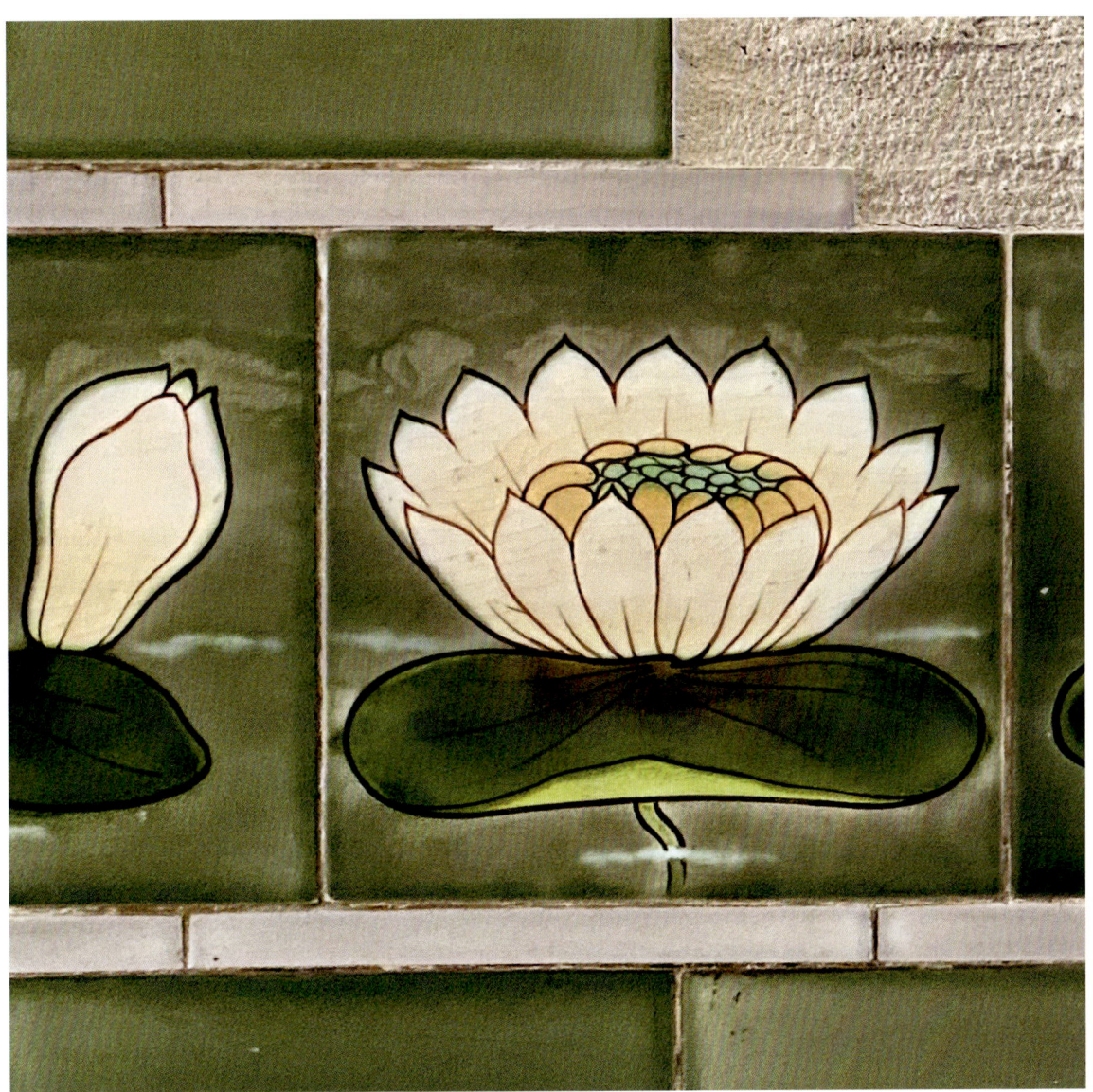

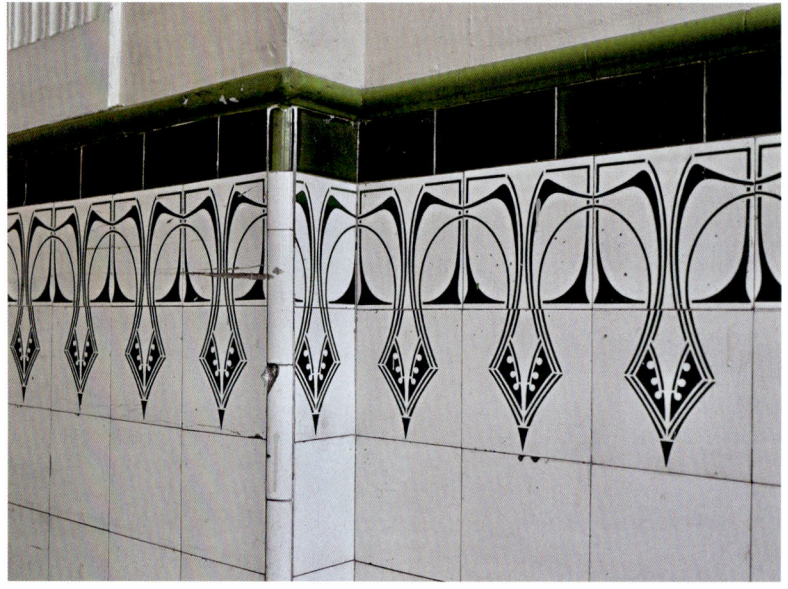

„Der Jugendstil wird die uns umgebenden Dinge mit dem Charme schlichter Schönheit erfüllen," schrieb der Deutsche Samuel Bing 1895, als er seine Pariser Galerie „La maison Bing" eröffnete und dort (Jugendstil-) Kunstgegenstände anbot. Das Motiv dieses eleganten Fliesenensembles in einem Pankower Hausflur ist in schematisierender Weise als Umdruckdekor umgesetzt. Dunkelgrüne Wellen münden in markante Pfeilmuster. Grün galt im Jugendstil als „die befreite Farbe" (Friedrich Ahlers-Hestermann). Als Gegenpol zu der eintönigen Farbgebung des Historismus, der die Jahrzehnte zuvor geprägt hatte, kam um 1900 eine neue Farbigkeit in die Architektur. Diese Fliesenformation stammt aus der traditionsreichen Boizenburger Wandplattenfabrik, die es bis 2023 noch gab.

'Art Nouveau will fill the things around us with the charm of simple beauty,' wrote the German Samuel Bing in 1895, when he opened his Parisian gallery 'La maison Bing' and offered (Art Nouveau) art objects there. The motif of this elegant tile ensemble in a hallway in Pankow is realised in a schematic manner as a transfer print design. Dark green waves flow into striking arrow patterns. In Art Nouveau, green was regarded as 'the liberated colour' (Friedrich Ahlers-Hestermann). As an antithesis to the monotonous colour scheme of historicism, which had dominated the previous decades, a new colourfulness was introduced into architecture around 1900. This tile formation comes from the traditional Boizenburg tile factory, which still existed until 2023.

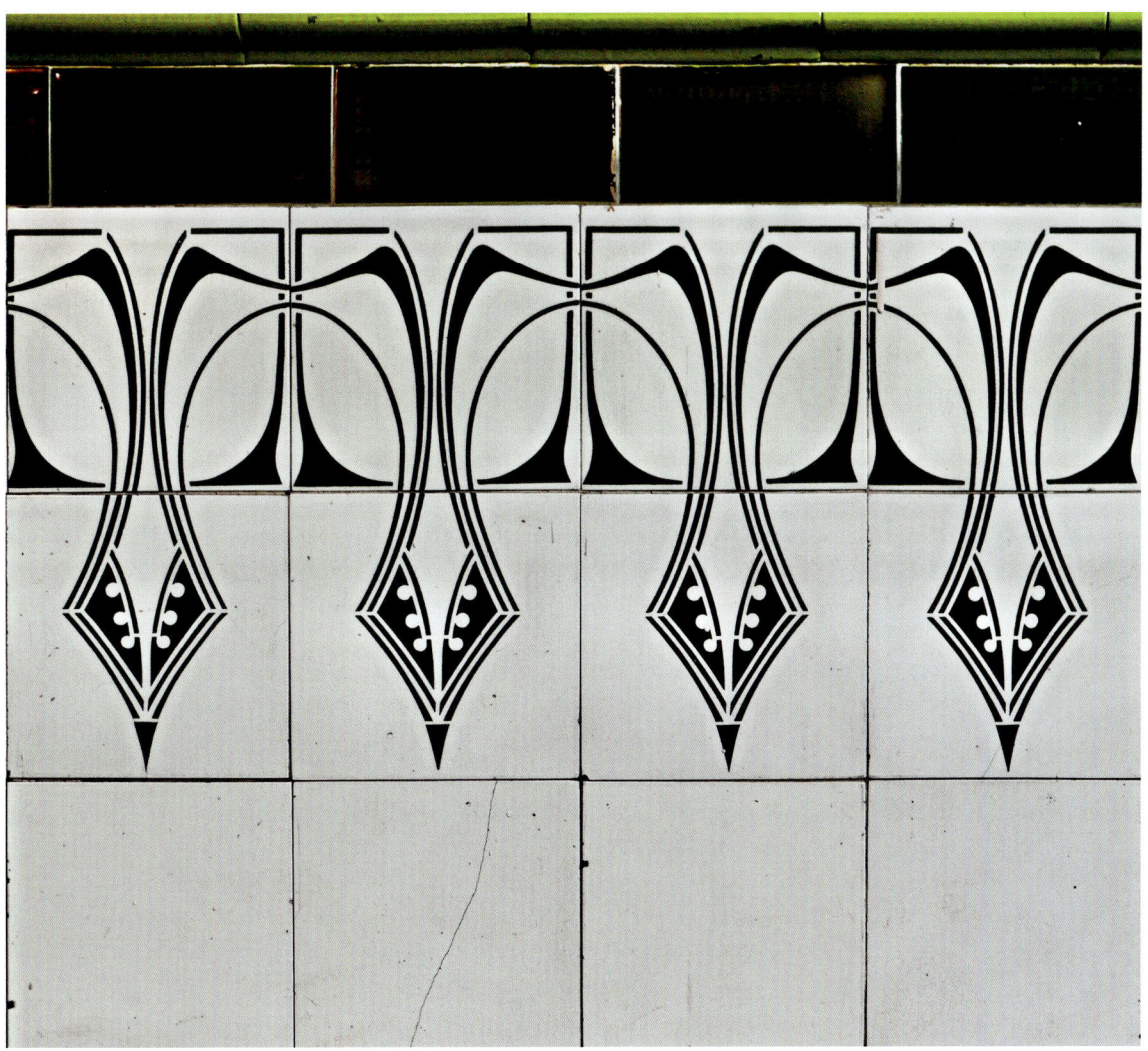

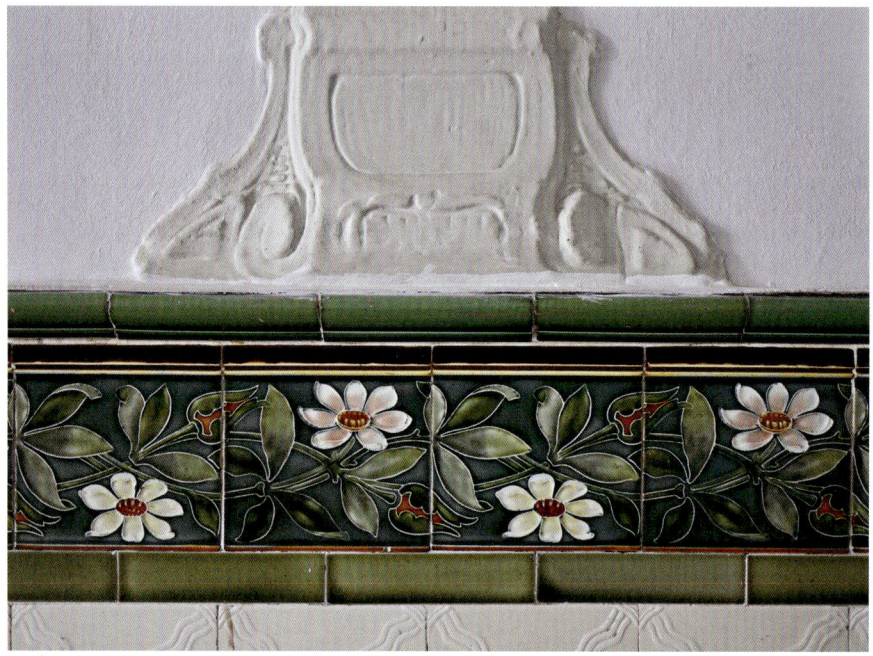

Im Schema eines Flechtbands sind auf diesem Dekor aus der Manufaktur Villeroy & Boch Mettlach zwei Triebe einer Anemone angelegt. Dabei ist jeweils der Ansatz des Stängels durch Blätter der Blume kaschiert. Beide Stängel teilen sich auf, einer davon in geöffneten Blüten endend, der andere in Knospen. Das Flechtband ist am oberen und unteren Rand von glatten, im Relief deutlich hervortretenden Bordüren eingefasst. Anemonen standen im Jugendstil für Unschuld, Vertrauen und Vergänglichkeit. Sie wurden aufgrund ihrer dekorativen Anmutung häufig in Gemälden impressionistischer Maler dargestellt.

Two shoots of an anemone are arranged in the pattern of a braided ribbon on this decoration from the Villeroy & Boch Mettlach manufactory. The base of the stem is concealed by the leaves of the flower. Both stems split, one ending in open flowers, the other in buds. The upper and lower edges of the braided band are framed by smooth borders that stand out clearly in relief. In Art Nouveau, anemones symbolised innocence, trust and transience. They were often depicted in Impressionist paintings due to their decorative appearance.

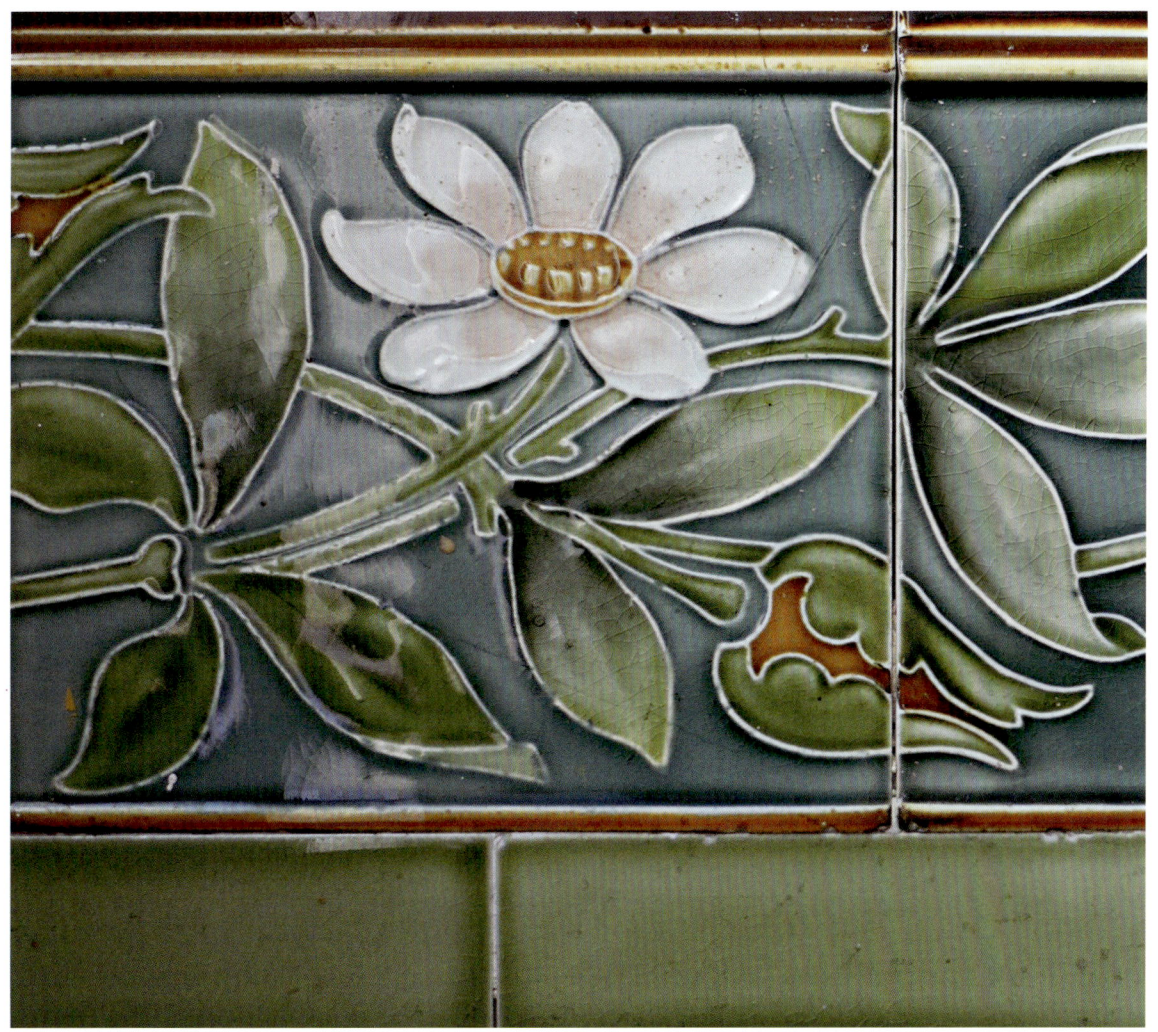

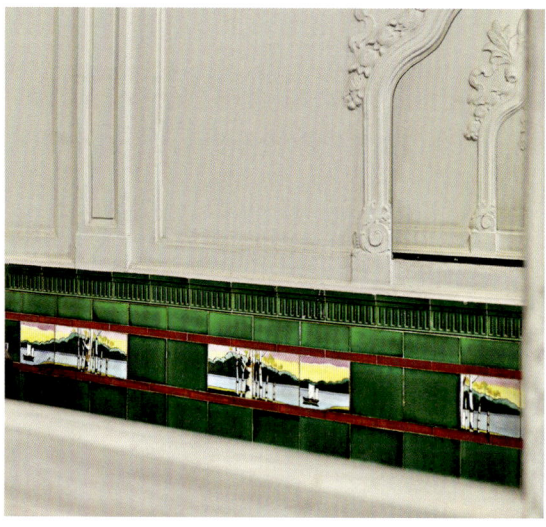

„Der Jugendstil hatte eine immer wiederkehrende Vorliebe für bestimmte Elemente und Stimmungen. Er schätzte Wasser, Wellen und Wolken" (Bernd Mollenhauer). Seen und Teiche standen im Jugendstil für die mentale Bereitschaft zu Eskapismus und Kontemplation. Sie galten als abgeschlossenes, magisches Reich umgeben von spezifischen Pflanzen wie Seerosen, Schilf und Bäumen aller Art. Meer, Fluss, Bach, Teich, Quelle, Moor und Sumpf konnten zu Innenansichten menschlicher Befindlichkeit werden. Als universales Signum entsprach das Wasser dem zeittypischen gesellschaftlichen Bedürfnis nach sowohl esoterischer Versenkung und symbolhafter Bedeutung als auch nach neuen Erkenntnissen der Wissenschaft. Diese über jeweils drei Fliesen gemalte Seelandschaft stammt aus der Manufaktur SOMAG und verwandelt diesen Hausflur in einen Sehnsuchtsort.

'Art Nouveau had a recurring preference for certain elements and moods. It valued water, waves and clouds' (Bernd Mollenhauer). In Art Nouveau, lakes and ponds were a poetic topos for the mental readiness for escapism and contemplation. They were regarded as an enclosed, unfathomable magical realm surrounded by specific plants such as water lilies, reeds and trees of all kinds. Sea, river, stream, pond, spring, moor and swamp could thus become interior views of the human condition. As a universal symbol, water corresponded to the social need of the time for esoteric contemplation and symbolic meaning as well as for new scientific findings. This seascape painted over three tiles comes from the SOMAG manufactory and transforms this hallway into a place of longing.

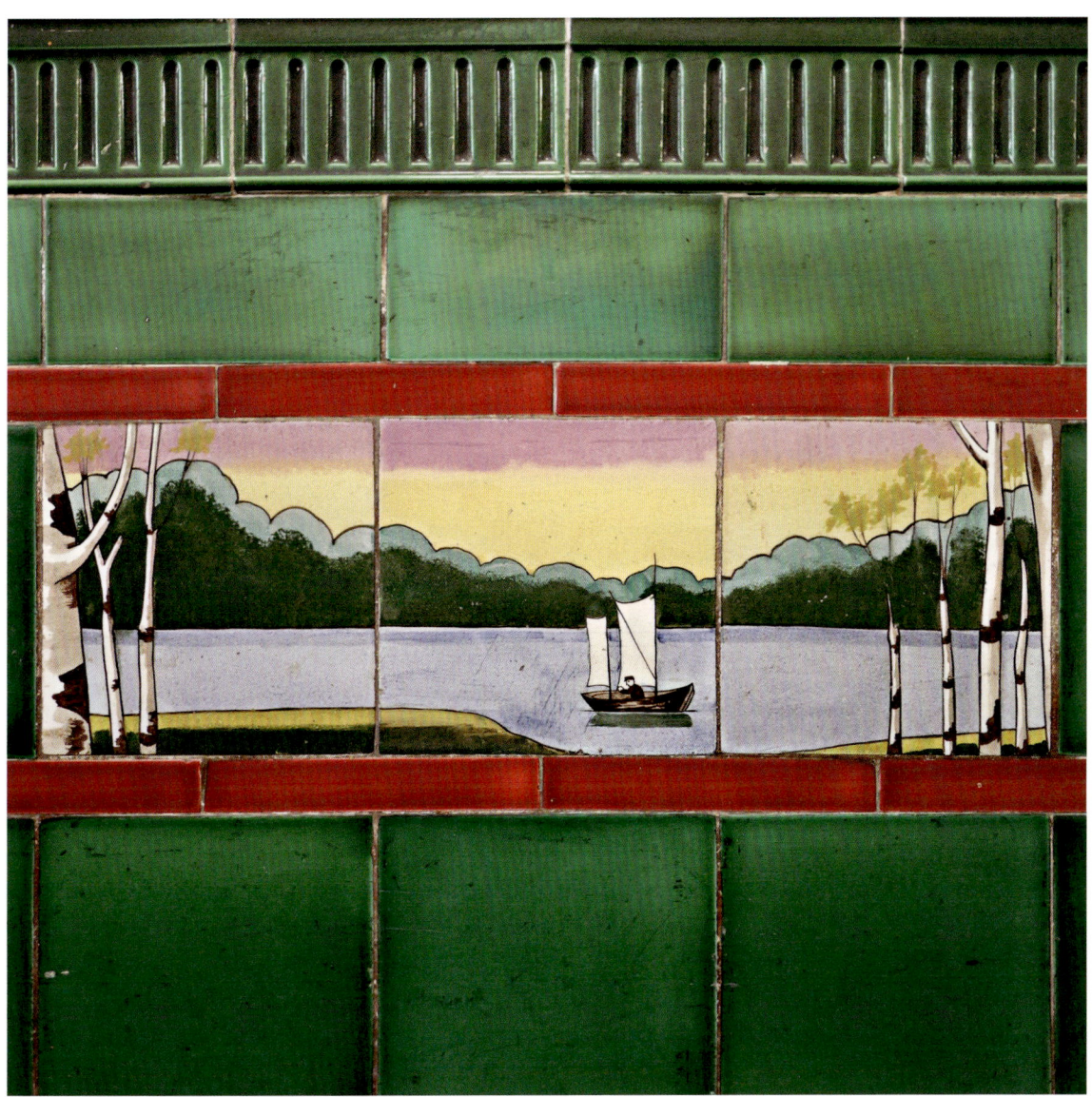

53

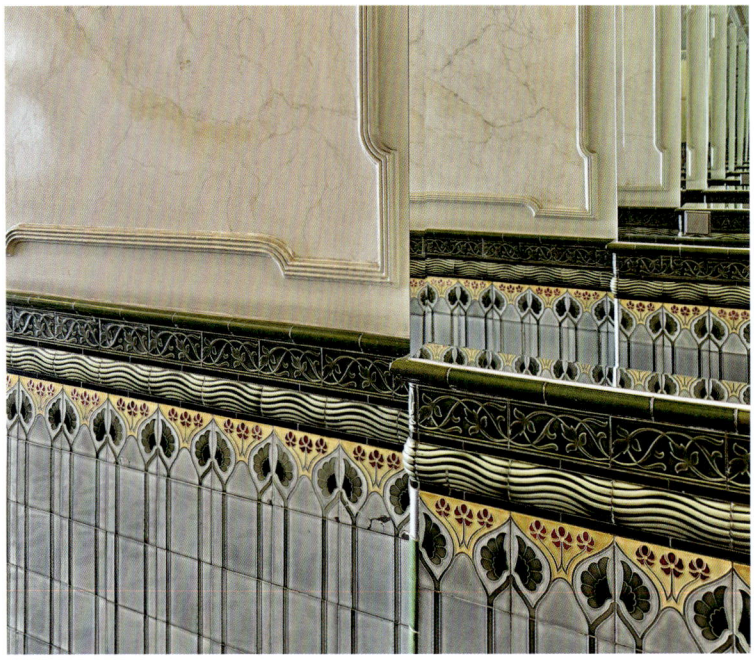

Jugendstilgärten wurden als Fortsetzung des Wohnhauses betrachtet und ebenso in verschiedene Bereiche eingeteilt. Diese waren durch Hecken, Spaliere, Lauben oder Pavillons voneinander getrennt. Zur Grundkonzeption von Jugendstilgartenanlagen gehörten schmiegsame Kletterrosen ebenso wie geometrisch angelegte Beete. Dass es sogar Fliesenbilder mit Ziergittermotiven gab, mag verblüffen. Florale und vegetabile Ornamente illustrieren hier einen Garten, der von langen Gitterstäben umzäunt scheint. Dieses in Berlin Mitte zu findende Fliesenkunstwerk aus dem Hause Tonwerk Offstein wird heute neu aufgelegt.

Art Nouveau gardens were seen as an extension of the house and were also divided into different areas. These were separated from each other by hedges, trellises, arbours or pavilions. The basic design concept of Art Nouveau gardens included cosy climbing roses as well as geometrically arranged flowerbeds. It may come as a surprise that there were even tile pictures with decorative lattice motifs. Here, floral and vegetal ornaments illustrate a garden that appears to be fenced in by long bars. This tile artwork from Tonwerk Offstein, which can be found in Berlin Mitte, is being reissued today.

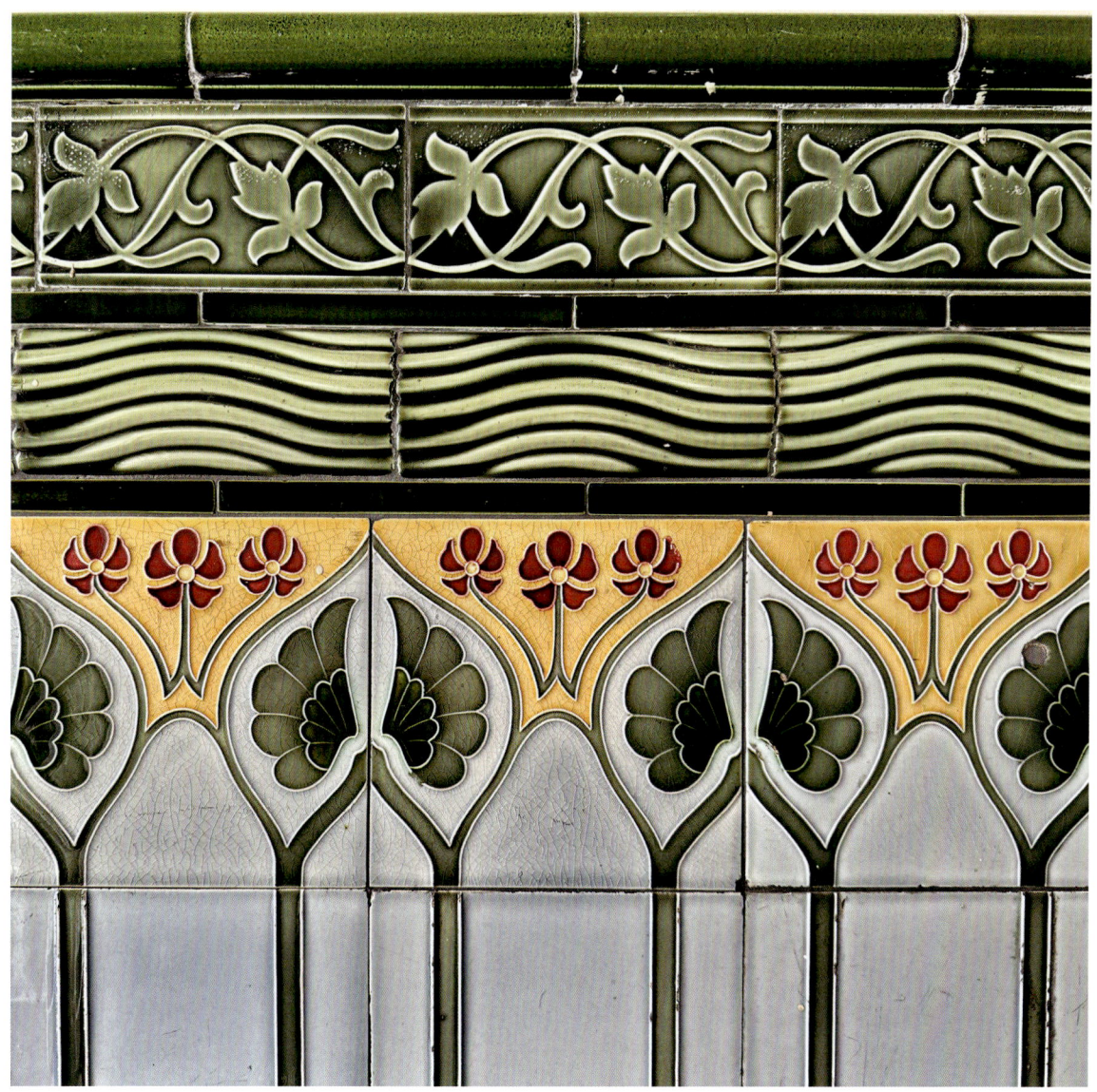

55

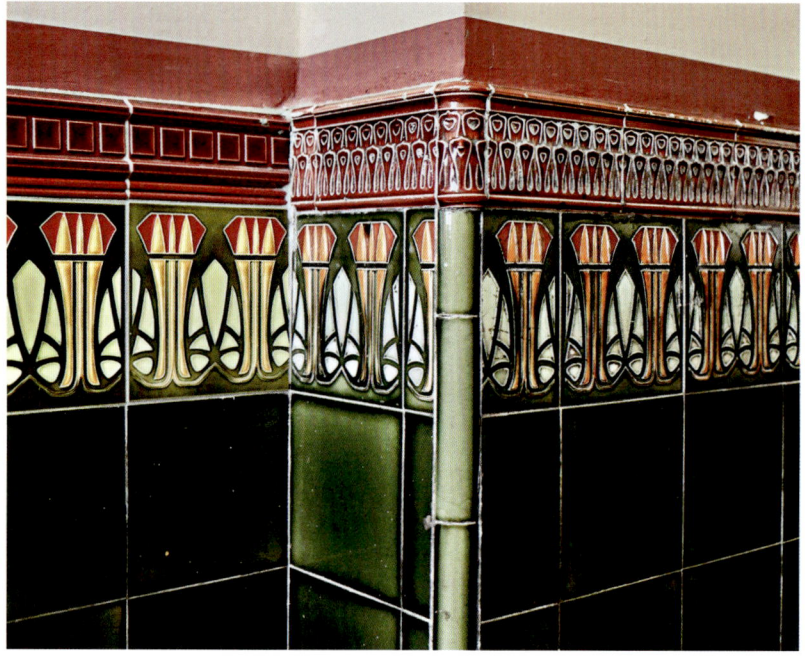

Diese geometrisch-abstrakte Fliesenformation kann als Palmettenfries interpretiert werden. Dabei handelt es sich um ein Schmuckmotiv, das eine symmetrische Abstraktion eines Blattes der Fächerpalme darstellt und seit der Antike in der Architektur und Vasenmalerei neben dem Akanthus zu den häufigsten stilisierten Pflanzenmotiven gehört. In diesem Hausflur sind die Originalfiesen aus der Meissener Ofen- und Porzellanfabrik (vormals Teichert) auf der rechten Flurseite noch erhalten. Links sieht man die ergänzten Repliken. War die Palme in der Bibel der Baum des Friedens, so wurde sie im Jugendstil zum Symbol für Aufrichtigkeit und Rechtschaffenheit.

This geometric-abstract tile formation can be interpreted as a palmette frieze. This is a decorative motif that represents a symmetrical abstraction of a fan palm leaf and has been one of the most common stylised plant motifs in architecture and vase painting since antiquity, alongside the acanthus. In this hallway, the original tiles from the Meissen stove and porcelain factory (formerly Teichert) are still preserved on the right-hand side of the hallway. On the left you see the replicas. While the palm tree was the tree of peace in the Bible, it came to symbolise sincerity and righteousness in Art Nouveau.

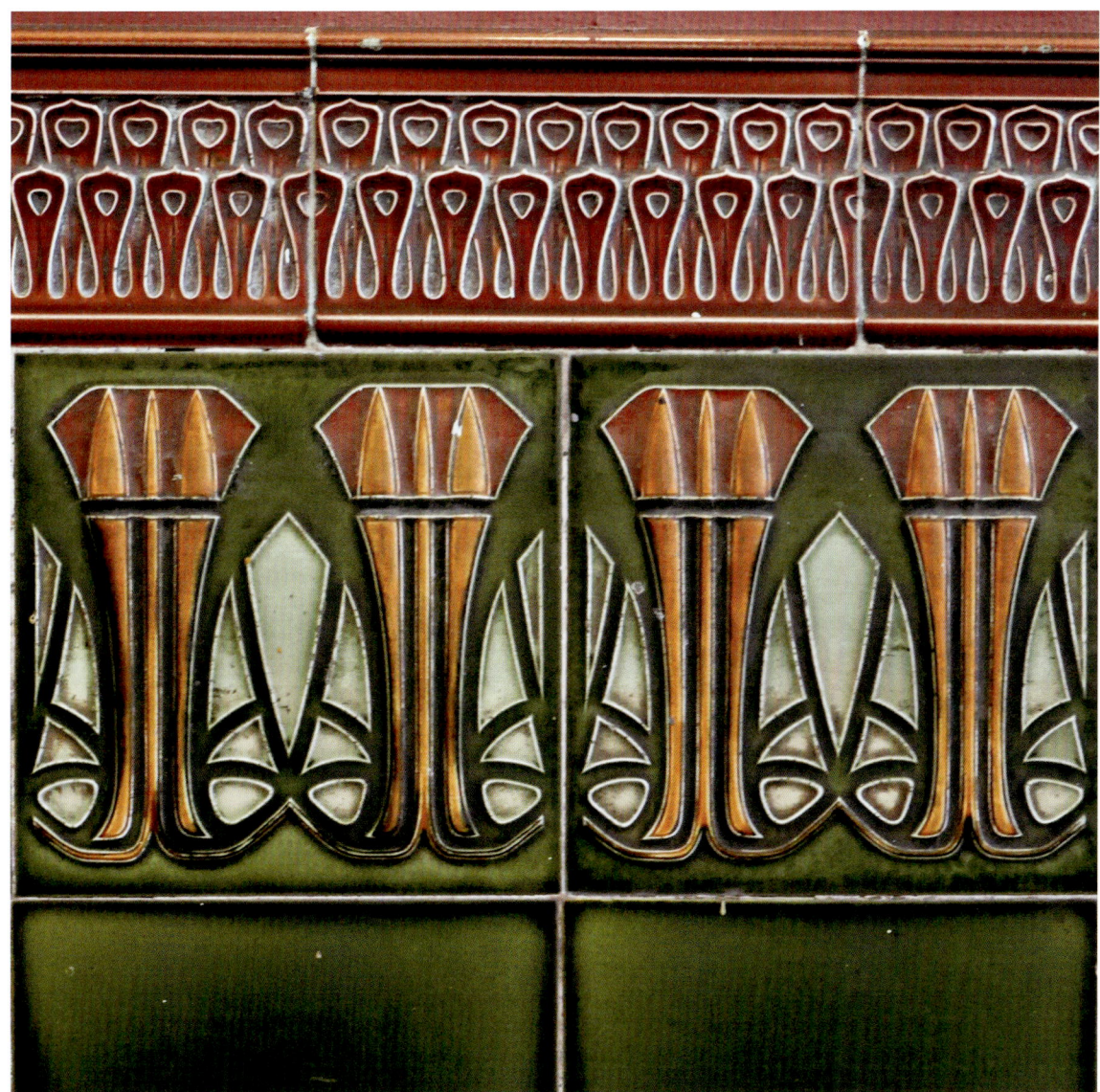

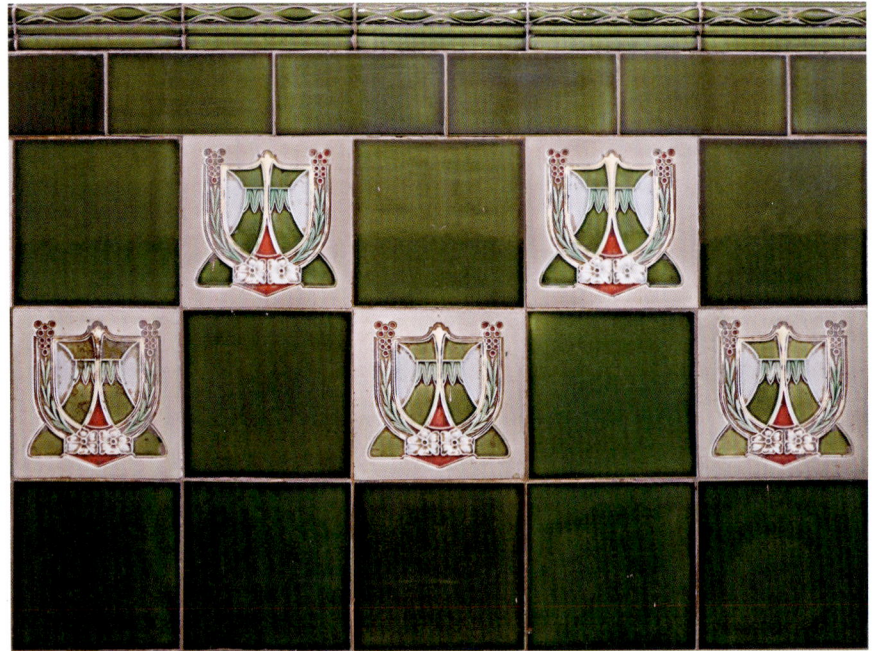

Ordnendes Prinzip dieser phantasievollen Komposition aus der Wandplattenfabrik Mügeln (1904) ist die Spiegelsymmetrie entlang der vertikalen Mittelachse. Zwei Blüten zieren den Bogen eines Festons, dessen Blätter und Beeren Lorbeer darstellen. Der vegetabile Schmuck überlagert eine konkav eingeschwungene Form mit Blattornament, die an eine Amphore erinnert. Antike, reich verzierte Vasen waren auch beliebte Kunstobjekte im Jugendstil. Diese im Stadtteil Prenzlauer Berg zu findende Fliese ist heute wieder erhältlich.

The organising principle of this imaginative composition from the Mügeln wall panel factory (1904) is the mirror symmetry along the vertical central axis. Two flowers adorn the arch of a festoon whose leaves and berries represent laurel. The vegetal decoration is superimposed on a concave shape with leaf ornamentation reminiscent of an amphora. Antique, richly decorated vases were also popular art objects in Art Nouveau. This tile, which can be found in the Prenzlauer Berg district, is today being reissued.

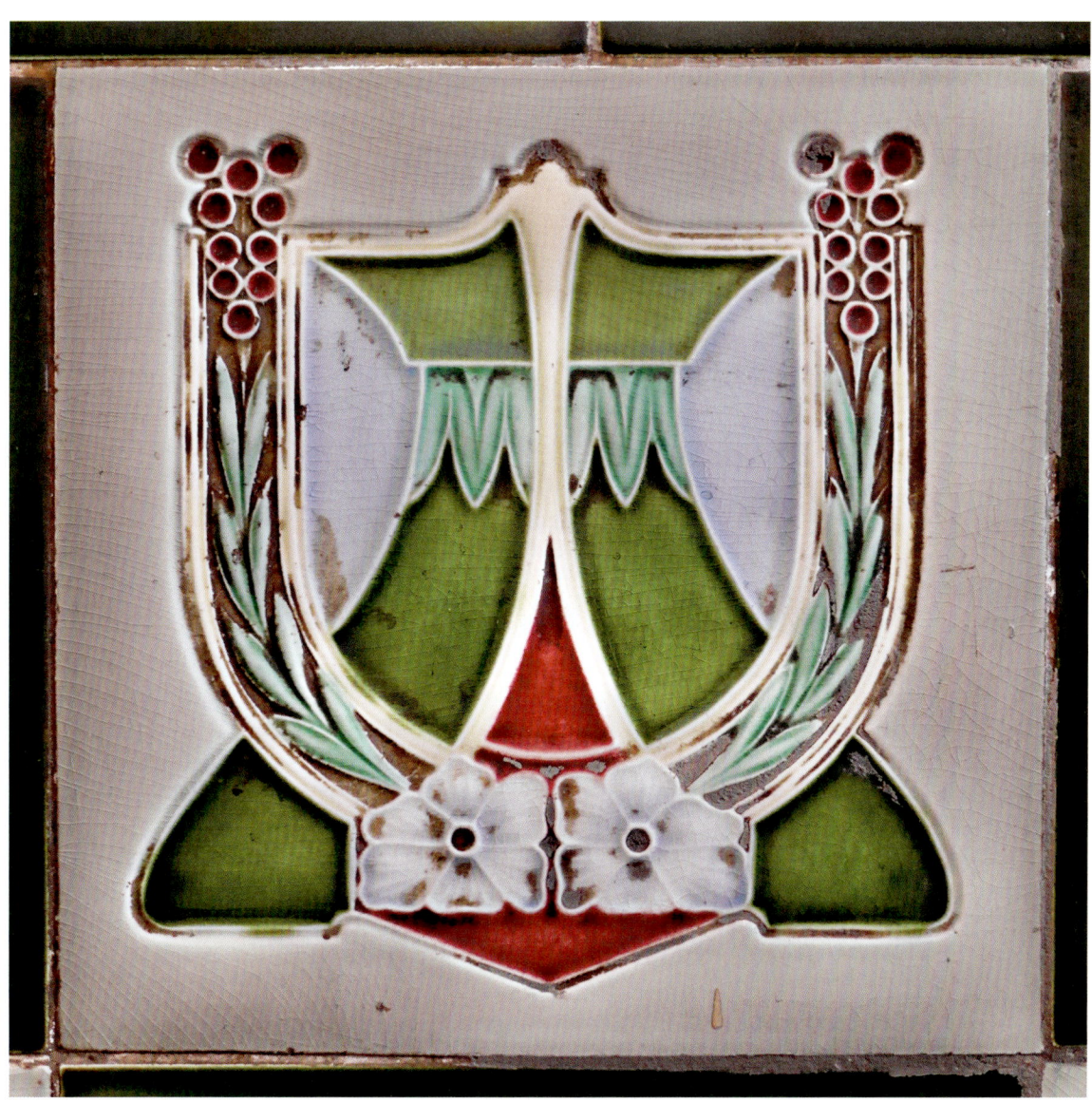

59

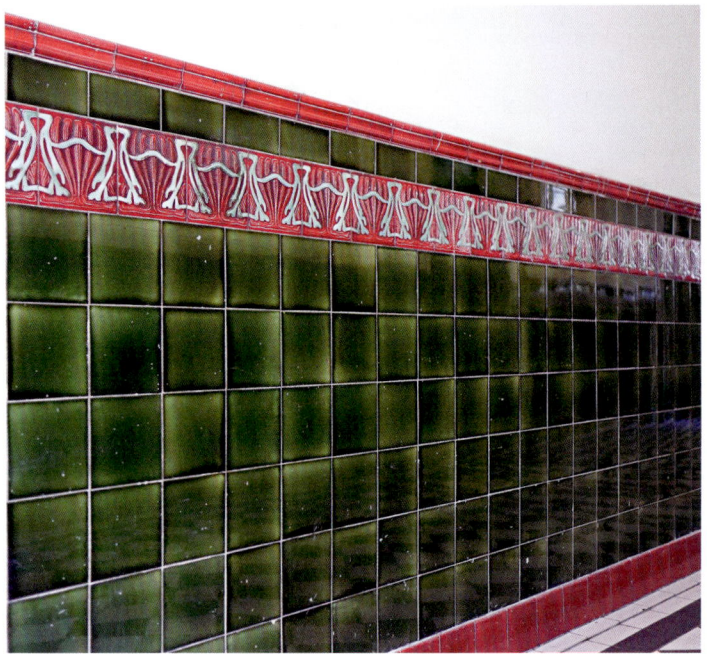

„Der Jugendstil ist voller Morgenstimmung. Er ist das Bewußtsein vom Aufbruch ins neue Jahrhundert" (Eberhard Roters). Die Meissener Ofen- und Porzellanfabrik (M. O. & P. F.) brachte diese einmalig schönen Schmuckfliesen mit Hochreliefdekor im Jahr 1905 auf den Markt. In dem unscheinbaren Miethausflur in Pankow verströmen die Jugendstilfliesen mit floralem, aber nicht einfach zu identifizierenden Dekor etwas märchenhaft Versunkenes. Die als Band in einem einreihigen Rapport verlegten Fliesen werden als denkmalgerechte Replik heute wieder aufgelegt.

'Art Nouveau is full of morning mood. It is the awareness of the dawn of the new century' (Eberhard Roters). The Meissen Ofen- und Porzellanfabrik (M. O. & P. F.) brought these uniquely beautiful tiles with high relief decoration onto the market in 1905. In the inconspicuous tenement hallway in Pankow, the Art Nouveau tiles with floral, but not easily identifiable decoration exude a fairytale-like atmosphere. The tiles, laid as a band in a single-row repeat, are now being reproduced as a replica in keeping with the requirements of listed buildings.

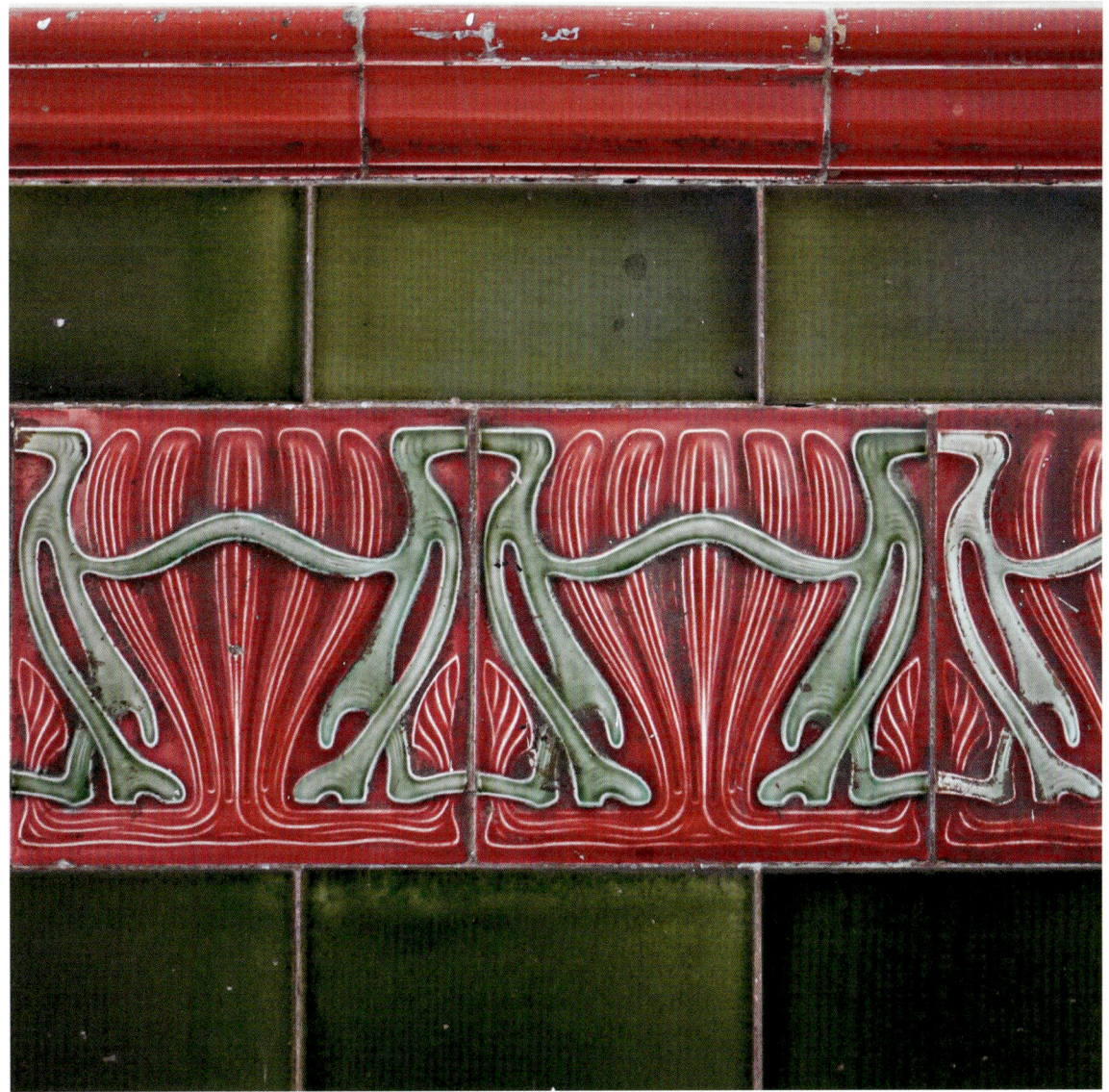

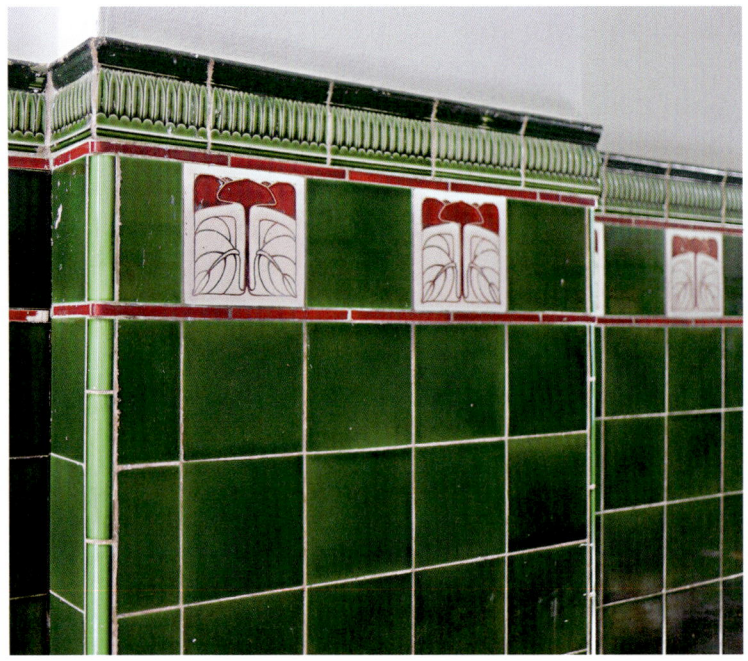

Diese ausgefallenen roten Blüten auf weißem Hintergrund umgeben von grünen Glattfliesen sind in Berlin Mitte zu finden. Um welche Blüte es sich handeln könnte, war beim besten Willen nicht herauszufinden, obwohl es noch eine verbliebene Produktions- und Verkaufsstätte der Manufaktur Utzschneider (seinerzeit & Cie.) in Saargemünd gibt. Unter dem Namen „Zahnafliesen" ist dort jetzt die sechste Generation am Start.

These unusual red flowers on a white background surrounded by smooth green tiles can be found in the centre of Berlin. With the best will in the world, it was impossible to find out which flower it might be, although there is still one remaining production and sales site of the Utzschneider (formerly & Cie.) manufactory in Saargemünd. The sixth generation is now at work there under the name 'Zahnafliesen'.

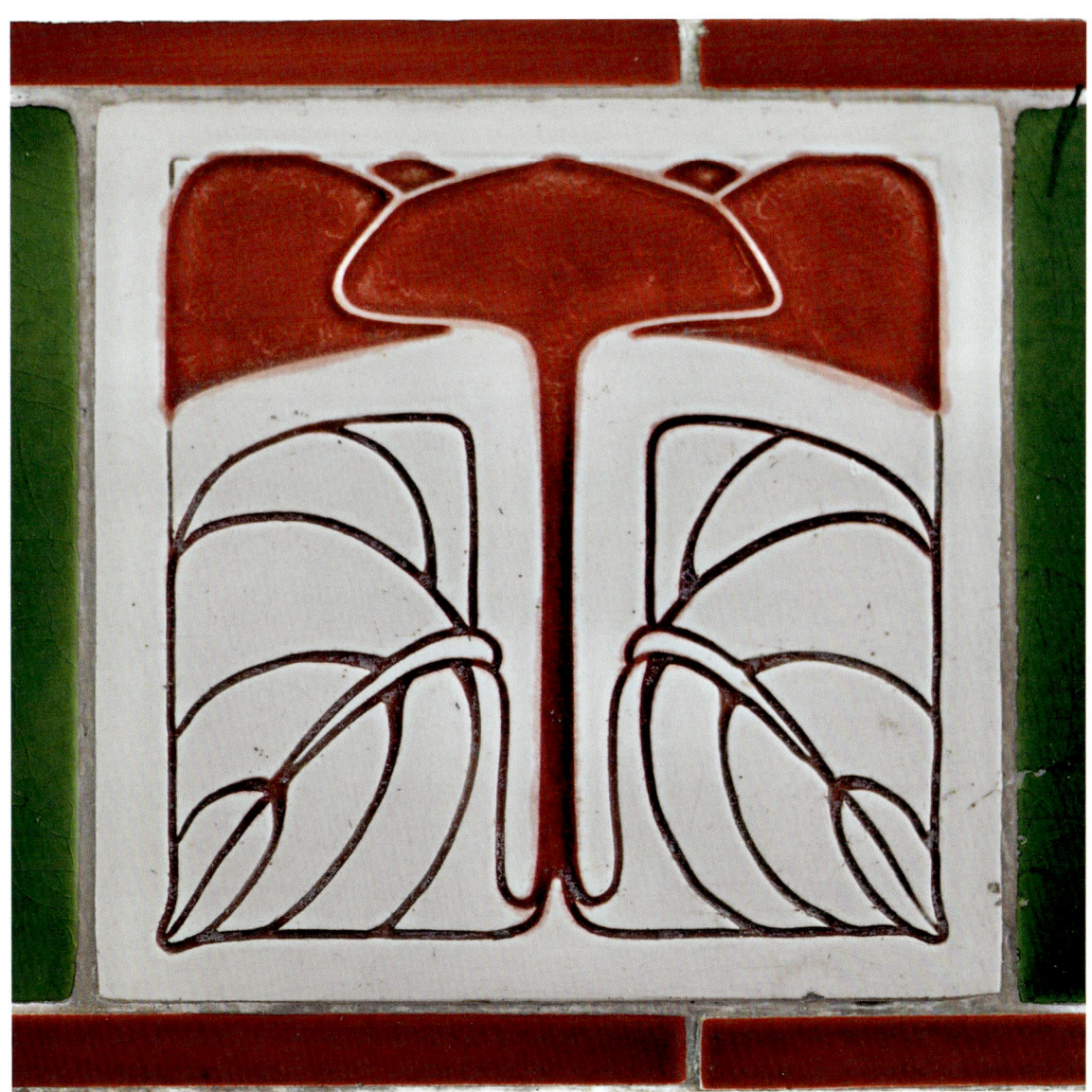

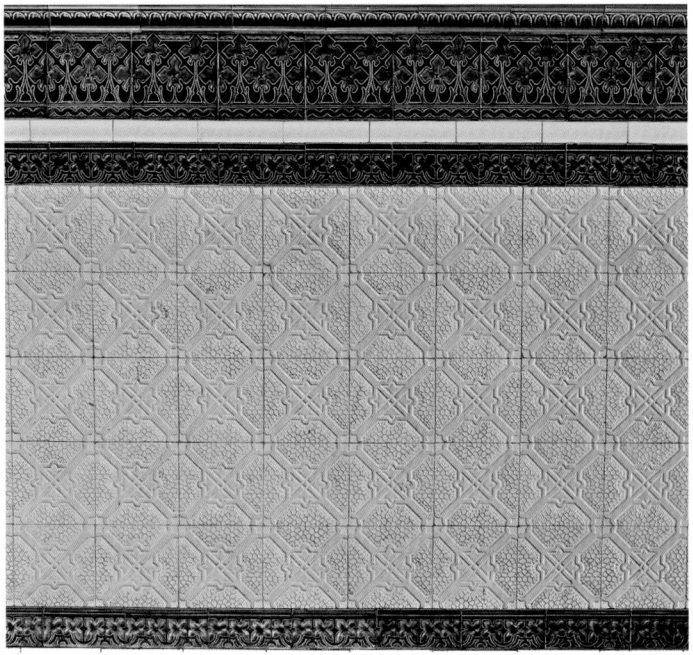

Dieses Fliesenmotiv aus dem Hause Villeroy & Boch ist so selten zu finden, dass ein älterer Hausbewohner in diesem Haus in Steglitz seine Ersatzfliesen wie einen Schatz hütet. Im Jugendstil wurden mit Wein und Mohn rauschhafte Zustände assoziiert, so dass sie als Motiv nicht nur auf Fliesen zu finden waren. Der Wein als romantische Rankpflanze war im Jugendstil ähnlich beliebt wie Mohn und Fliegenpilze. Seine berauschende Wirkung erlaubte eine Flucht aus der Realität in eine Traumwelt. Die Kletterpflanze Weinrebe gehört zu den ältesten Kulturpflanzen der Menschheit.

This tile motif from Villeroy & Boch is so rare to find that an elderly resident in this house in Steglitz guards his replacement tiles like a treasure. In Art Nouveau, wine and poppies were associated with ecstatic mood, so they were not only found as a motif on tiles. As a romantic climbing plant, the vine was just as popular in Art Nouveau as poppies and toadstools. Its intoxicating effect made it possible to escape from reality into a dream world. The climbing vine is one of the oldest cultivated plants known to mankind.

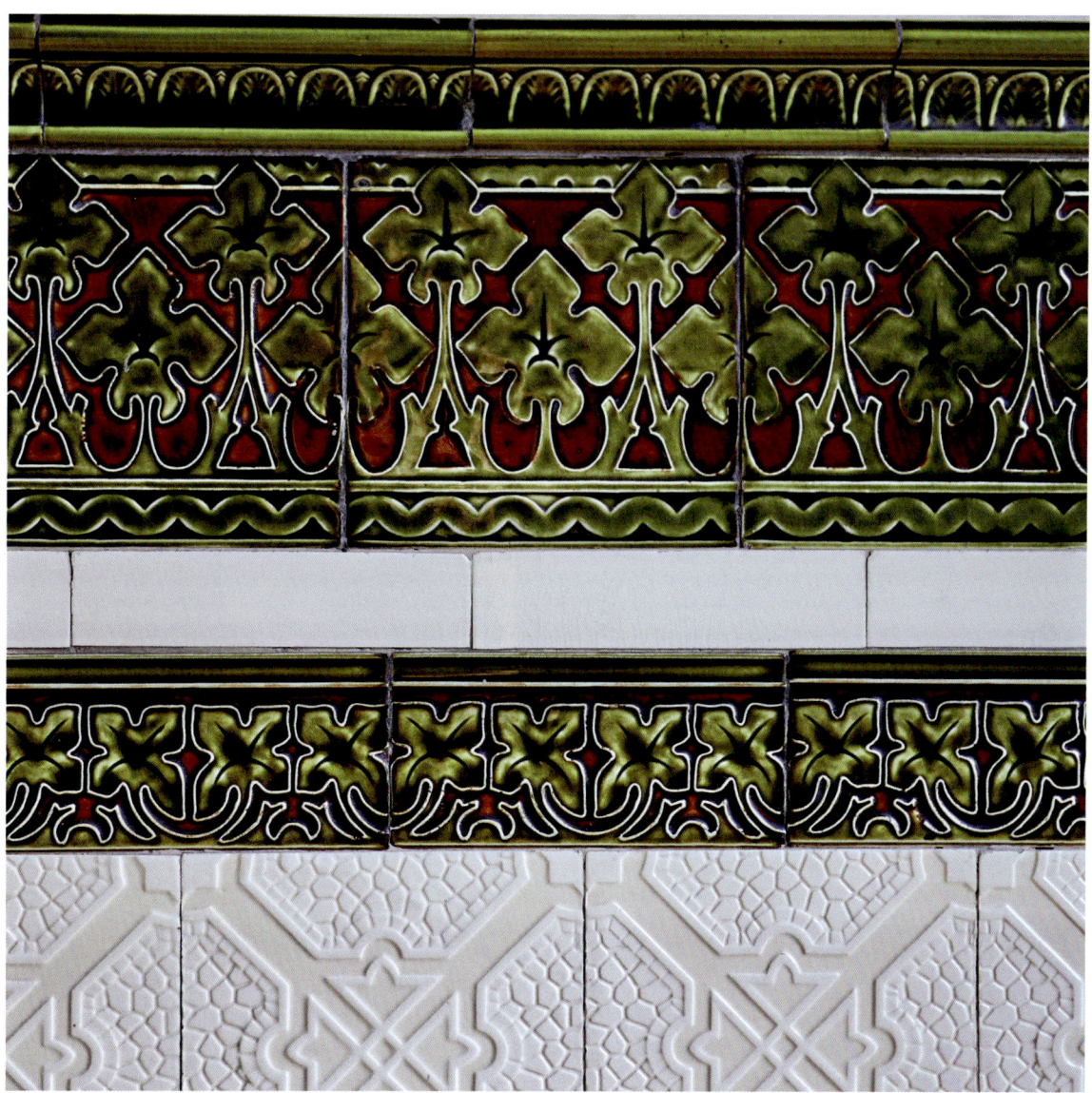

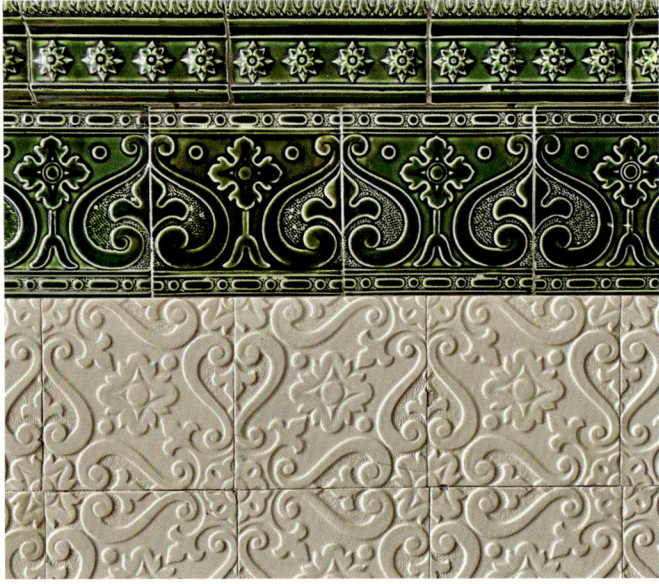

Viele naturweiße Fliesenmotive wurden in Berliner Hausfluren mit unterschiedlichen Bordüren in Szene gesetzt. Auf dem ersten Bild ist das abstrakte Pflanzenmotiv aus der Manufaktur Witteburg mit einer Reihe von ähnlichen, jedoch nicht identischen Motiven in Flaschengrün abgesetzt. Auf dem zweiten Foto beleben die schlichte grüne Bordüre und ein Satz monochromer Fliesen das Motiv auf andere Weise. Eine Auszeichnung mit der silbernen Medaille auf der Weltausstellung in St. Louis (USA) in 1904 machte den Namen Witteburg zu einem Qualitätsbegriff. Um 1900 wurden folgende Absatzgebiete in der Firmenakte gefunden: Deutschland, Österreich, Italien, Norwegen, Schweden, Niederlande, Belgien, Russland, Indien, Argentinien, Brasilien und Mexiko.

Many natural white tile motifs were staged in Berlin hallways with different borders. In the first picture, the abstract plant motif from the Witteburg manufactory is set off against a series of similar, but not identical, motifs in bottle green. In the second photo, the plain green border and a set of monochrome tiles enliven the motif in a different way. Being awarded the silver medal at the 1904 World's Fair in St. Louis (USA) made the name Witteburg a definition of quality. Around 1900, the following sales territories were found in the Company files: Germany, Austria, Italy, Norway, Sweden, the Netherlands, Belgium, Russia, India, Argentina, Brazil and Mexico.

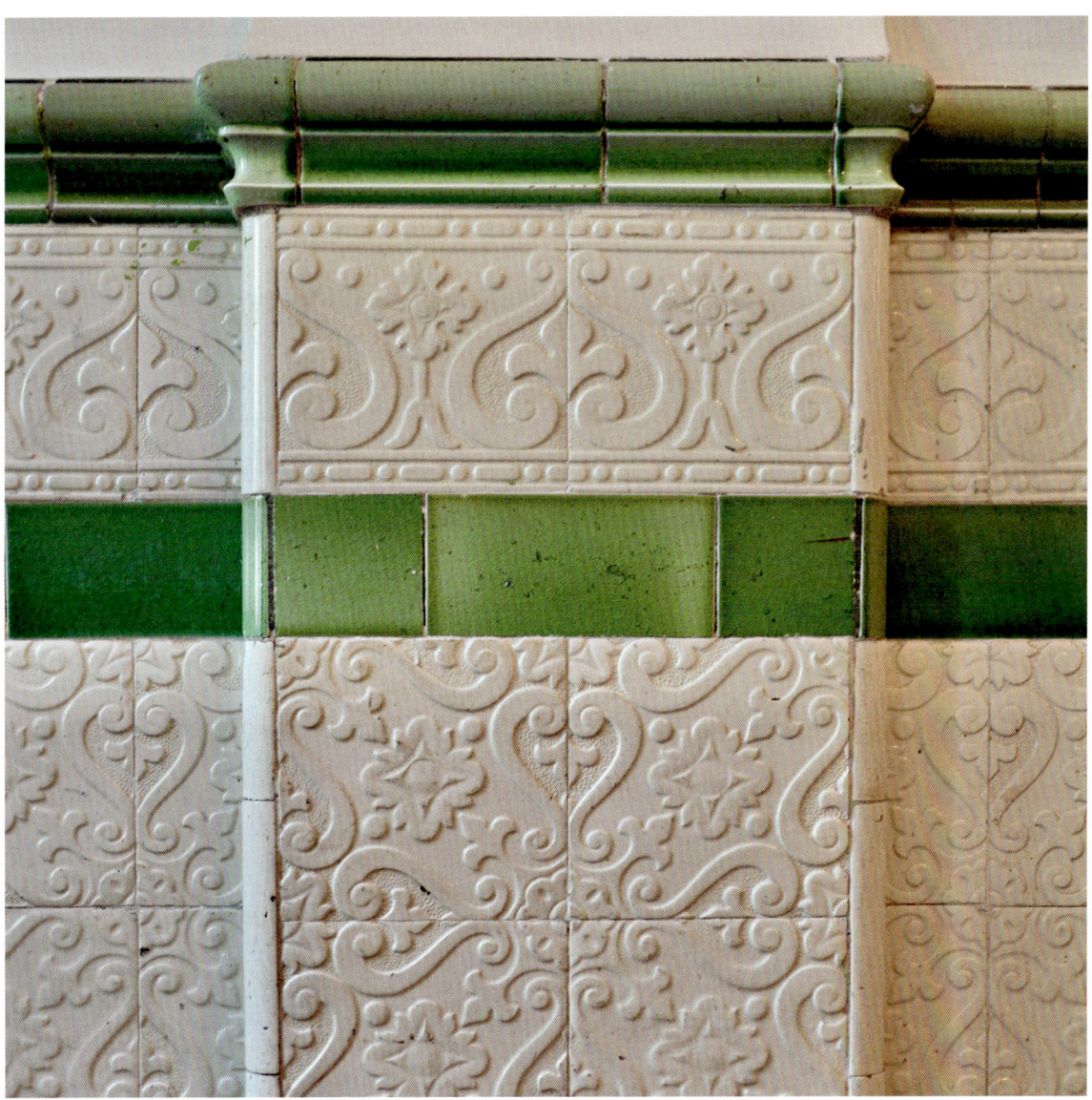

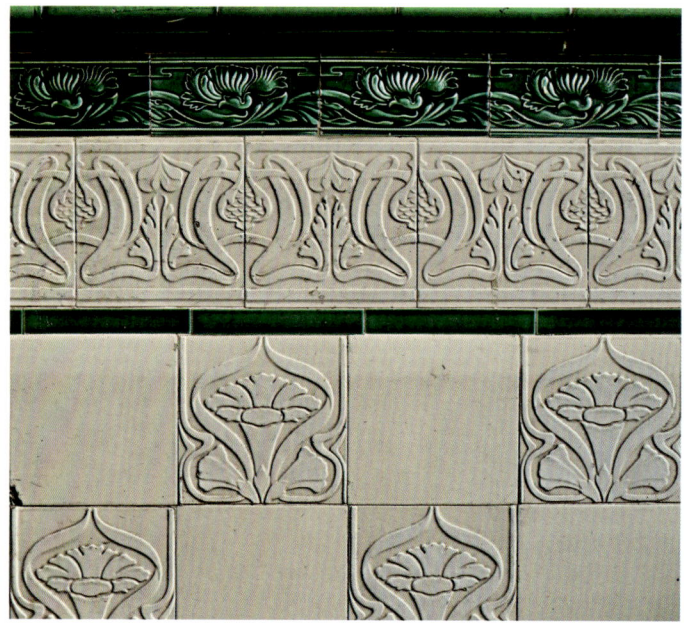

Dieses aparte Dekor aus der Norddeutschen Steingut-fabrik NSTG zeigt eine elegante, stilisierte Variation von Anemonenblüten, die in Aufsicht und in Schräg-ansicht zu sehen sind. Die Stängel der Pflanze verzweigen sich symmetrisch. In der Mittelachse wachsen Laubblätter mit den für die Anemone typischen gelappten Rändern empor, die als geschwungenes Linienornament schließlich in einer Blüte enden. Im Jugendstil stand die Anemone für positive Erwartung, aber auch für Vergänglichkeit. Der botanische Name Anemone stammt von „anemos", dem griechischen Wort für Wind. Die Griechen glaubten, dass Anemonen das Herannahen des Frühlings symbolisierten.

This distinctive decoration from the Norddeutsche Steingutfabrik NSTG shows an elegant, stylised variation of anemone blossoms, which can be seen from above and at an angle. The stems of the plant branch out symmetrically. Foliage leaves with the lobed edges typical of the anemone grow upwards along the centre axis, ending in a blossom as a curved linear ornament. In Art Nouveau, the anemone symbolised positive expectation, but also transience. The botanical name anemone comes from 'anemos', the Greek word for wind. The Greeks believed that anemones symbolised the approach of spring.

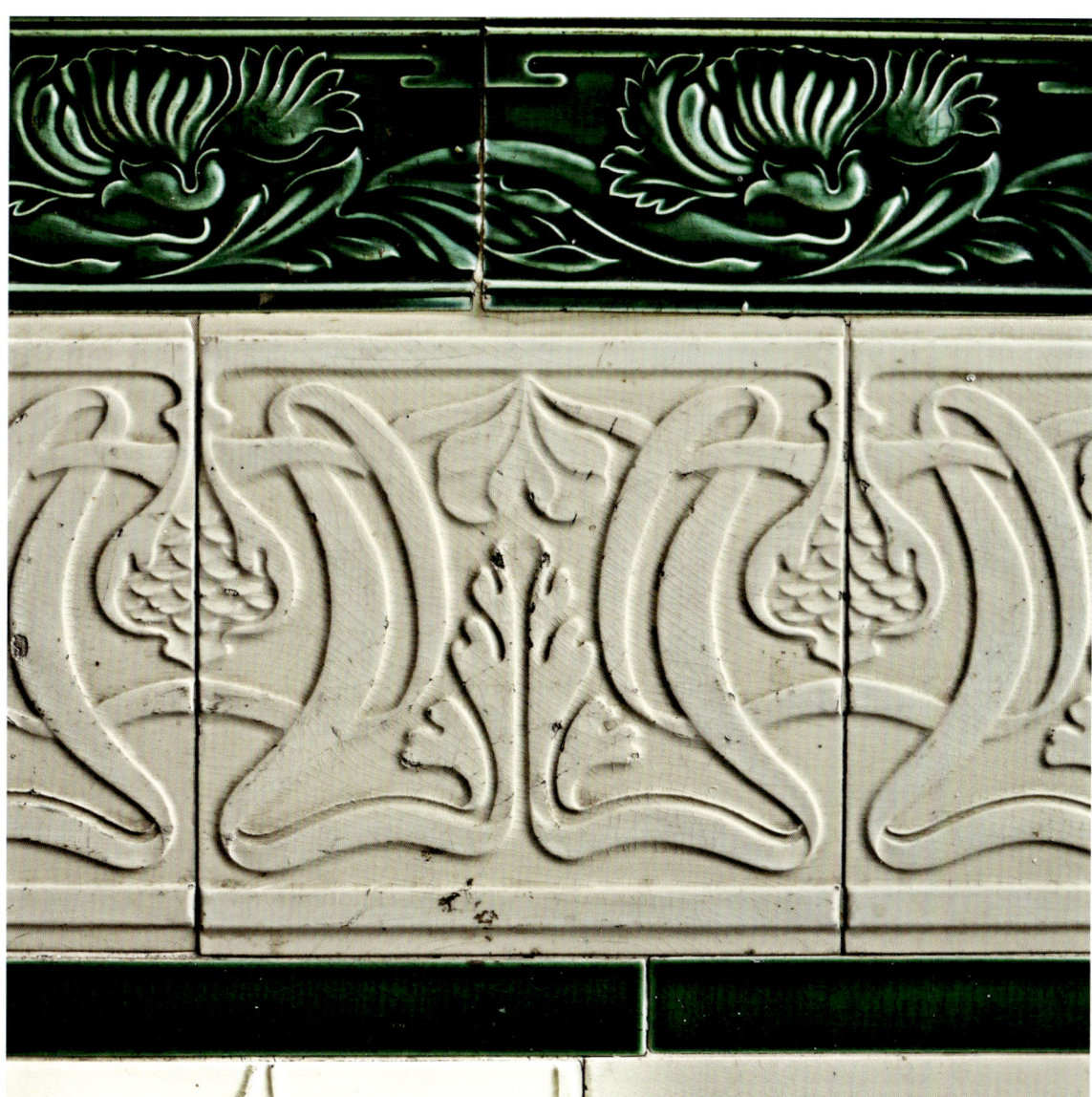

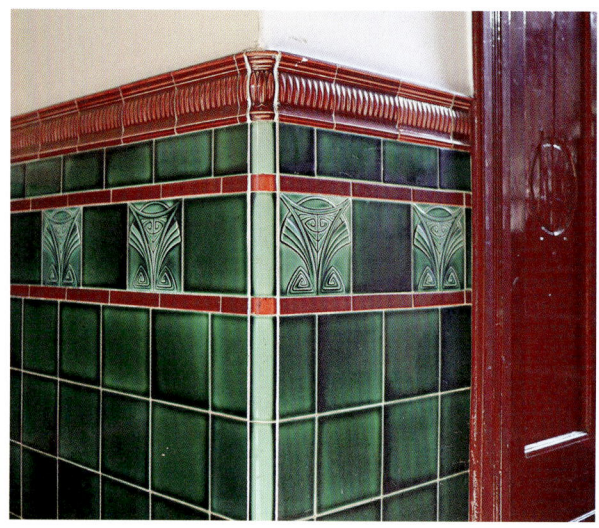

„Ich liebe die Muscheln. Sie wirken verwirrend wie Orchideen" (Henry van de Velde). Bogenformen, Kreissegmente, gefächerte und spiralartig eingerollte Bänder sind die Bestandteile dieses abstrakten Dekors aus der Wessel Wandplattenfabrik, die auf diversen Weltausstellungen mit ihren Erzeugnissen bedeutende Preise gewann. Die Geometrie des Entwurfs erhält eine formale Ordnung durch die achsensymmetrische Spiegelung der Formen. Für die Fächerform mit dem Rundbogen könnte eine Pilgermuschel als Anregung gedient haben. Im Jugendstil war die Muschel das Symbol für die Möglichkeit, sich in das Innerste zurückzuziehen, um sich vor äußeren Einflüssen zu schützen. Ein gewisser Hang zum Eskapismus in Bezug auf eine als der Natur entfremdete Industriemoderne war die Grundmelodie des Jugendstils.

'I love the shells. They look as confusing as orchids' (Henry van de Velde). Curved shapes, circular segments, fanned and spirally curled ribbons are the components of this abstract design from Wessel Wandplattenfabrik, which won major prizes for its products at various world exhibitions. The geometry of the design is given formal order by the axially symmetrical mirroring of the shapes. The fan shape with the round arch may have been inspired by a pilgrim shell. In Art Nouveau, the shell symbolised the possibility of withdrawing into one's innermost self in order to protect oneself from external influences. A certain tendency towards escapism in relation to an industrial modernity that was seen as alienated from nature was the basic melody of Art Nouveau.

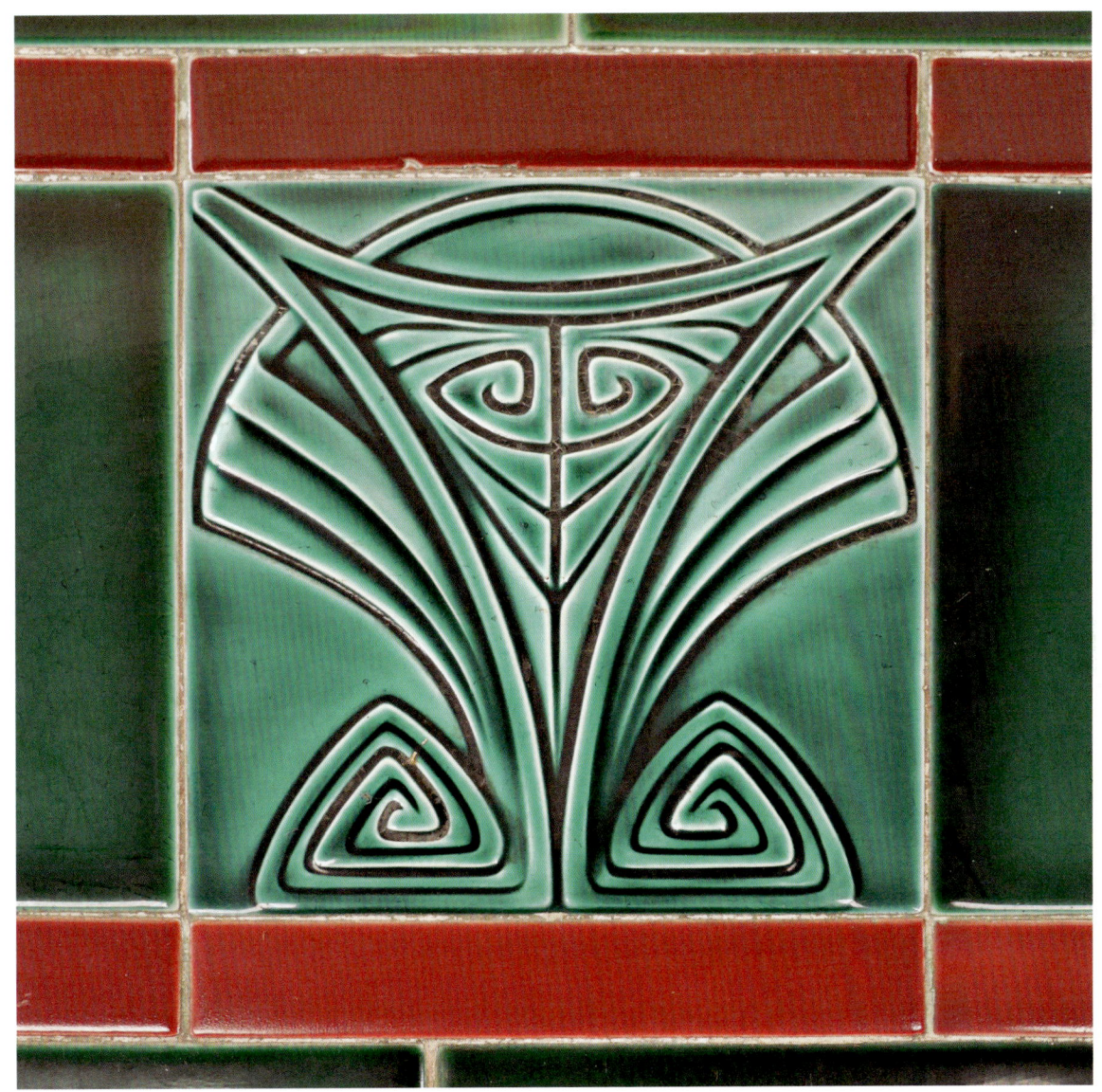

71

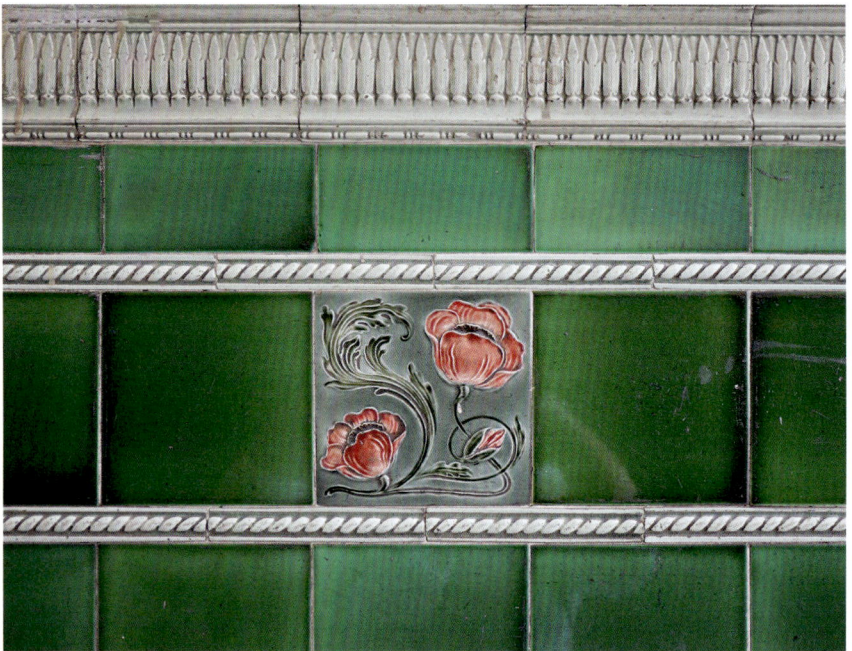

Aus der Sächsischen Ofen- und Schamottewarenfabrik (vormals Teichert) in Meissen stammt dieses aparte Mohnblumenmotiv. Der rosa- bzw. pinkfarbene Schlafmohn war für die Jugendstilkünstler eine Entdeckung. Da die geschweiften Blätter der Blüte entgegenwachsen, ohne eine in sich geschlossene Form bilden, galt der Mohn als besonders dekorativ und variabel. Er war auch ein Symbol für rauschhafte Romantik und stand für die Flucht aus der Realität, die scheinbar auch damals schon ein Thema war. Mohnsamen galten als „Tränen der Aphrodite".

This striking poppy motif comes from the Sächsische Ofen- und Schamottewarenfabrik (formerly Teichert) in Meissen. The pink opium poppy was a discovery for Art Nouveau artists. As the curved leaves grow towards the flower without forming a self-contained shape, the poppy was considered particularly decorative and variable. It was also a symbol of intoxicating romanticism and stood for an escape from reality, which was apparently already a theme at the time. Poppy seeds were regarded as the 'tears of Aphrodite'.

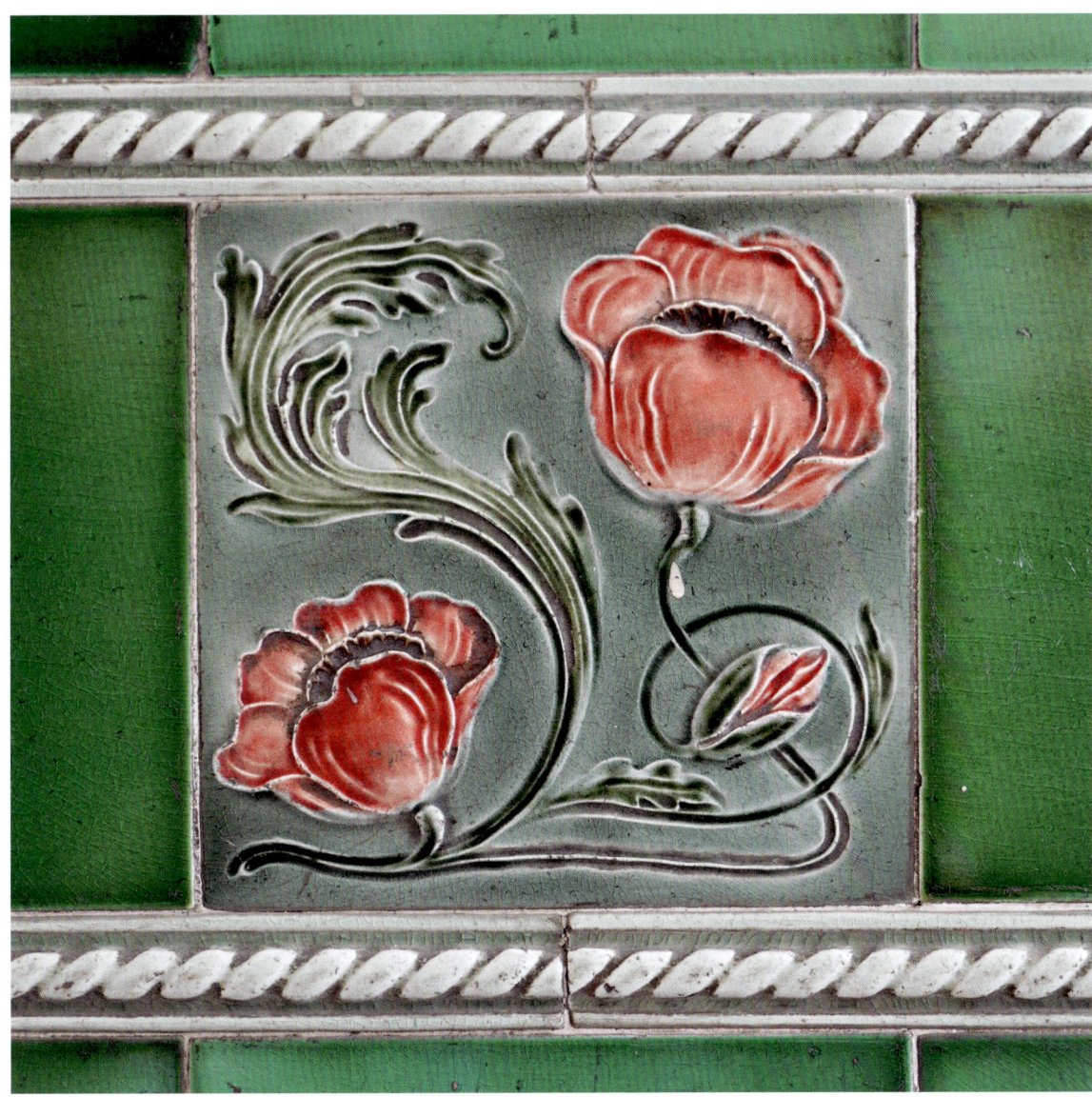

73

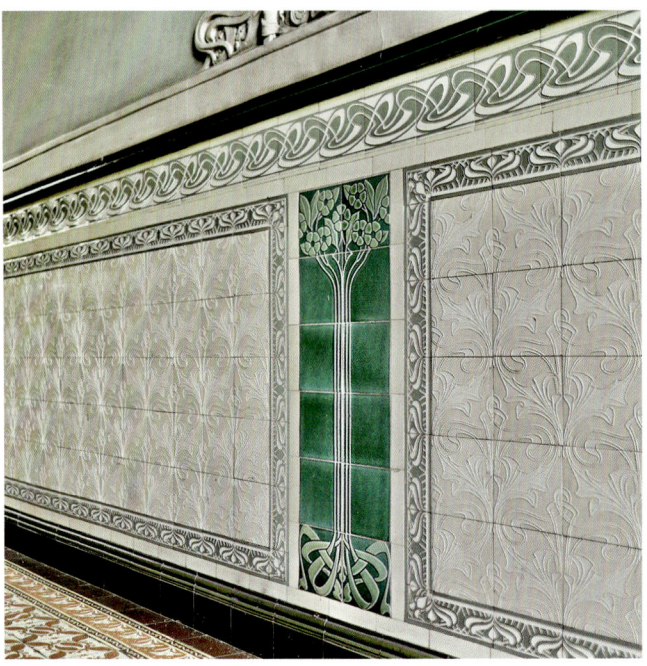

In einem Entrée in Friedenau taucht dieser einmalige Fliesenspiegel aus dem Hause Villeroy & Boch Mettlach auf, der inklusive der großformatigen Pflanzenmotive in Dunkelgrün noch vollständig erhalten geblieben ist. Stark stilisierte organische Formen von Algen und Tang erweiterten das „natürliche" Repertoire der Wasserwelt des Jugendstils und eigneten sich gut als graphische Bilder für die faszinierenden, unbekannten Tiefen des Ozeans.

This unique tiled mirror from Villeroy & Boch Mettlach, including the large-format plant motifs in dark green, has survived in its entirety in an entrance hall in Friedenau. Highly stylised organic forms of algae and seaweed expanded the 'natural' repertoire of the Art Nouveau water world and were well suited as graphic images for the fascinating, unknown depths of the ocean.

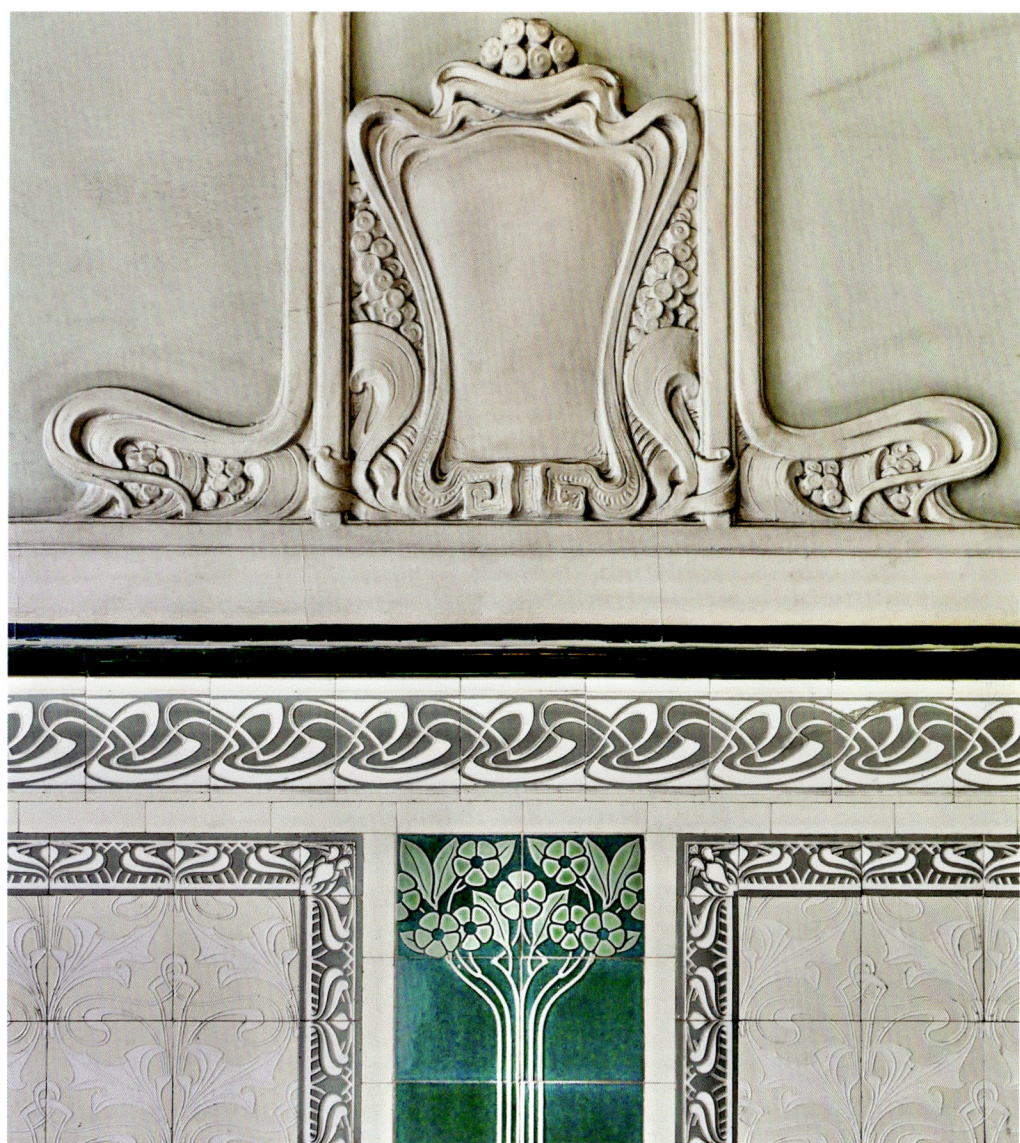

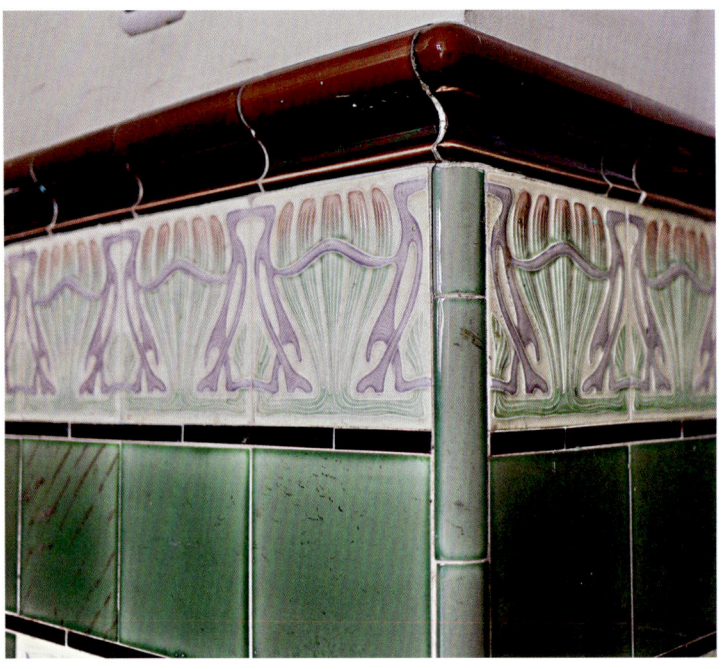

„Jugendstil ist die DNA des modernen Lebens" (Michel Draguert). Die Meissener Ofen- und Porzellanfabrik (M. O. & P. F.) brachte diese einmalig schönen Schmuckfliesen mit Hochreliefdekor im Jahr 1905 auf den Markt. Der Jugendstil schätzte organische, fließende und geschwungene Linien im Gegensatz zu den geraden und starren Linien früherer Stile. Sie wurden von der Natur inspiriert und riefen ein Gefühl von Bewegung und Harmonie hervor. Die als Band in einem einreihigen Rapport verlegten Fliesen werden heute in den schönsten Farbkombinationen wieder neu aufgelegt.

'Art Nouveau is the DNA of modern life' (Michel Draguet). The Meissen stove and porcelain factory M. O. & P. F. brought these uniquely beautiful decorative tiles with high relief decoration on the market in 1905. Art Nouveau favoured organic, flowing and curved lines as opposed to the straight and rigid lines of earlier styles. They were inspired by nature and evoked a sense of movement and harmony. The tiles, laid as a band in a single-row repeat, are being reissued today in the most beautiful colour combinations.

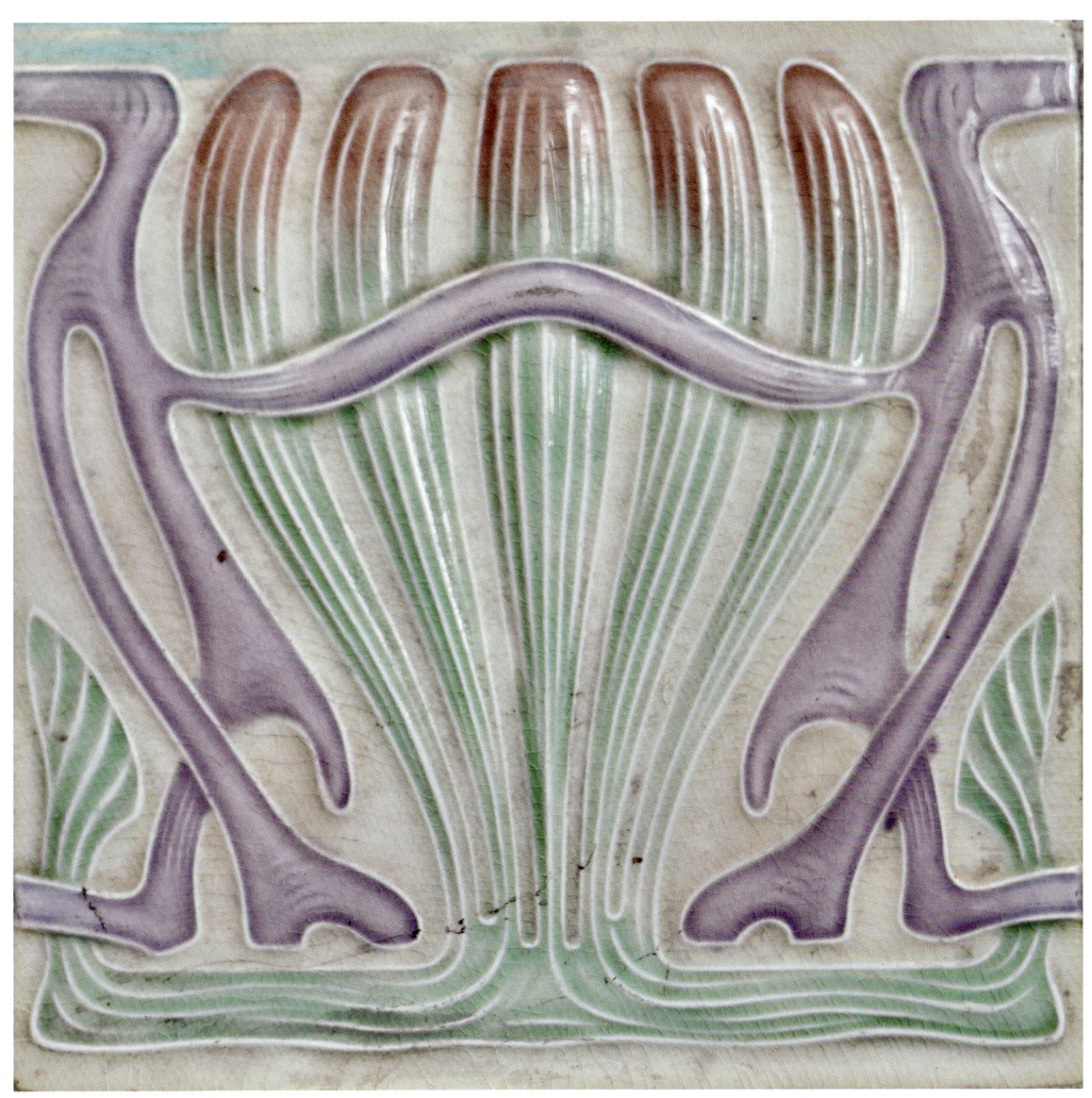

77

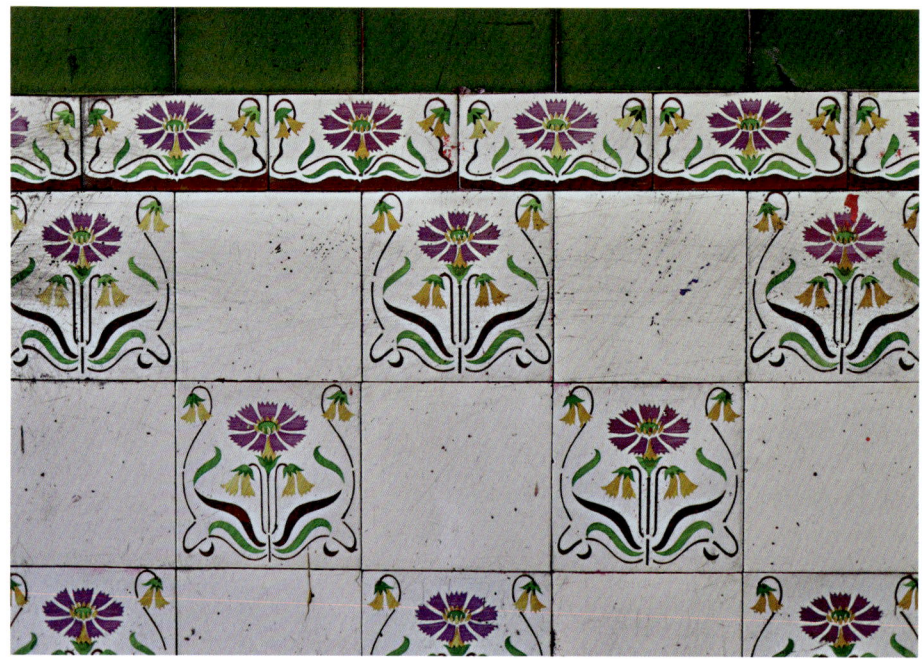

Bis 1875 wurden in der Sächsischen Ofen- und Chamottewaren Fabrik (S. O. F.) in Meissen fast ausschließlich weiße Ofenkacheln hergestellt, deren Hauptabsatzgebiet aufgrund der hohen Einfuhrzölle im Ausland weitgehend auf den deutschen Markt beschränkt war. Mit den Jugendstilfliesen erlangte die Fabrikation um 1900 jedoch einen Höhepunkt. Aus der Zeit stammen auch diese im Siebdruckverfahren hergestellten Fliesen mit einem typischen Jugendstilmotiv. Die Kornblume stand für Romantik und Naturverbundenheit. Die violettfarbene Variante galt als „die Prinzessin unter den Blüten".

Until 1875, the Sächsische Ofen- und Chamottewaren Fabrik (S. O. F.) in Meissen produced almost exclusively white stove tiles, whose main sales area was largely limited to the German market due to the high import duties abroad. However, production reached its peak around 1900 with Art Nouveau tiles. These screen-printed tiles with a typical Art Nouveau motif also date from this period. The cornflower symbolised romance and closeness to nature. The violet-coloured version was considered the 'princess of flowers'.

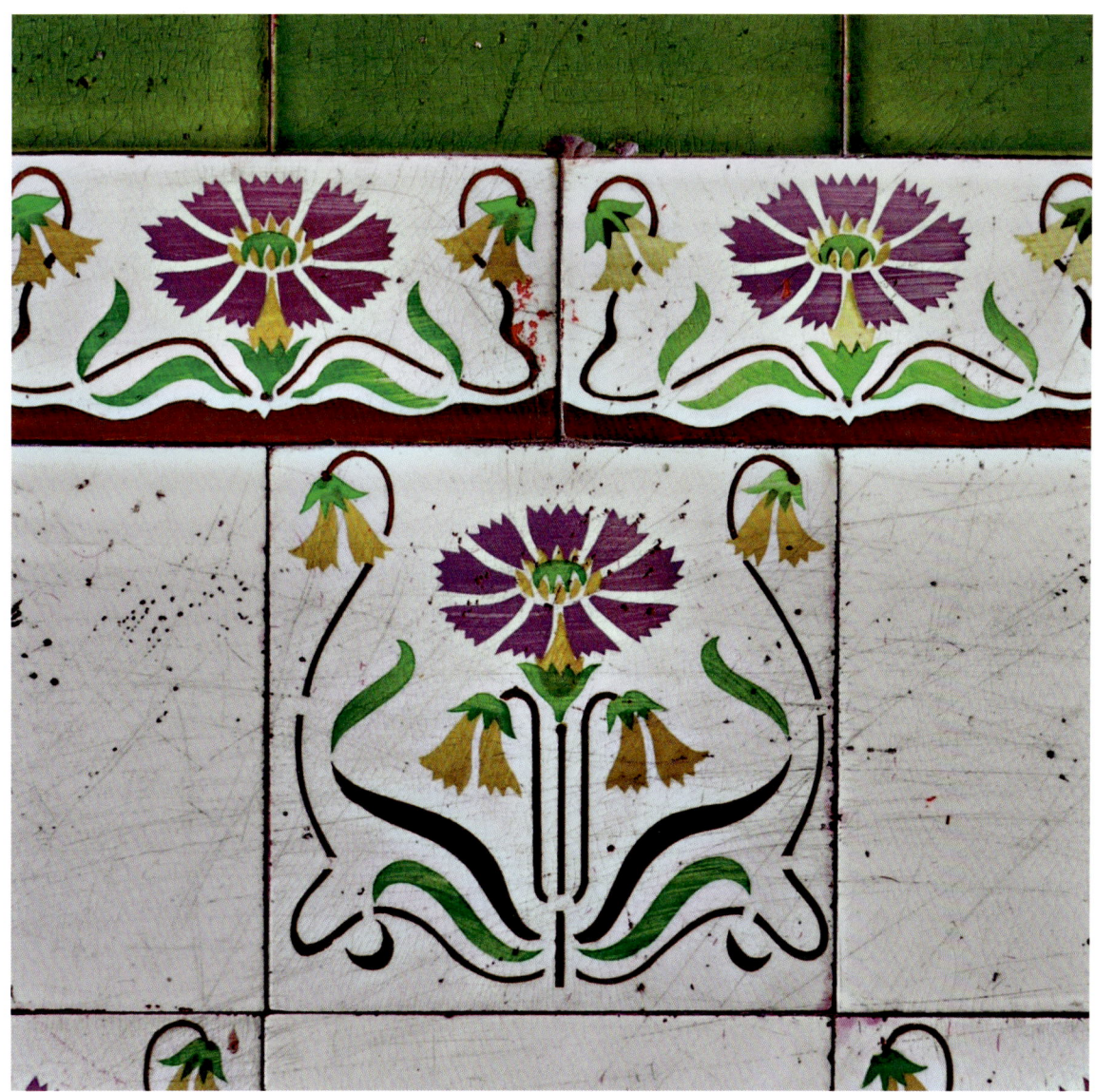

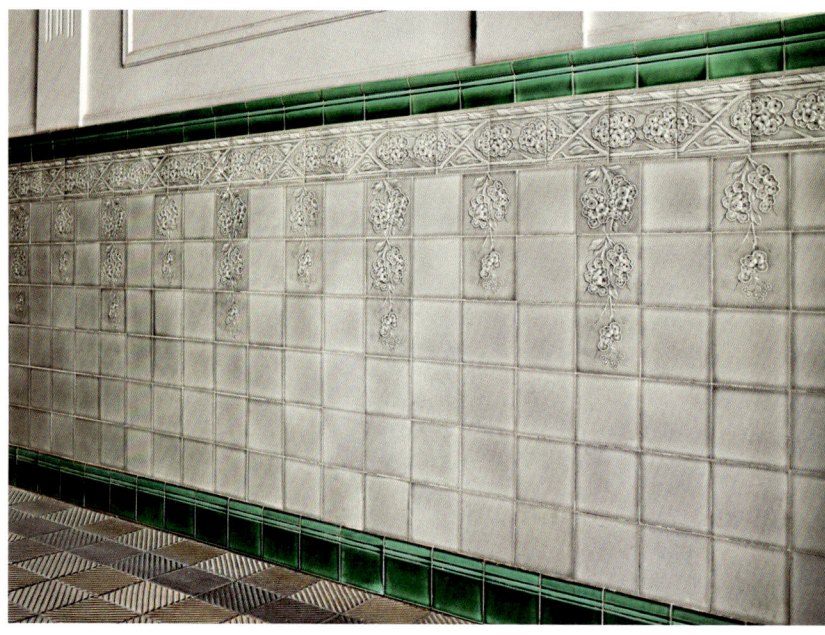

Die Glyzinie gelangte um 1700 von der Ostküste der Vereinigten Staaten nach Europa. Ihre eigentliche Heimat ist jedoch China. Für Chinesen und Japaner symbolisiert die Glyzinie Freundschaft. Schon die japanischen Kaiser führten während ihrer langen Amtsreisen Glyzinien-Bonsais mit sich, um dem jeweiligen Gastland die freundschaftlichen Absichten des Besuchs zu signalisieren. Die Jugendstilkünstler liebten die dekorative Anmutung der Kletterpflanzen und deren Symbolik. Auf diesem Dekor aus der Wandplattenfabrik Wessel wurden die aus vielen Einzelblüten bestehenden Blütenstände der auch Blauregen genannten Glyzinie erfasst und zugleich als Modul des Rapports stilisierend verwendet.

The wisteria arrived in Europe from the east coast of the United States around 1700. However, its true homeland is China. For the Chinese and Japanese, the wisteria symbolises friendship. Even the Japanese emperors carried wisteria bonsais with them during their long official journeys to signal the friendly intentions of their visit to the host country. Art Nouveau artists loved the decorative appearance of the climbing plants and their symbolism. On this decoration from the Wessel Wandplattenfabrik, the inflorescences of the wisteria, also known as blue rain, consisting of many individual flowers were captured and at the same time used as a stylised module of the repeat.

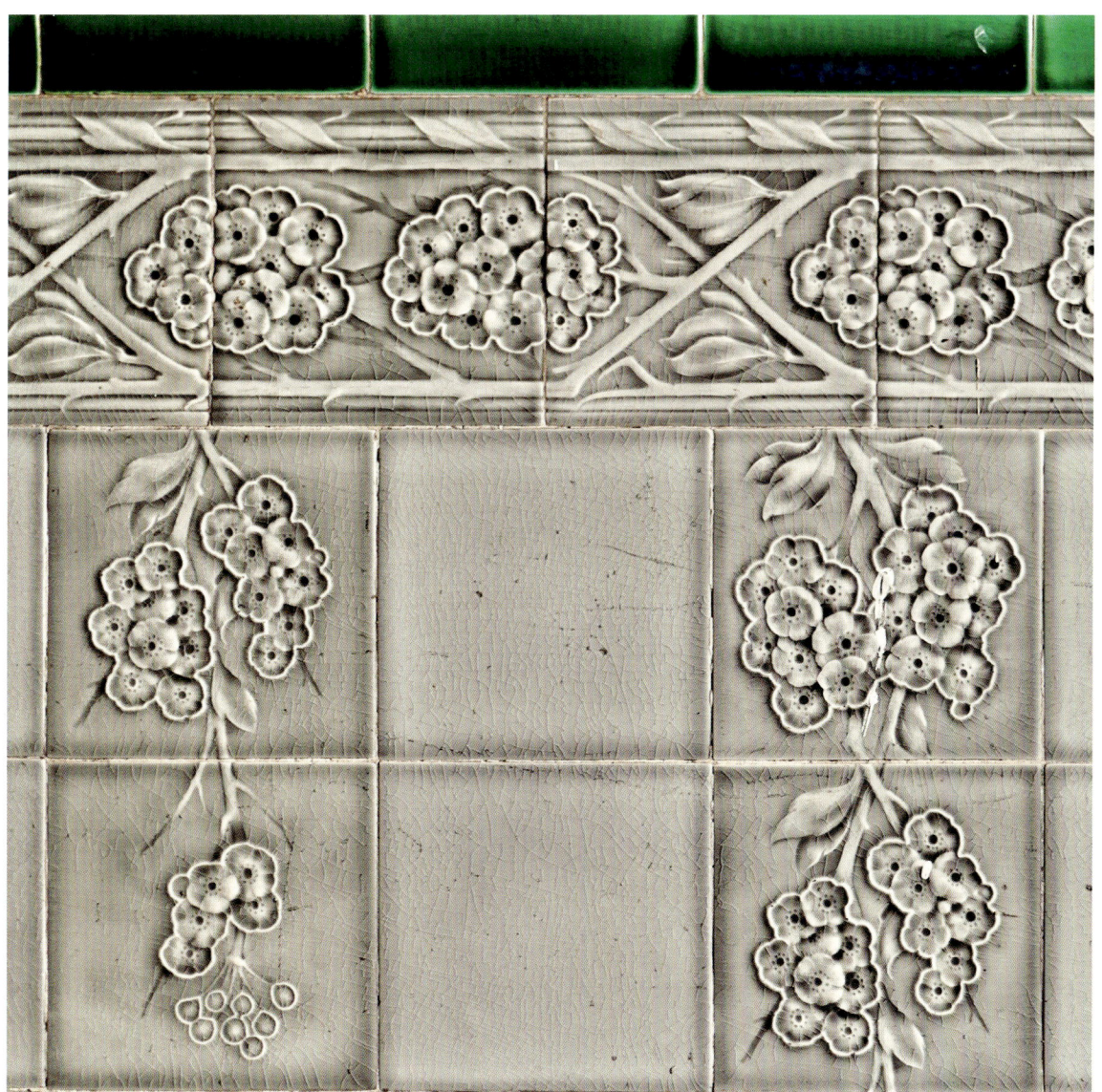

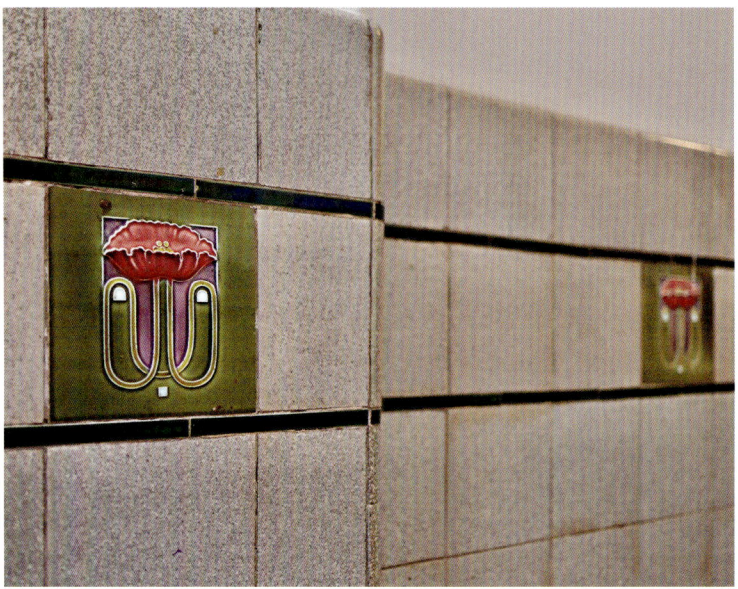

Auf diesem Flachrelief aus den Teichert-Werken (später Meissen) in einem Hauseingang in Mitte ist eine Klatschmohnblüte zu sehen. Mohnblumen, zumeist die rosafarbene Variante, wurden im Jugendstil mit schwärmerischer Romantik assoziiert und galten aufgrund ihrer geschweiften Blätter als ungemein dekorativ. Der heimische Klatschmohn wurde von den Jugendstilkünstlern fast so sehr geliebt wie der für rauschhaftes Erleben stehende, rosafarbene Schlafmohn. Dem scharlachroten Klatschmohn wurde große seelische Kraft zugesprochen, er stand für Regeneration und Lebensfreude. Die einzelnen Motivfliesen reihen sich hier wie an einer Perlschnur als Bordüre oben zwischen den monochromen, beigefarbenen Fliesen.

This bas-relief from the Teichert manufactory (later Meissen) in the entrance to a house in Mitte shows a poppy flower. Poppies, usually the pink-coloured variety, were associated in Art Nouveau with rapturous romanticism and were considered extremely decorative due to their curved leaves. The local corn poppy was loved by Art Nouveau artists almost as much as the pink-coloured opium poppy, which stood for intoxicating experiences. The scarlet-coloured poppy was said to have great spiritual power and stood for regeneration and joie de vivre. The individual motif tiles are arranged here as if on a string of pearls as a border at the top between the monochrome, beige-coloured tiles.

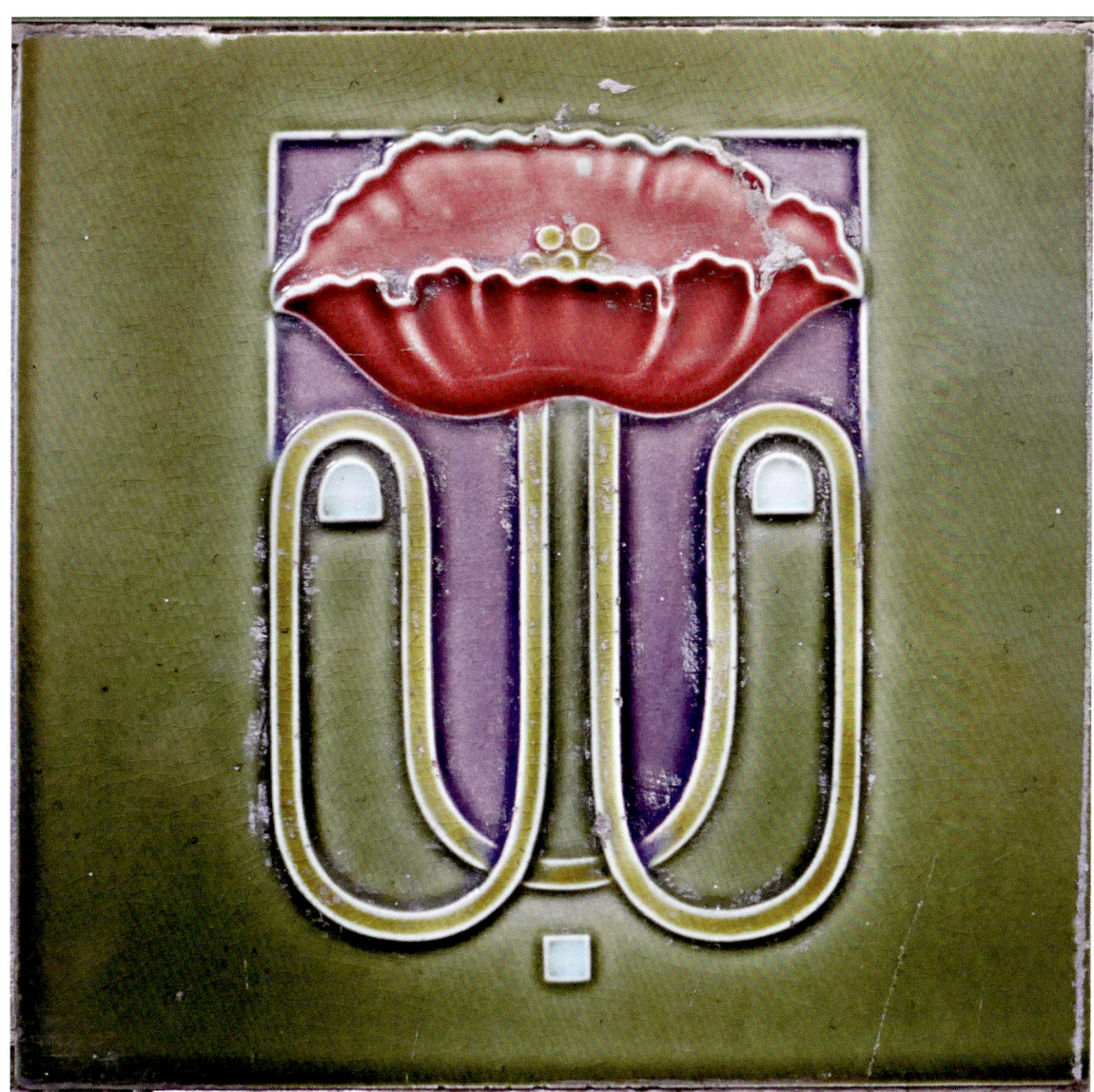

83

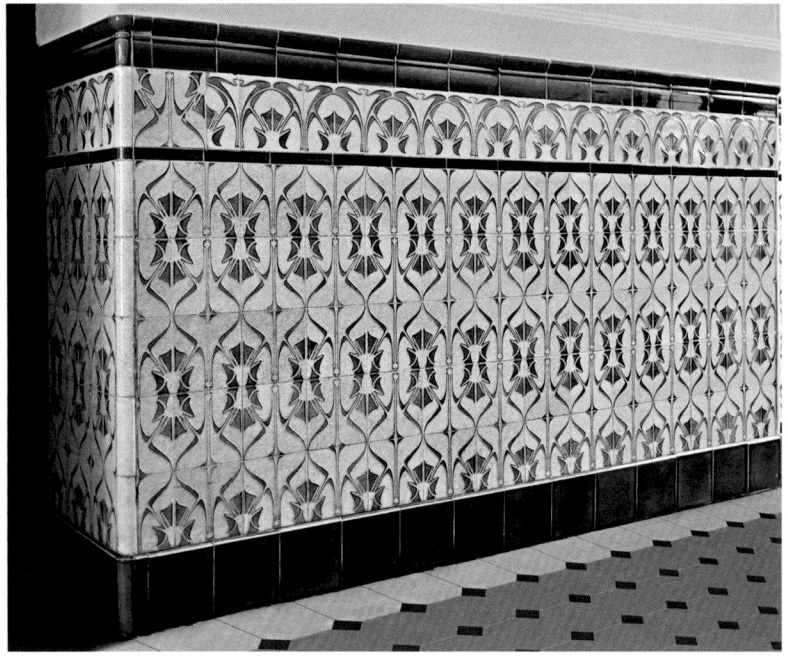

Die nach ihrem Gründer Ludwig Wessel benannte Wandplattenfabrik Wessel produzierte ab 1896 an einem neuen Standort in Bonn-Dransdorf ausschließlich Jugendstilfliesen. Um die letzte Jahrhundertwende wurde die Firma auch international bekannt, nachdem einige Entwürfe auf der Argentine Centennial International Exhibition 1910 in Buenos Aires sowie der Weltausstellung 1904 in St. Louis mit Preisen ausgezeichnet worden waren. Dieses elegante wie abstrakte und sehr gut erhaltene Schnörkelmotiv in einem Moabiter Hausflur ist einer jener prämierten Fliesenentwürfe.

The Wessel Wandplattenfabrik, named after its founder Ludwig Wessel, produced exclusively Art Nouveau tiles at a new site in Bonn-Dransdorf from 1896. Around the turn of the last century, the company also became internationally recognised after some of its designs were awarded prizes at the Argentine Centennial International Exhibition in 1910 in Buenos Aires and the 1904 World's Fair in St. Louis. This elegant, abstract and very well-preserved scroll motif in a Moabit hallway is one of those award-winning tile designs.

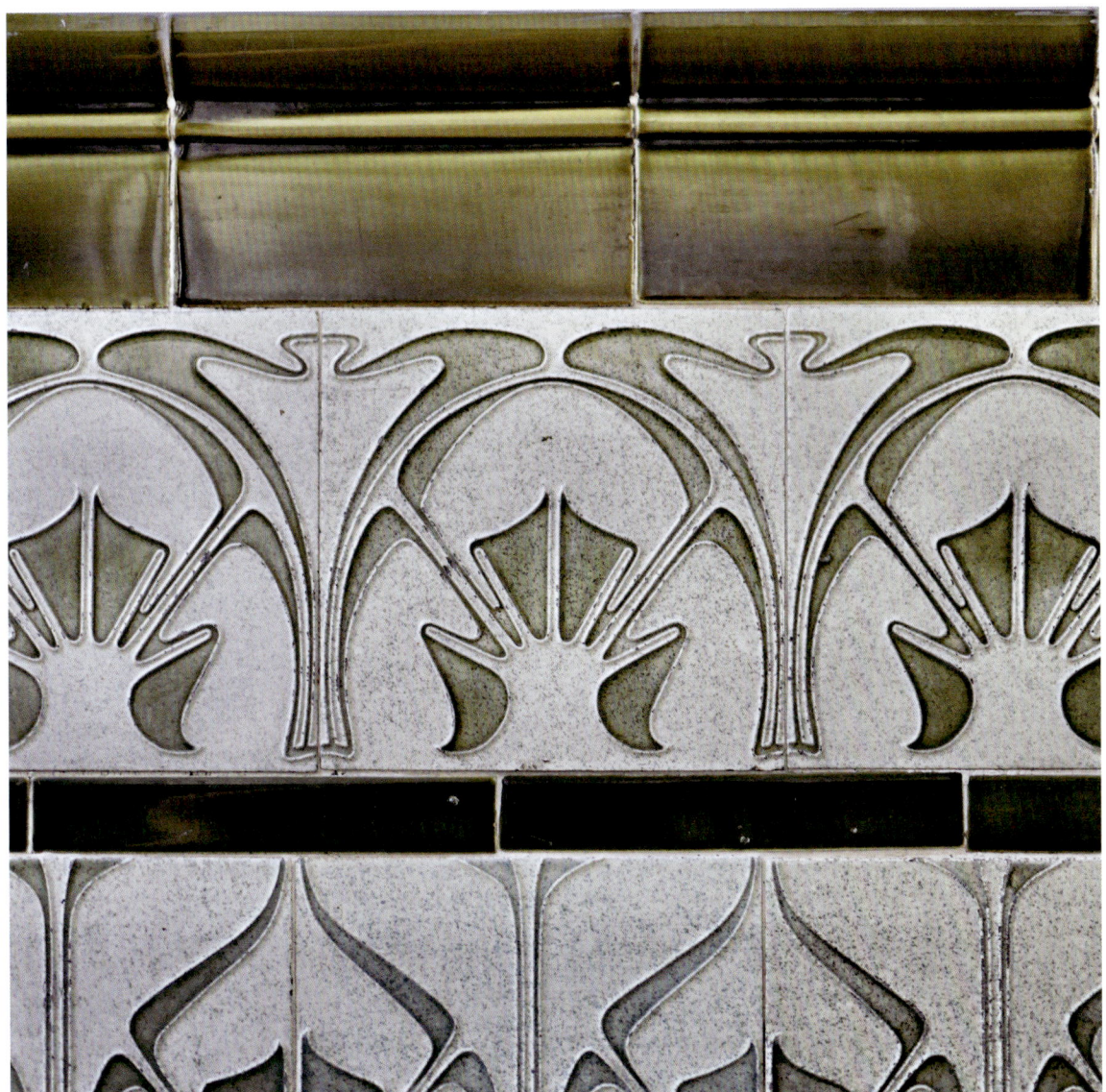

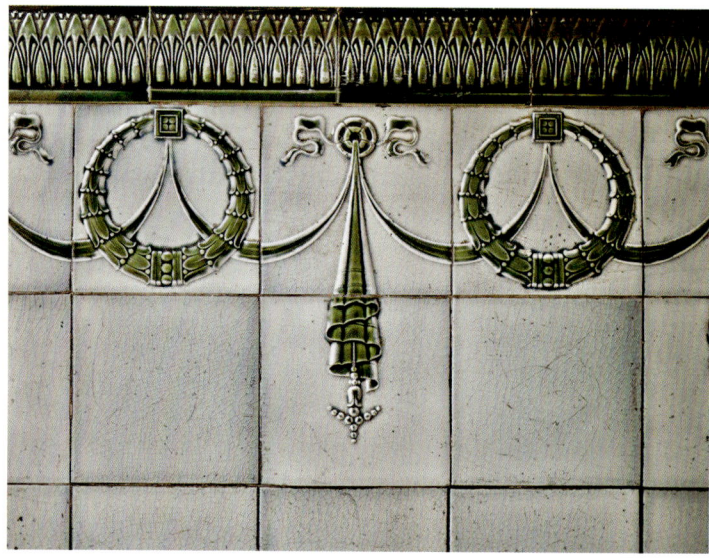

„Das Gründerzeitbewußtsein ist von Abendstimmung erfüllt. Das der darauffolgenden Epoche nicht. Es ist voller Morgenstimmung. Es ist das Bewußtsein vom Aufbruch ins neue Jahrhundert" (Eberhard Roters). Mit aneinander gereihten Kreisformen werden bei diesem Dekor aus der Boizenburger Plattenfabrik im Wechsel Festons und Kränze dargestellt, die das Sujet einer Jugendstil-Festdekoration aufnehmen. Festons sind girlandenförmige Schmuckmotive, die häufig mit Blumen, Blättern und Früchten verziert waren und in nahezu allen Kunstgattungen vorkamen. Mit den herabhängenden Quasten verleiht dieser Fliesenspiegel dem Hausflur eine opulente Festlichkeit. Der Faltenwurf der „Vorhänge" erfordert ein fein abgestimmtes Zusammenspiel aus der Oberfläche des Scherbens und der Glasur.

'The Gründerzeit consciousness is filled with an evening mood. That of the following epoch is not. It is full of morning mood. It is the consciousness of the dawning of the new century' (Eberhard Roters). In this Decor from Boizenburg Wandplattenfabrik festoons and wreaths are depicted in alternating rows of circular shapes, taking up the theme of a typical Art Nouveau festive decoration. Festoons are garland-shaped decorative motifs that were often embellished with flowers, leaves and fruit and were found in almost all artistic genres. With the hanging tassels, this tiled backsplash lends the hallway an opulent festivity. The drapery of the 'curtains' requires a finely tuned interplay between the surface of the body and the glaze.

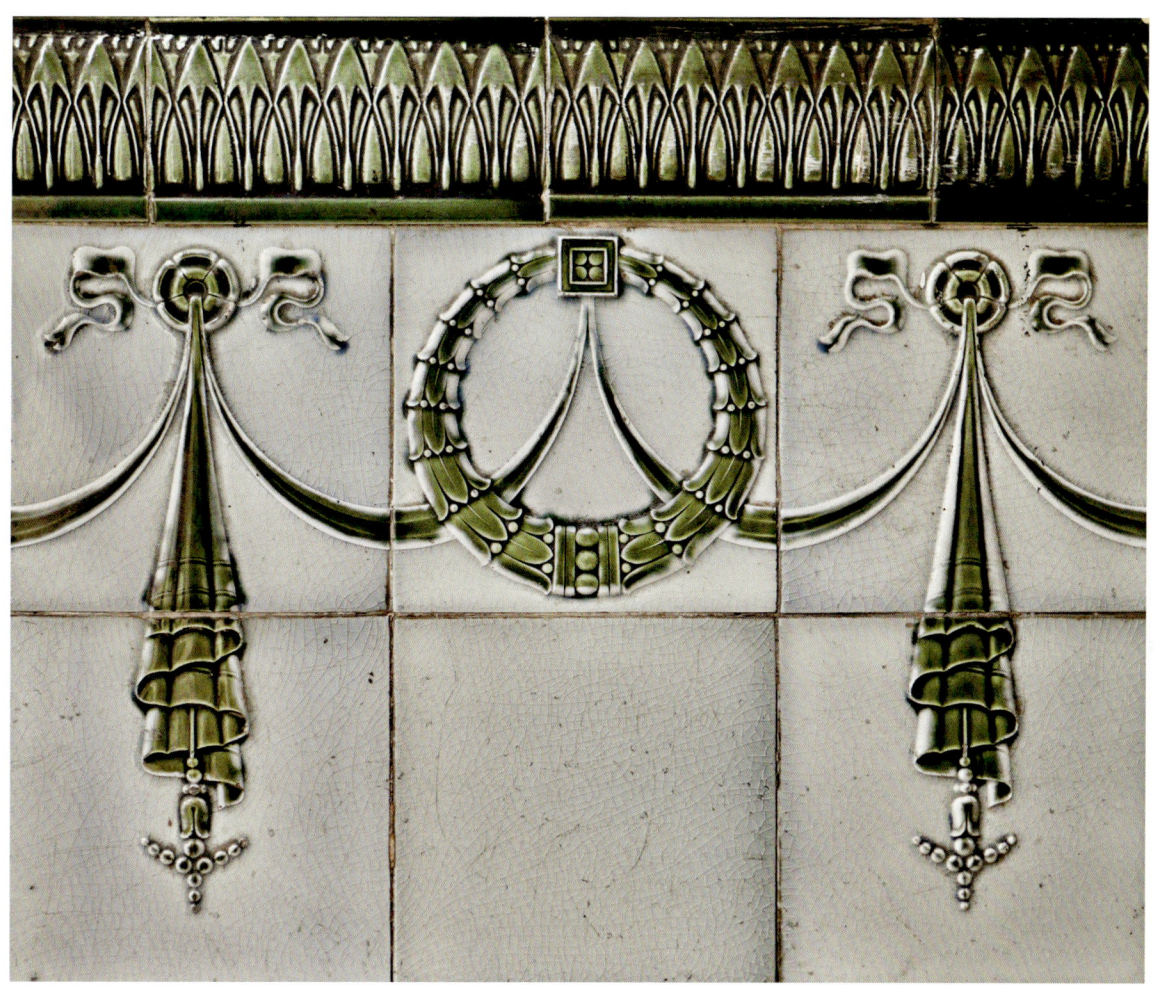

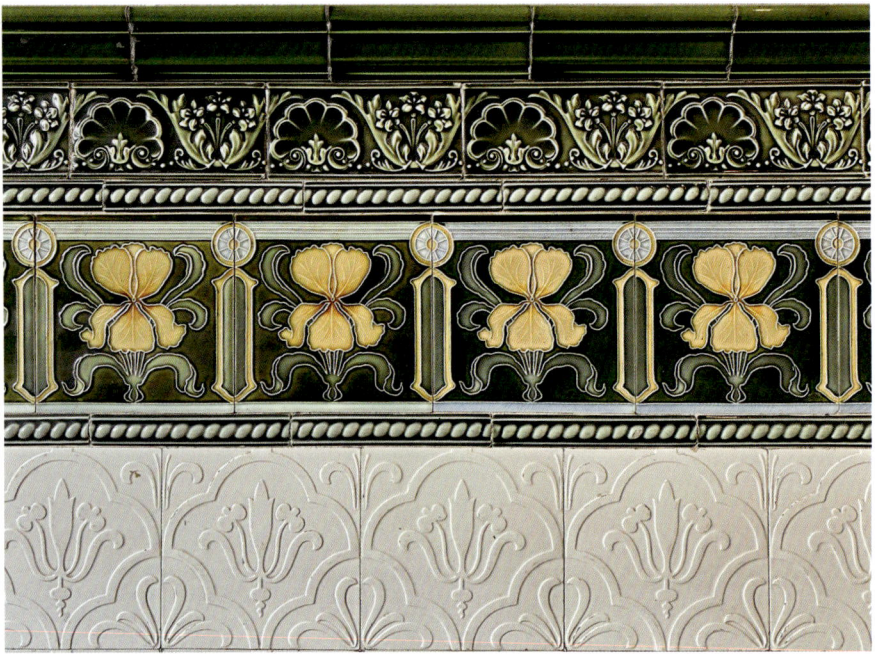

Mark Twain beschrieb während seiner Europareise im Jahr 1892 Berlin als „das Chicago Europas". Die Einwohner von Berlin verglichen ihre Stadt gern mit Metropolen wie Paris oder London, aber das enorme Tempo der Entwicklung erinnerte eher an das Wachstum amerikanischer Großstädte. Sehr europäisch hingegen war die Liebe zu aufwendigen Fliesen, die bis heute zahlreiche Berliner Hausflure wie diesen verschönern. Die hier als Fadenrelief in der Manufaktur Tonwerk Offstein aufgelegte Schwertlilie verdankt ihren Namen der griechischen Göttin des Regenbogens und symbolisierte im Jugendstil Kreativität, Beständigkeit und Energie.

During his trip to Europe in 1892, Mark Twain described Berlin as 'the Chicago of Europe'. The inhabitants of Berlin liked to compare their city with metropolises such as Paris or London-don, but the enormous pace of development was more reminiscent of the growth of large American cities. The love of elaborate tiles, on the other hand, was very European, and the tiles still adorn numerous Berlin hallways today, such as this one. The iris in relief from Tonwerk Offstein owes its name to the Greek goddess of the rainbow and symbolised creativity, constancy and energy in Art Nouveau.

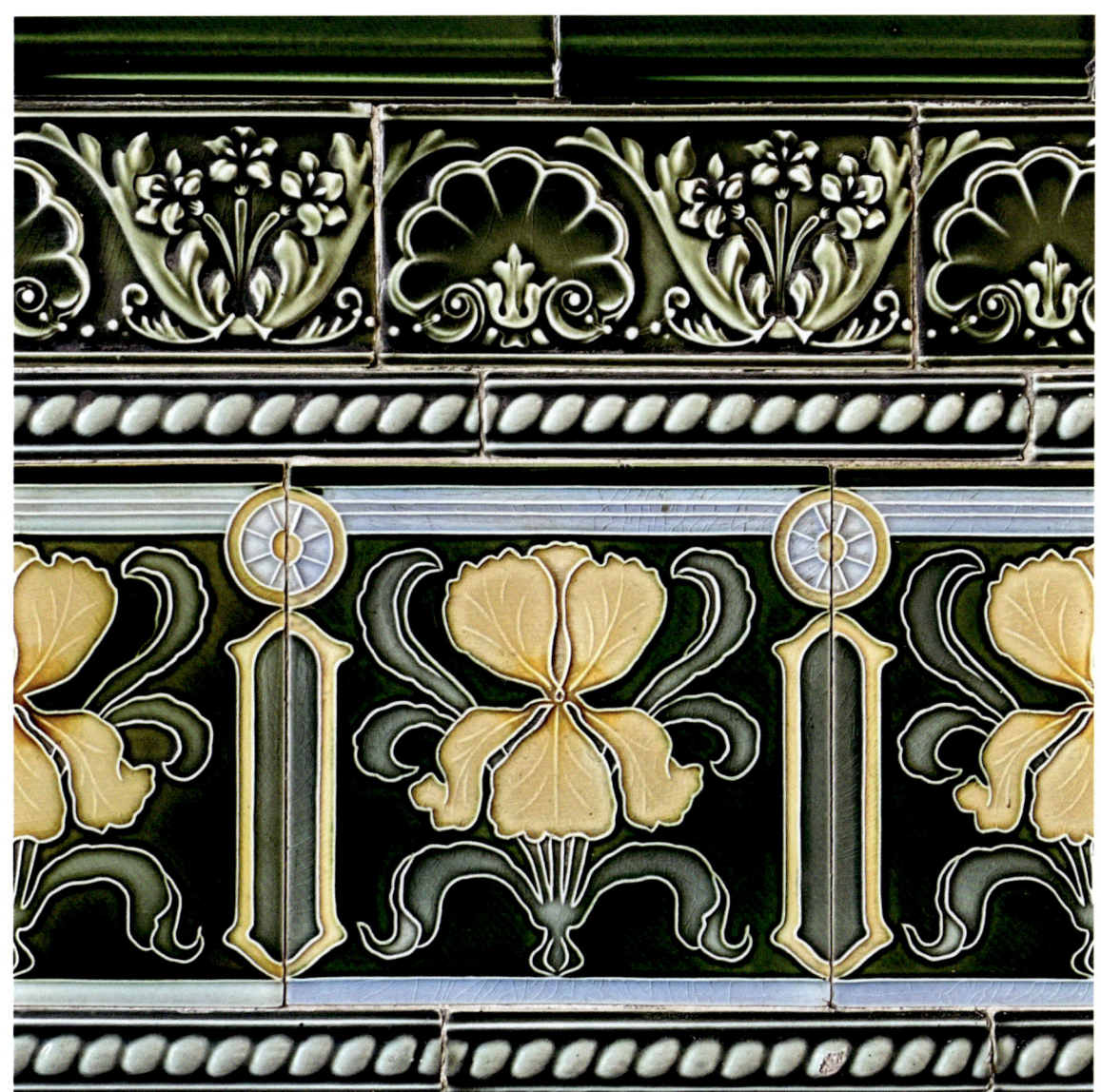

89

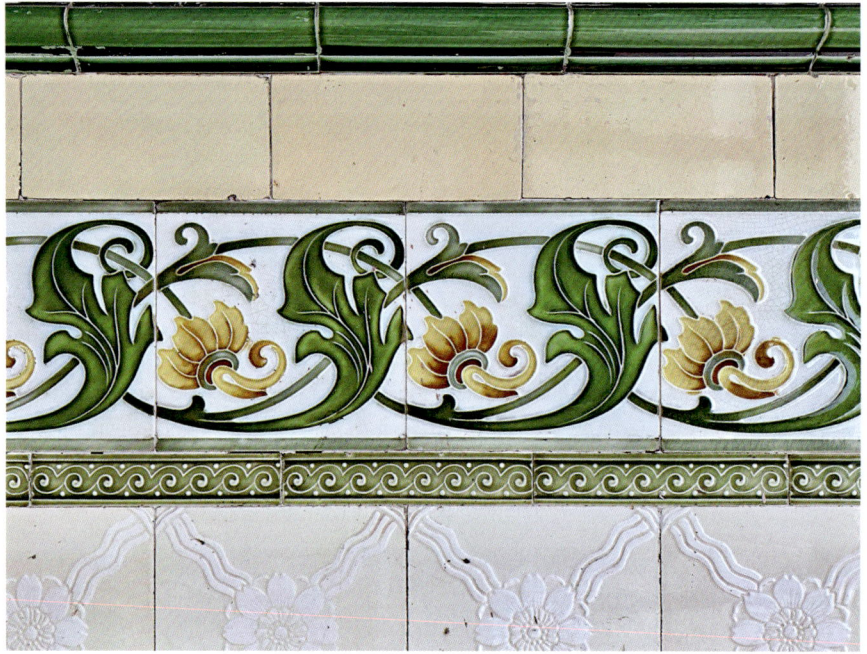

Gelber Hornmohn stammt aus der Mittelmeerregion. Er verzaubert den Betrachter mit seinen intensiv leuchtenden gelben Blüten. Die grünen Blattspreiten mit den gezähnten bis gelappten Abschnitten können bis zu 30 Zentimeter lang werden. Aus dem Samen des Hornmohns kann Öl hergestellt werden, das als Brennstoff für Lampen verwendet wird. Stand der Mohn im Jugendstil für rauschhafte Vergänglichkeit, so war speziell der gelbe Hornmohn das Symbol für platonische Liebe und Versöhnung.

Yellow horned poppy originates from the Mediterranean region. It enchants the observer with its intensely bright yellow flowers. The green leaf blades with toothed to lobed sections can grow up to 30 centimetres long. The seeds of the horned poppy can be used to produce oil, which is used as fuel for lamps. While the poppy stood for intoxicating transience in Art Nouveau, the yellow horned poppy in particular symbolised platonic love and reconciliation.

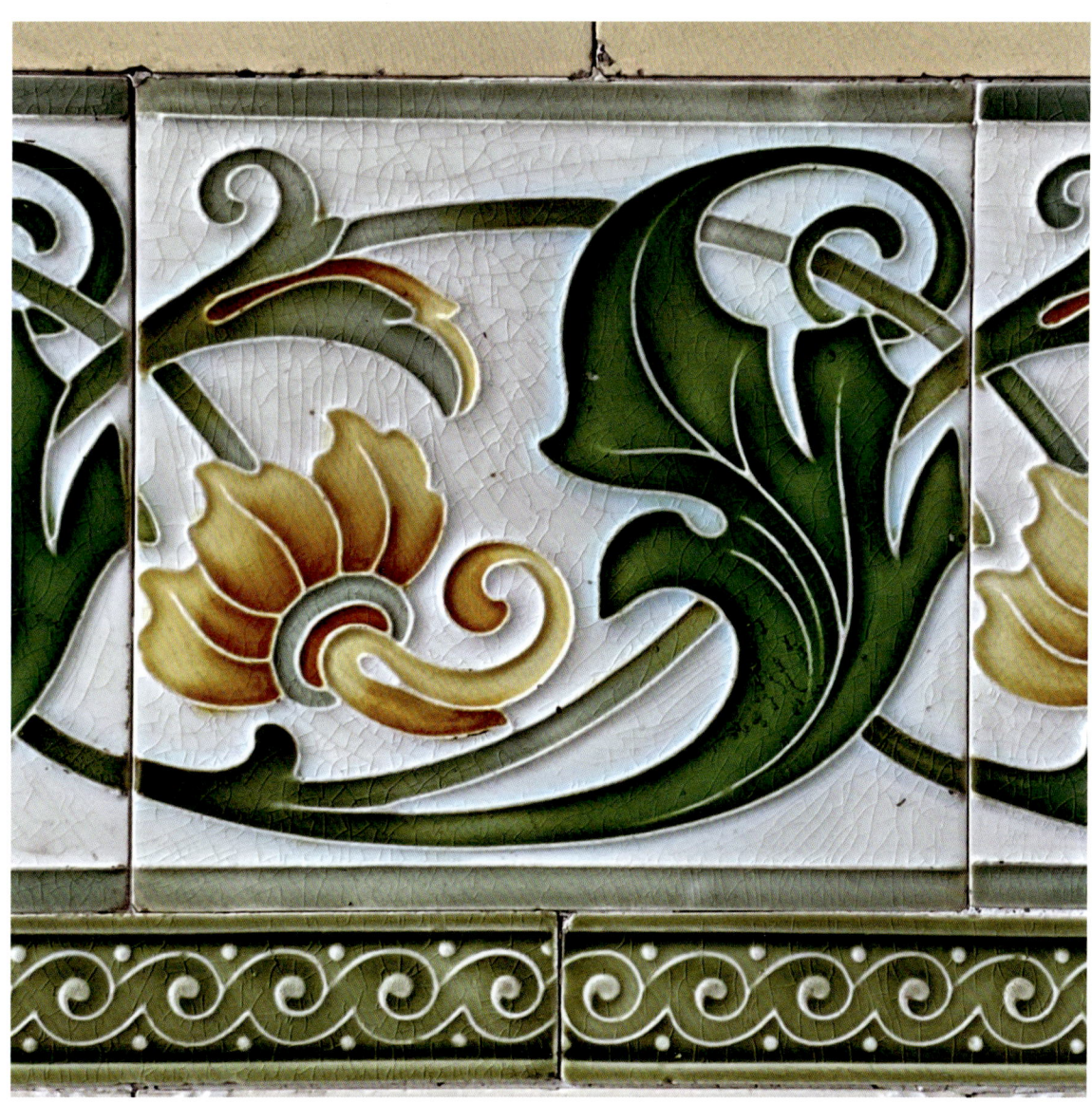

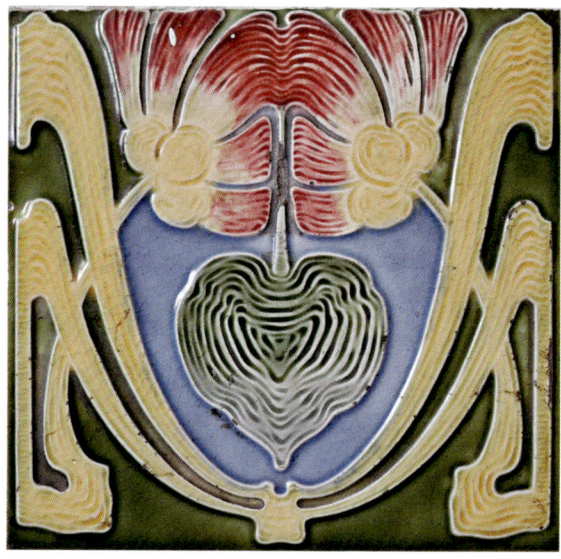

Die Ofen-, Porzellan- und Tonwarenfabrik Mügeln in der Nähe von Leipzig wurde 1895 gegründet. Seine Rohmaterialien bezog der Betrieb aus eigenen Gruben und schuf einige unverwechselbare Fliesendekore wie dieses abstrakte Tulpenmotiv im Jahr 1905. Tulpen eigneten sich aufgrund ihrer eigenwilligen Linienführung perfekt als Motiv, sie standen im Jugendstil für frühlingshaftes Erwachen. Es gibt ca. 150 Arten, die in Nordafrika, Europa und Zentralasien verbreitet sind. Auf der zweiten Fliese sind im oberen Drittel drei kleine Pilze zu erkennen. Als alltägliches Gewächs und gleichzeitig als Glückssymbol fanden Pilze Eingang in die Motivwelt des Jugendstils. Ihnen wurde eine ähnlich halluzinogene und somit berauschende Wirkung nachgesagt wie Mohnblumen.

The Ofen-, Porzellan- und Tonwarenfabrik Mügeln (close to Leipzig) was founded in 1895. The company sourced its raw materials from its own mines and created some unmistakable tile designs such as this abstract tulip motif in 1905. Tulips were perfect as a motif due to their unconventional lines; they symbolised a spring-like awakening in Art Nouveau. There are around 150 species, which are widespread in North Africa, Europe and Central Asia. Three small mushrooms can be seen in the upper third of the second tile. As an everyday plant and at the same time a symbol of good luck, they found their way into the world of Art Nouveau motifs. Mushrooms were said to have a similar hallucinogenic and therefore intoxicating effect to poppies.

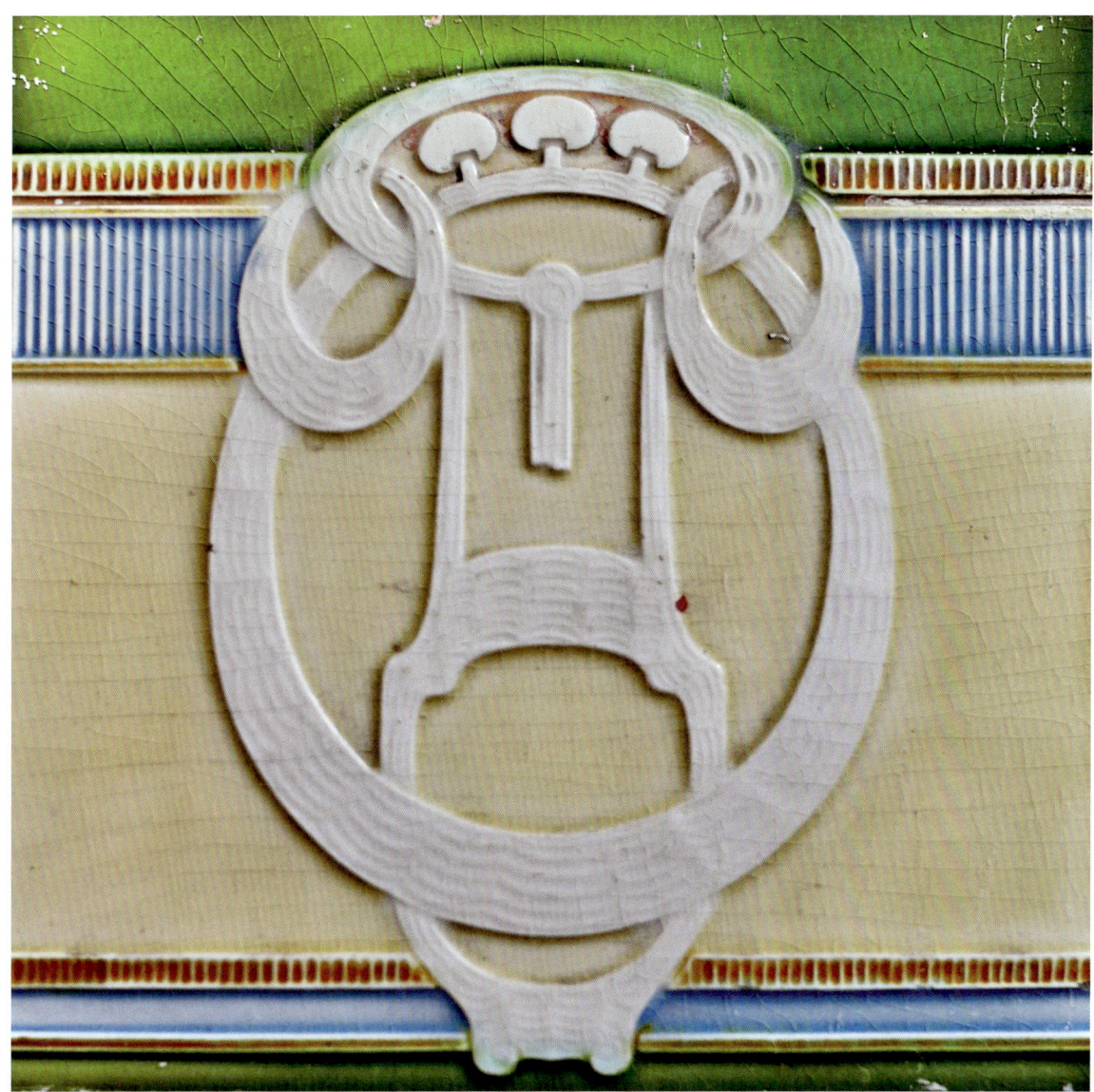

93

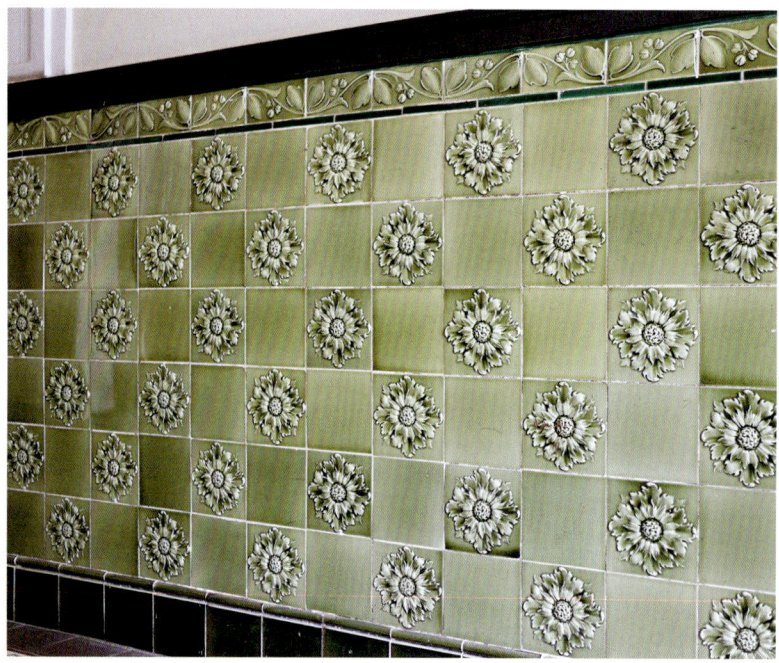

Die Chrysantheme galt im Jugendstil als Glückssymbol. Es gibt über 40 verschiedene Arten, deren Ursprung in Ostasien zu verorten ist. Die Zierpflanzen kamen erst Ende des 17. Jahrhunderts nach Europa. Mittlerweile wird die Anzahl der Sorten auf einige Tausend geschätzt. Die hier als Rosette dargestellte Blüte entspricht einem vielfach in der Architektur gebräuchlichen Ornamenttyp. Das Dekor dieser Fliesenformation stammt von der Firma Utzschneider & Cie. aus dem Jahr 1902. Die grüne Chrysantheme stand für Stärke und Fröhlichkeit.

The chrysanthemum was considered a symbol of good luck in Art Nouveau. There are over 40 different species, originating in East Asia. The ornamental plants only arrived in Europe at the end of the 17th century. The number of varieties is now estimated at several thousand. The flower shown here as a rosette corresponds to a type of ornament that is often used in architecture. The decoration of this tile formation was created by the company Utzschneider & Cie. in 1902. The green chrysanthemum symbolised strength and cheerfulness.

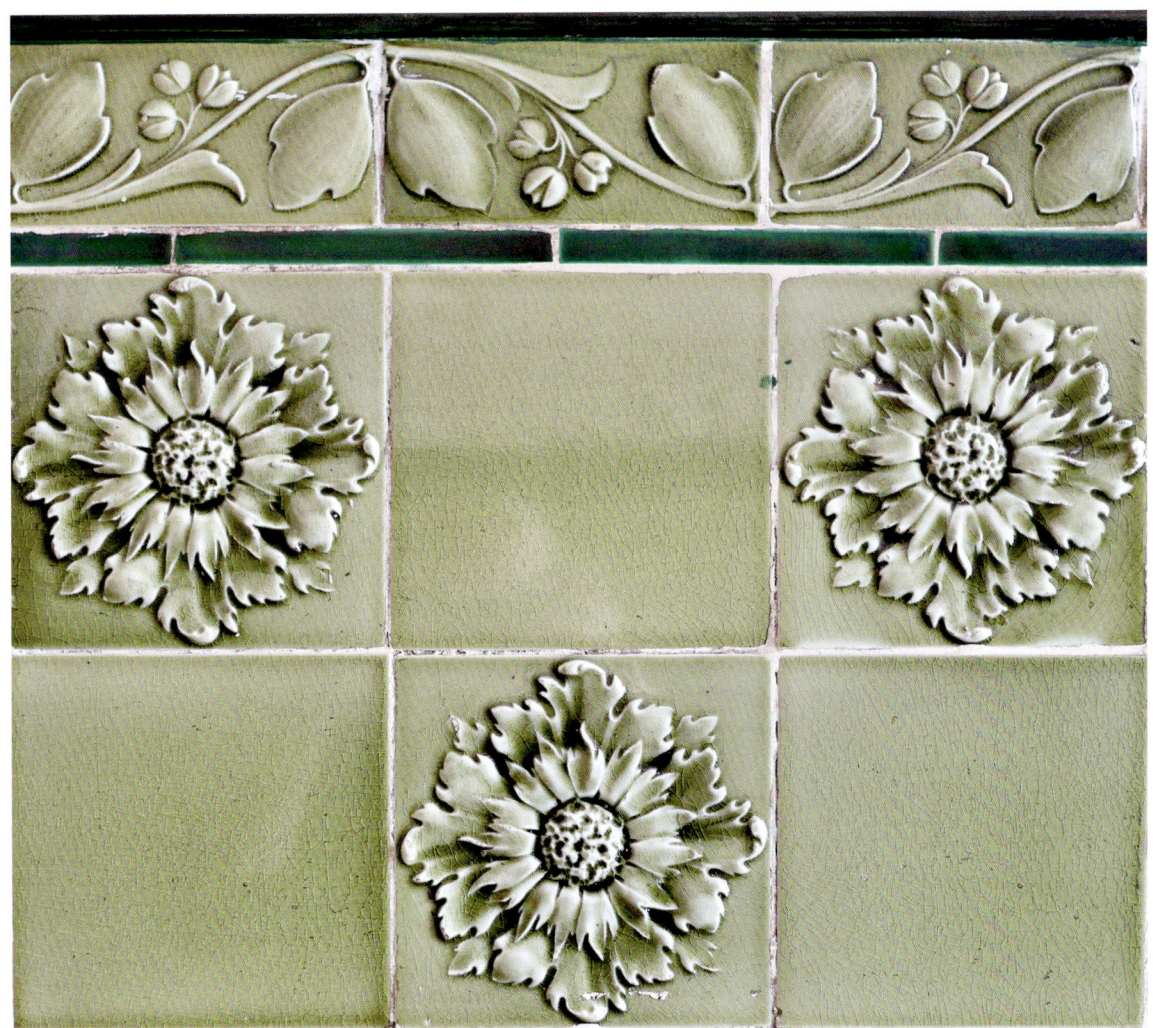

95

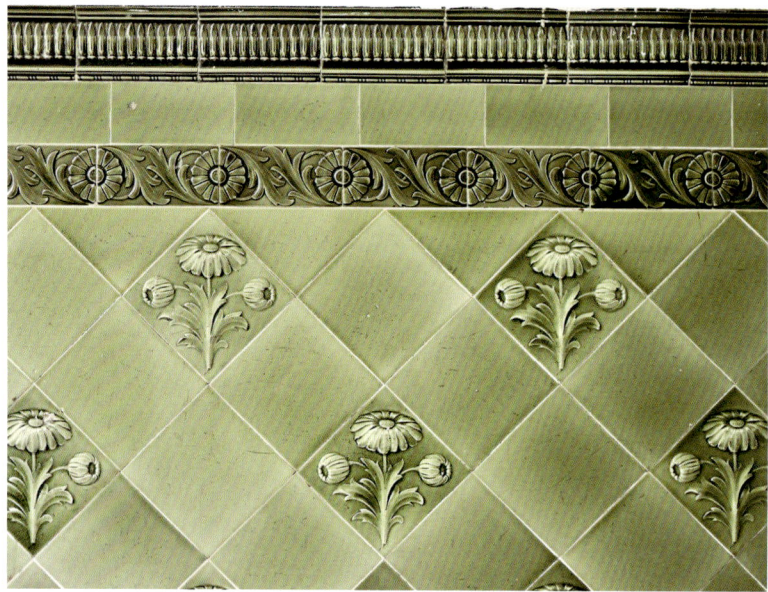

Die kadmiumgrünen Chrysanthemen aus der Manufaktur S. O. F. Meissen sind hier außer der Reihe auf der Spitze stehend verlegt und machen diesen Hausflur zu einer Art Vorgarten. Im Jugendstil stand die in Ostasien beheimatete und dort seit 1500 Jahren kultivierte Chrysantheme für Stärke und Fröhlichkeit. Sie war ein beliebtes Fliesenmotiv um 1900. Die Jugendstilkünstler schätzten die ausgeprägten Blattspreiten und die körbchenförmigen Blütenstände der Zierpflanze, von der es mehr als vierzig verschiedene Arten gibt. Der chinesische Name der Blume bedeutet übersetzt „Wesen der Sonne". In China steht die Chrysantheme auch für Erhabenheit und Langlebigkeit und gilt als ultimatives Glückssymbol.

The cadmium-green chrysanthemums from the S. O. F. Meissen manufactory have been laid out of line here, standing on their tips and turning this hallway into a kind of front garden. In Art Nouveau, the chrysanthemum, which is native to East Asia and has been cultivated there for 1500 years, symbolised strength and cheerfulness. It was a popular tile motif around 1900, and Art Nouveau artists appreciated the distinctive leaf blades and basket-shaped inflorescences of the ornamental plant, of which there are more than forty different species. The Chinese name of the flower translates as 'essence of the sun'. In China, the chrysanthemum also symbolises sublimity and longevity and is regarded as the ultimate symbol of good luck.

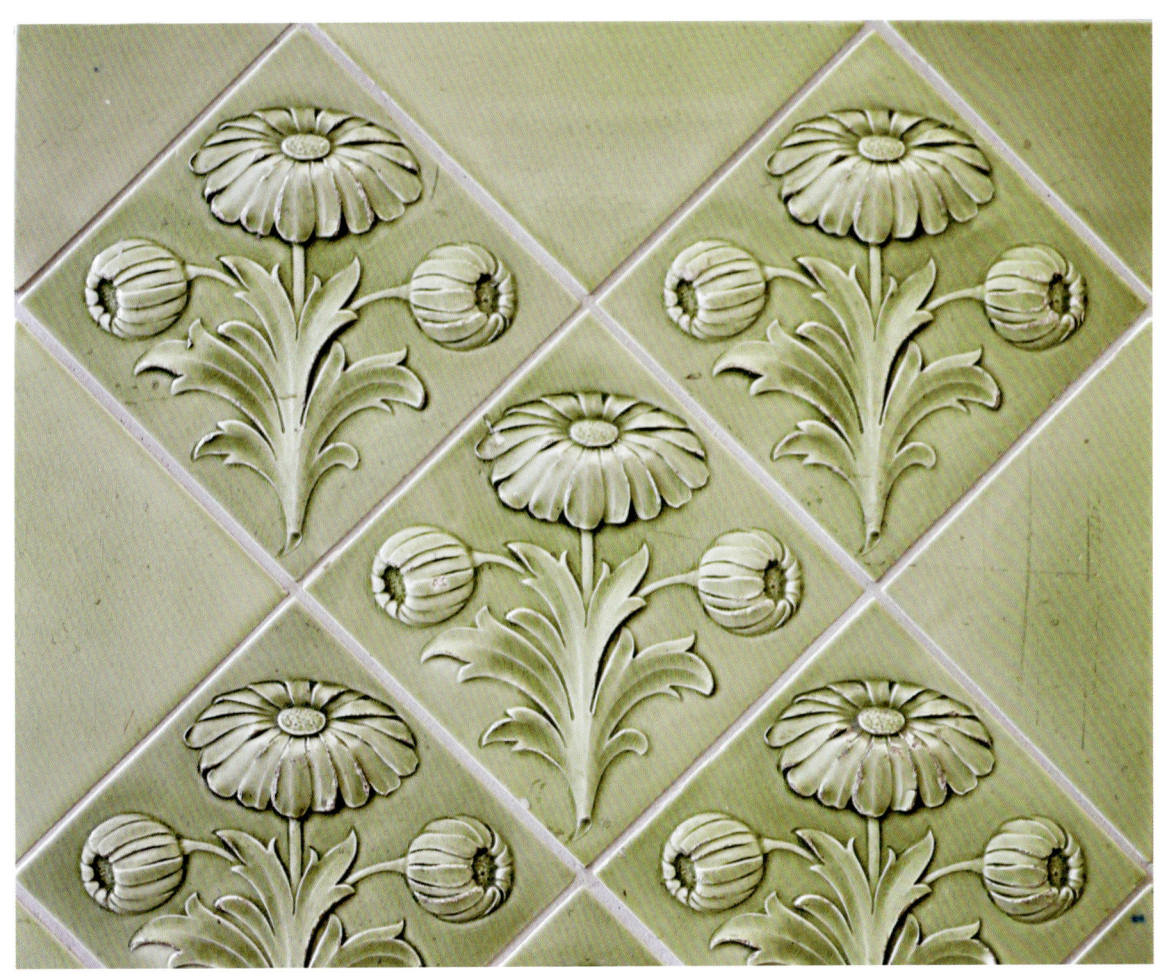

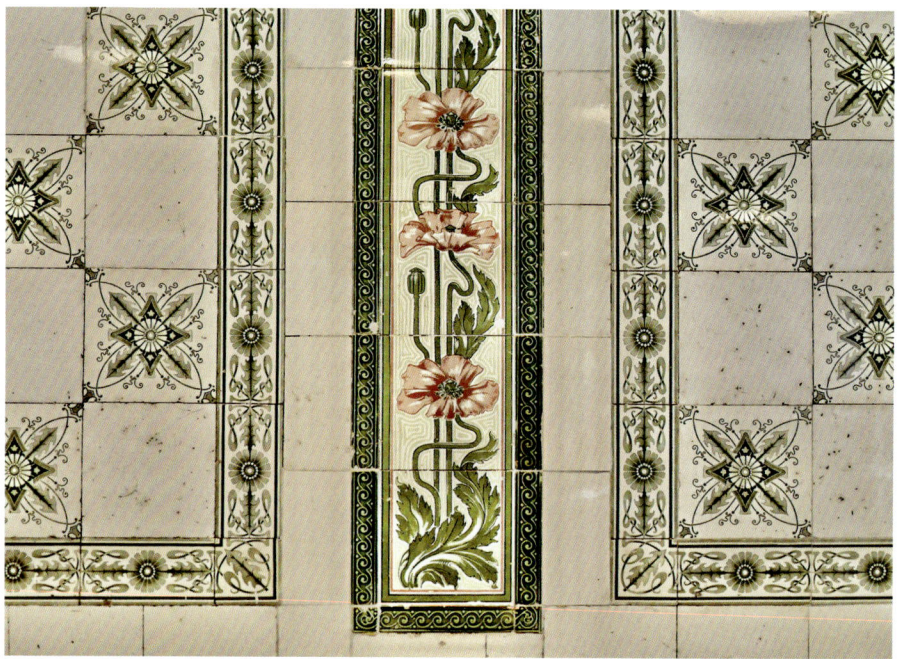

Dieser tolle Fund in einem unscheinbaren Restaurant in Charlottenburg kann keiner Manufaktur zugeordnet werden. Mohnblumen und Löwenzahn geben sich hier ein Stelldichein. Wild- und Wiesenblumen waren bei den Jugendstilkünstlern aufgrund ihrer dekorativen Formenvielfalt beliebt. Symbolisch betrachtet stand der Löwenzahn für Mut, Ausdauer und Durchhaltevermögen, da die Pflanze selbst unter schwierigen Bedingungen wie etwa zwischen Betonrissen und Pflastersteinen gedieh. Als „Pusteblume" wird der Korbblütler nach Ausbildung der Flugsamen mit kugelähnlichem Fruchtstand bezeichnet.

This great find in an inconspicuous restaurant in Charlottenburg cannot be attributed to a manufactory. Poppies and dandelions are in a rendezvous here. Wildflowers and meadow flowers were popular with Art Nouveau artists due to their decorative variety of shapes. Symbolically, the dandelion stood for courage, endurance and perseverance, as the plant thrived even in difficult conditions such as between concrete cracks and cobblestones. The dandelion is known as the 'dandelion flower' after the formation of the flying seeds with a ball-like inflorescence.

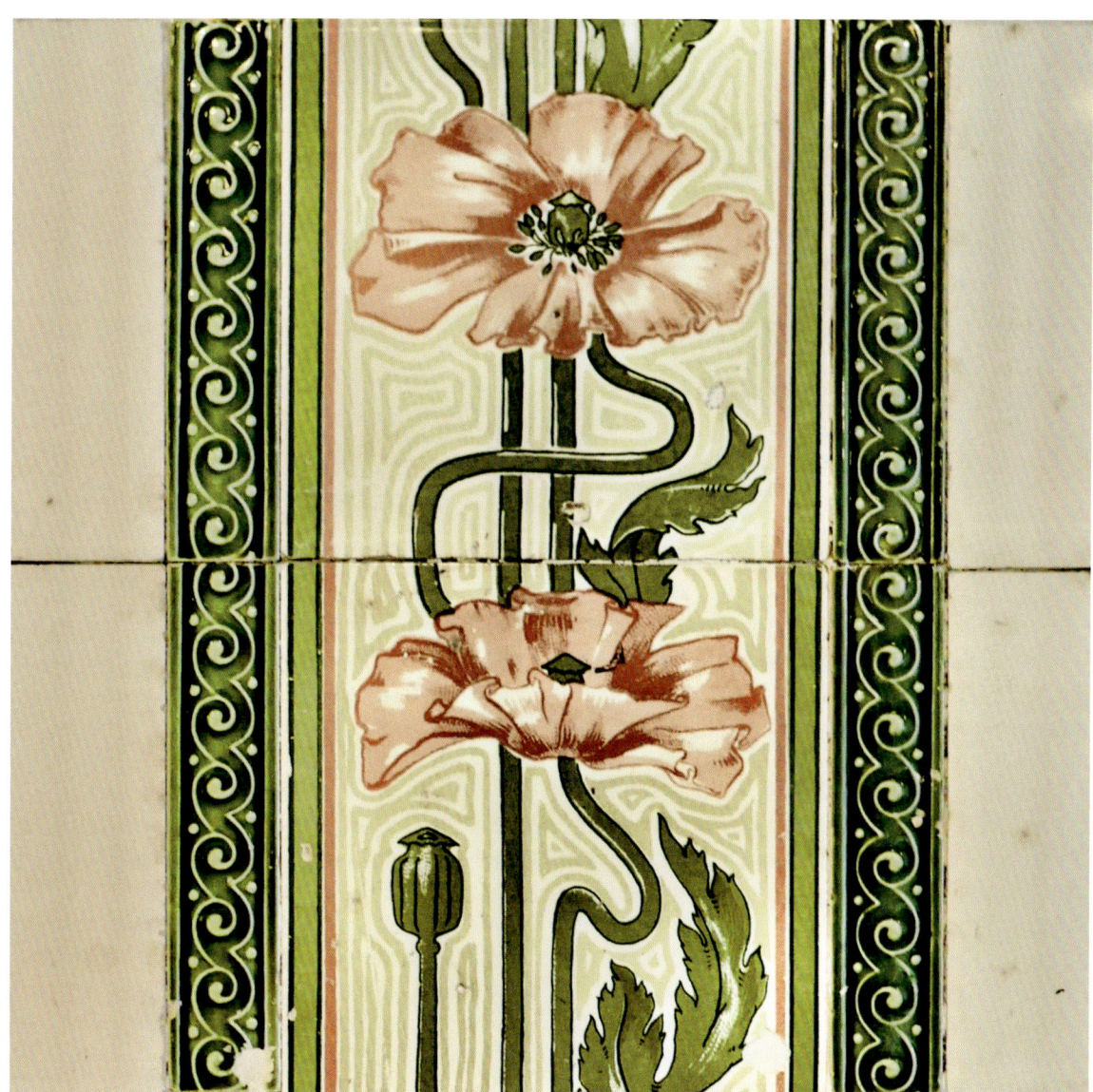

99

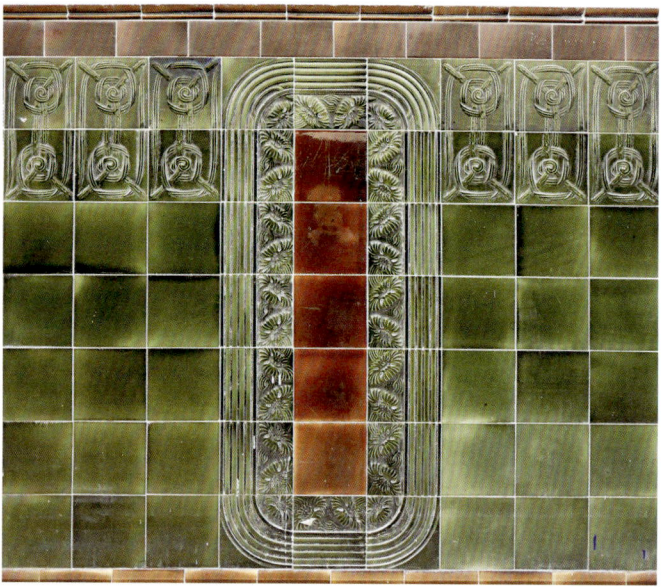

„Den Jugendstil als Bindeglied zwischen Historismus und modernem Funktionalismus verstehen zu lernen, ermöglicht es, ihm einen zukunftsweisenden Platz in der Geschichte zu geben" (Monika Bachmayer). Als Symbol für Stärke und Fröhlichkeit war die Chrysantheme ein wiederkehrendes Fliesenmotiv um 1900. Die Jugendstilkünstler schätzten die dekorativen, verschieden ausgeprägten Blattspreiten und die körbchenförmigen Blütenstände der aus Ostasien stammenden Zierpflanze. Die monochromen, in einem Halbrund verlegten Blumenfliesen mit braunen Bordüren stammen aus der Manufaktur S. O. F. Meissen (vormals Teichert) und verleihen diesem Wilmersdorfer Hausflur eine besondere Feierlichkeit.

'Learning to understand Art Nouveau as a link between historicism and modern functionalism makes it possible to give it a pioneering place in history' (Monika Bachmayer).
As a symbol of strength and cheerfulness, the chrysanthemum was a recurring tile motif around 1900. Art Nouveau artists appreciated the decorative, differently shaped leaf blades and the basket-shaped inflorescences of this ornamental plant from East Asia. The monochrome flower tiles laid in a semicircle with brown borders come from the S. O. F. Meissen (formerly Teichert) manufactory and lend this Wilmersdorf hallway a special solemnity.

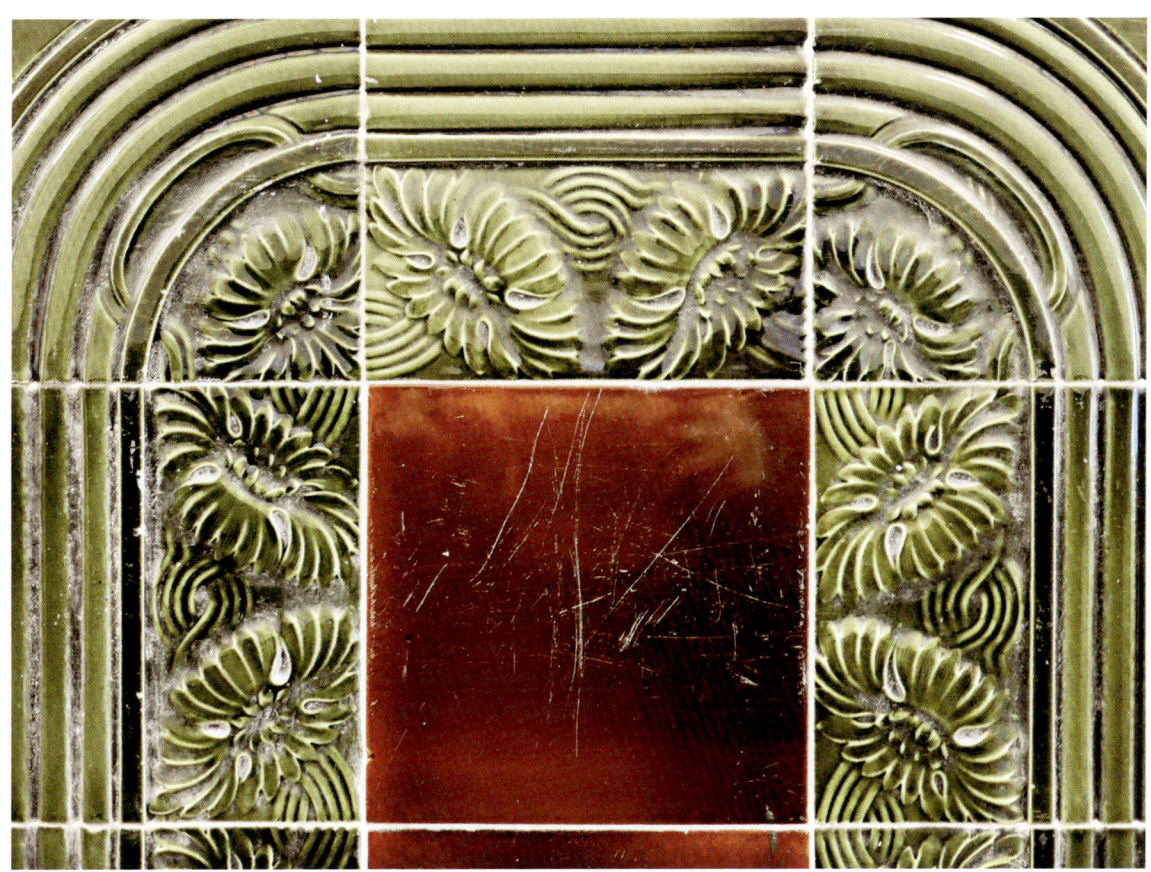

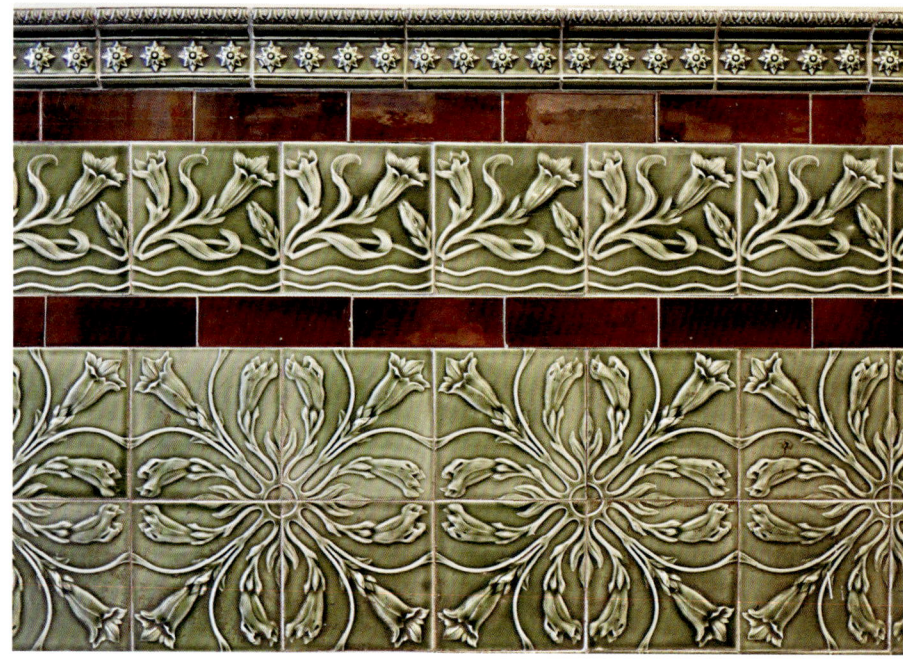

Die Glockenblume (Campanula) war aufgrund ihrer filigranen, romantischen Anmutung im Jugendstil eine beliebtes Fliesenmotiv. Dieses im Prenzlauer Berg zu findende Endlosmotiv stammt aus der Steingutfabrik Witteburg bei Bremen. 1889 hatte die Manufaktur 250 Fliesenmuster im Angebot. Aus der Zeit stammt auch dieses üppige Blumenensemble in Schilfgrün. Die Glockenblume stand im Jugendstil nicht nur für Zusammengehörigkeit, sondern auch für Dankbarkeit und Anerkennung. Zumeist blüht sie in den Farben Blau, Rosa oder Weiß. Die Jugendstilkünstler abstrahierten nicht nur die Blumen an sich, sie spielten auch mit deren Farben.

The bellflower (Campanula) was a popular tile motif in Art Nouveau due to its delicate, romantic appearance. This endless motif, which can be found in Prenzlauer Berg, comes from the Witteburg earthenware factory near Bremen. In 1889, the factory had 250 tile patterns on offer. This lush floral ensemble in reed green also dates from this period. In Art Nouveau, the bellflower not only stood for togetherness, but also for gratitude and recognition. They usually bloomed in blue, pink or white. Art Nouveau artists not only abstracted the flowers themselves, they also played with their colors.

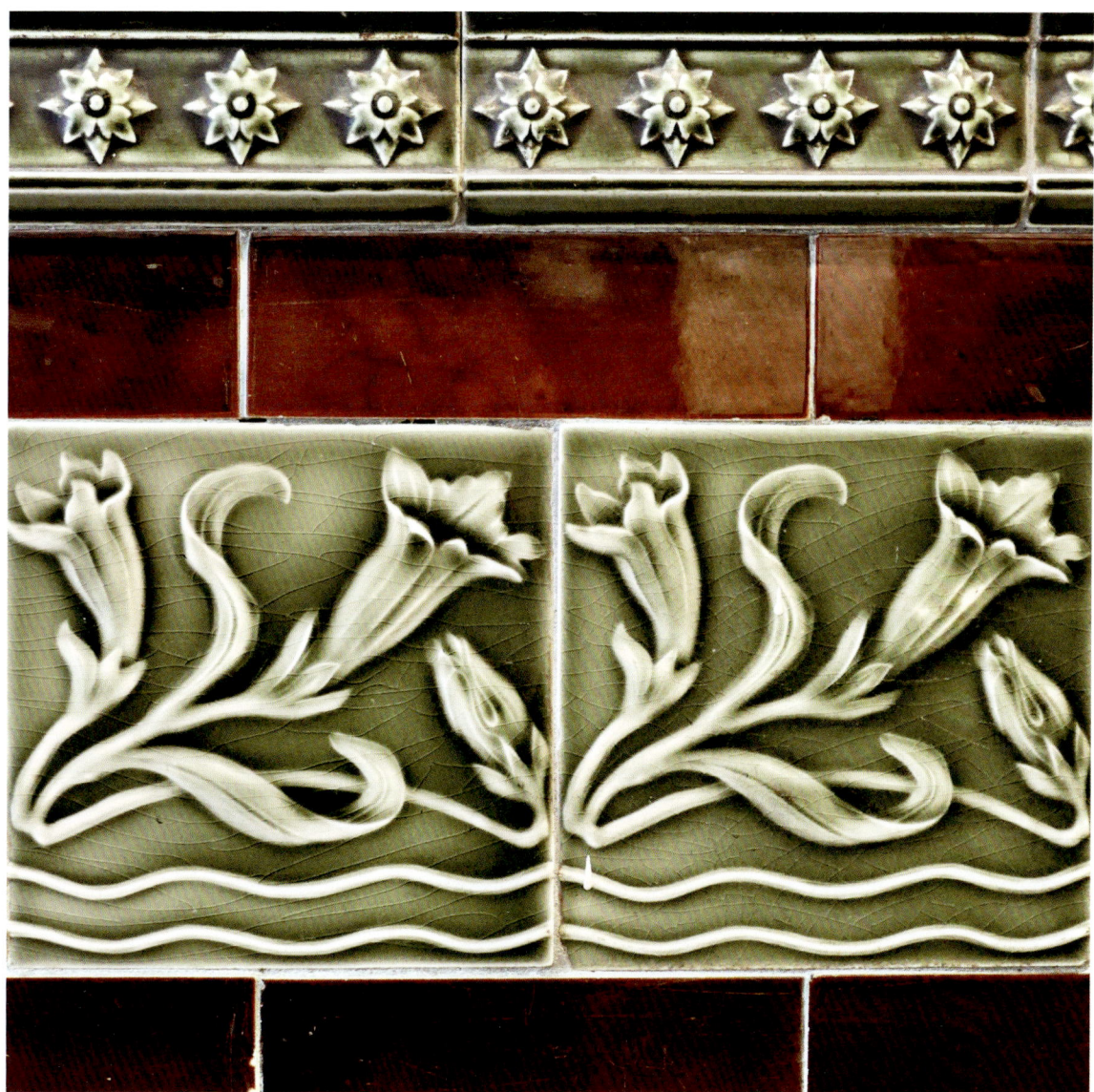

103

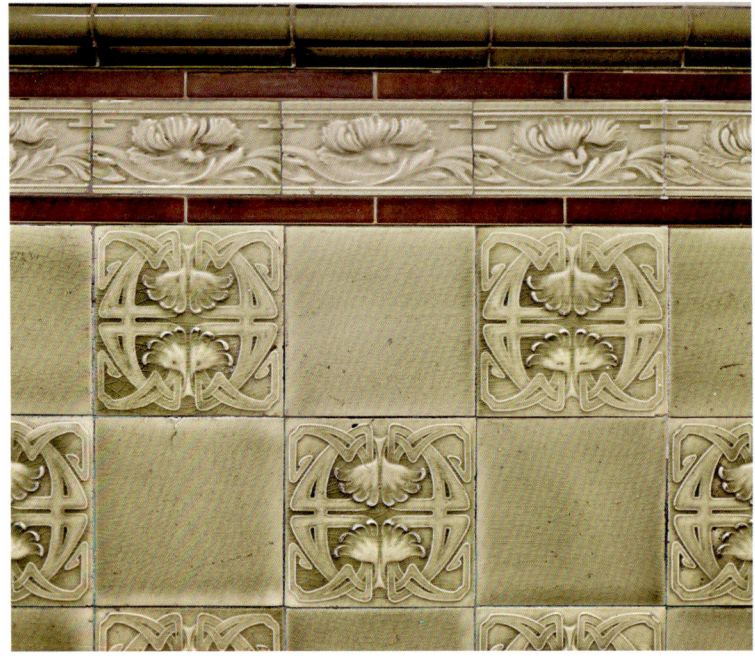

Alles Exotische wie beispielsweise der asiatische Ginkgo-Baum mit seinem dekorativen Fächerlaub war bei den Jugendstilkünstlern beliebt. Er galt als Symbol der Anpassungsfähigkeit, Stärke und Hoffnung. In China war der extrem widerstandsfähige Ginkgo seit jeher ein Weltenbaum, der die Geheimnisse einer unermesslichen Vergangenheit bewahrte. Als Fliesenmotiv aus der Manufaktur Boizenburg verleiht er diesem Kreuzberger Hausflur eine mystische Kraft.

Anything exotic, such as the Asian ginkgo tree with its decorative fan-shaped foliage, was a favourite with Art Nouveau artists. It was seen as a symbol of adaptability, strength and hope. In China, the extremely resilient ginkgo has always been a world tree, guarding the secrets of an immeasurable past. As a tile motif from Manufaktur Boizenburg, it lends this Kreuzberg hallway a mystical power.

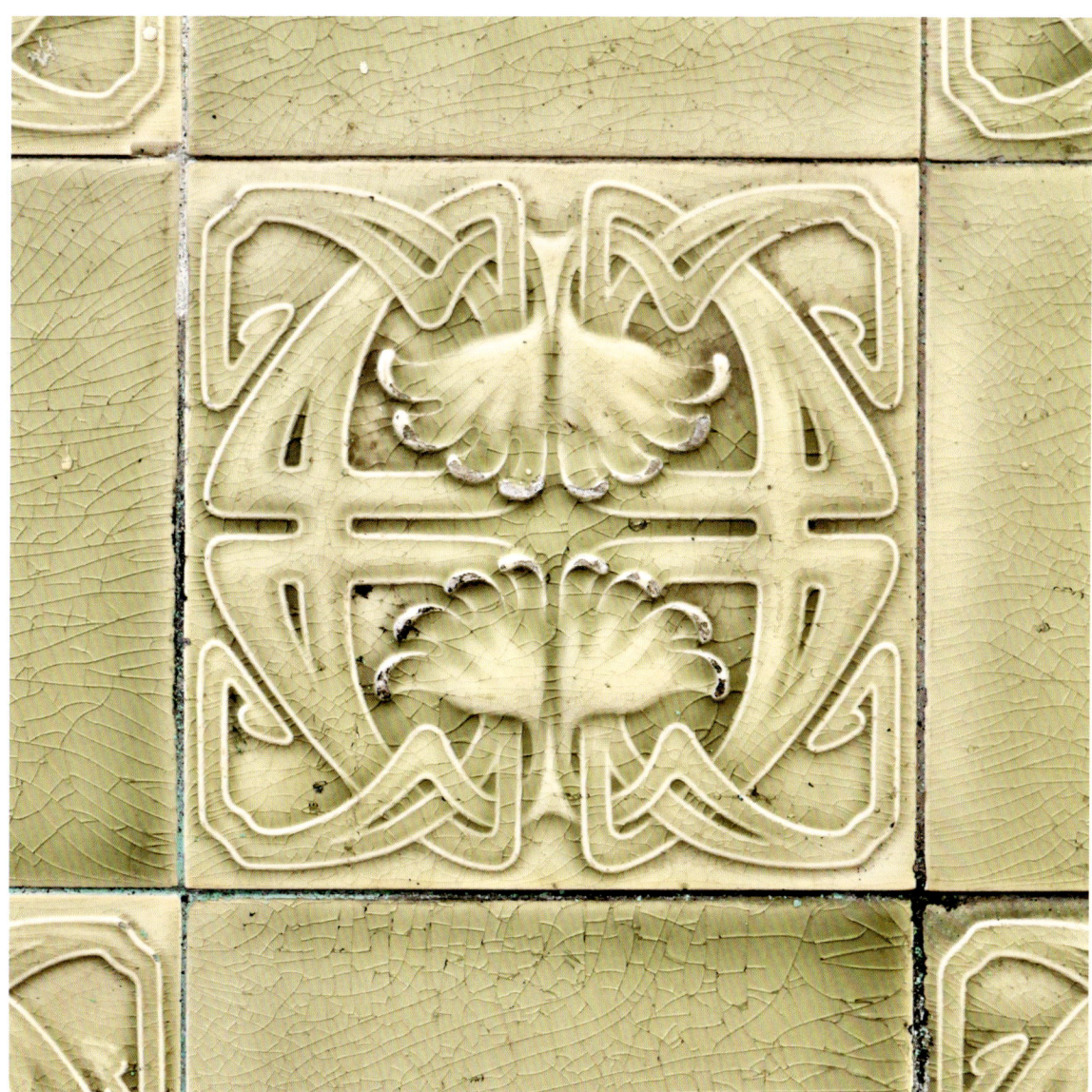

105

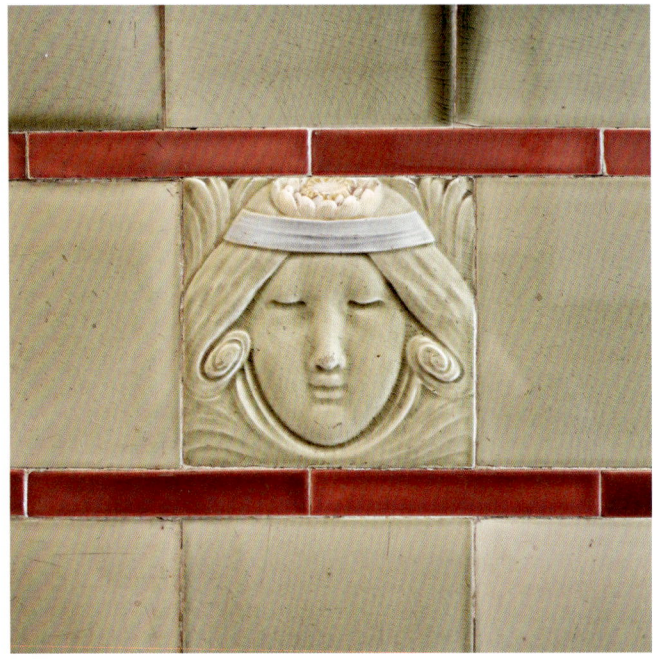

„Der Stil ist das Symbol des Gesamtempfindens, der ganzen Lebensauffassung einer Zeit, und zeigt sich nur im Universum aller Künste" (Peter Behrens). Ein zu träumen scheinendes Gesicht einer Lady bildet das Zentrum dieses Fliesenmotivs von S. O. F. (vormals Teichert) Meissen. Das frontal aufgefasste Konterfei ist umgeben von Haar, das in Form breiter Bänder dargestellt ist. Über einem Haarband sieht man mittig eine Chrysantheme, die ursprünglich aus Asien stammt und im Jugendstil allgemein auch für exotische Schönheit und Vielfalt stand. Das anmutige Gesicht mit den geschlossenen Augen zeigt fernöstliche Züge.

'Style is the symbol of the overall feeling, the entire outlook on life of a time, and is only revealed in the universe of all the arts' (Peter Behrens). A lady's face that appears to be dreaming forms the centre of this tile motif by S. O. F. formerly Teichert Meissen. The frontal portrait is surrounded by hair, which is depicted in the form of wide ribbons. A chrysanthemum, which originally came from Asia and stood for exotic beauty and variety in Art Nouveau in general, can be seen in the centre above a hair ribbon. The graceful face with the closed eyes reveals Far Eastern traits.

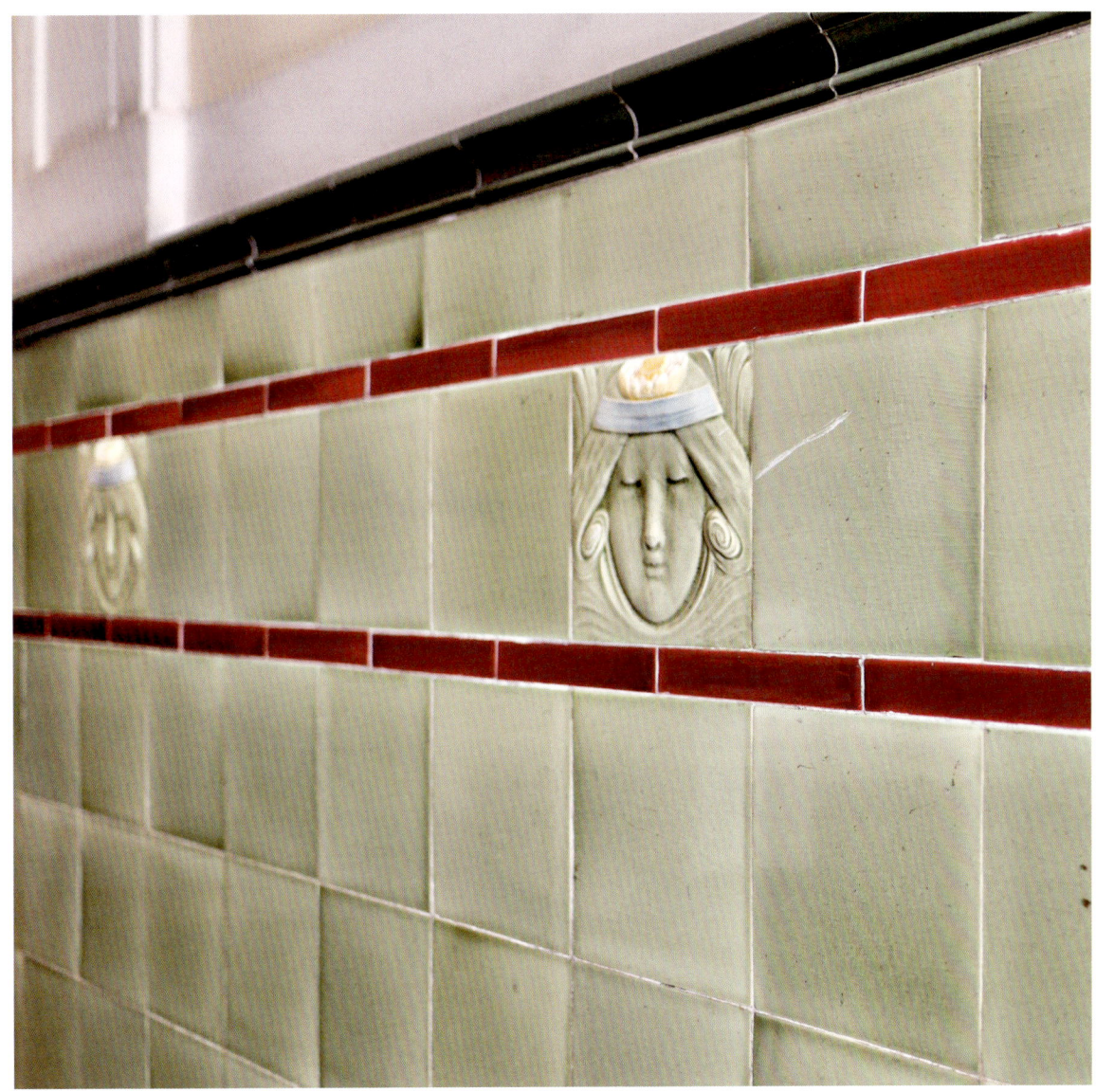

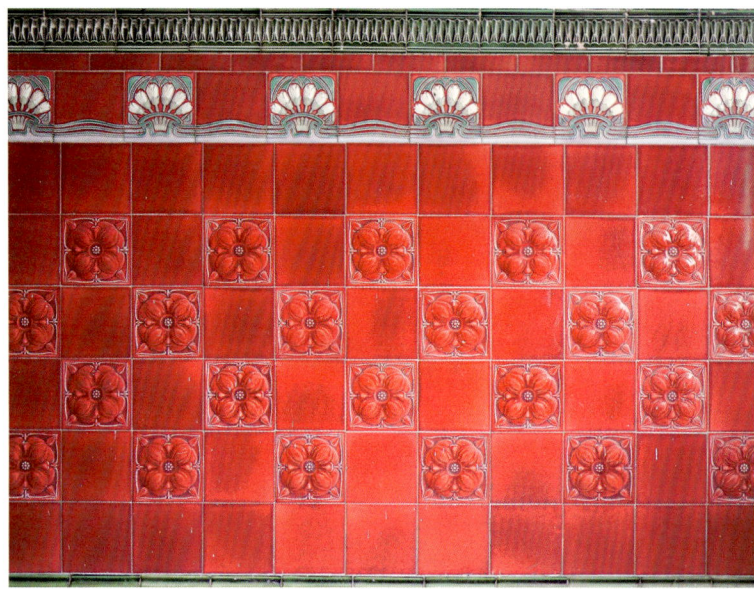

Auf der „Roten Insel" in Berlin Schöneberg sind viele rote Fliesenspiegel erhalten geblieben, obwohl das eigenwillige Stadtviertel vor allem politisch „rot" ist. Dieses bekannte Motiv aus der Meissener Ofen- und Porzellanfabrik (vormals Carl Teichert) wartet mit Blumenkörben mit jeweils sechs weißen Nelkenblüten auf. Diese sind fächerförmig angeordnet und ihre Stängel unten miteinander verbunden. Im oberen Teil werden die Blüten von bogenförmigen Linien eines geometrischen Ornaments eingerahmt. Die Bänder im unteren Teil geben eine Reihung der Fliesen im Rapport vor. Nelken standen im Jugendstil für Reinheit, Solidarität und Beständigkeit. Weiße Nelken sind bis heute ein Symbol für Respekt, Freundschaft und Zuneigung.

On the 'Red Island' in Berlin Schöneberg, many red tile mirrors have been preserved, although the idiosyncratic neighbourhood is primarily politically 'red'. This well-known motif from the Meissen Ofen- und Porzellanfabrik (formerly Carl Teichert) features baskets of flowers, each with six white carnation blossoms. These are arranged in a fan shape and their stems are connected at the bottom. In the upper part, the flowers are framed by curved lines of a geometric ornament. The bands in the lower part indicate the order of the tiles in a repeat. In Art Nouveau, carnations symbolised purity, solidarity and constancy. To this day, white carnations stand for respect, friendship and affection.

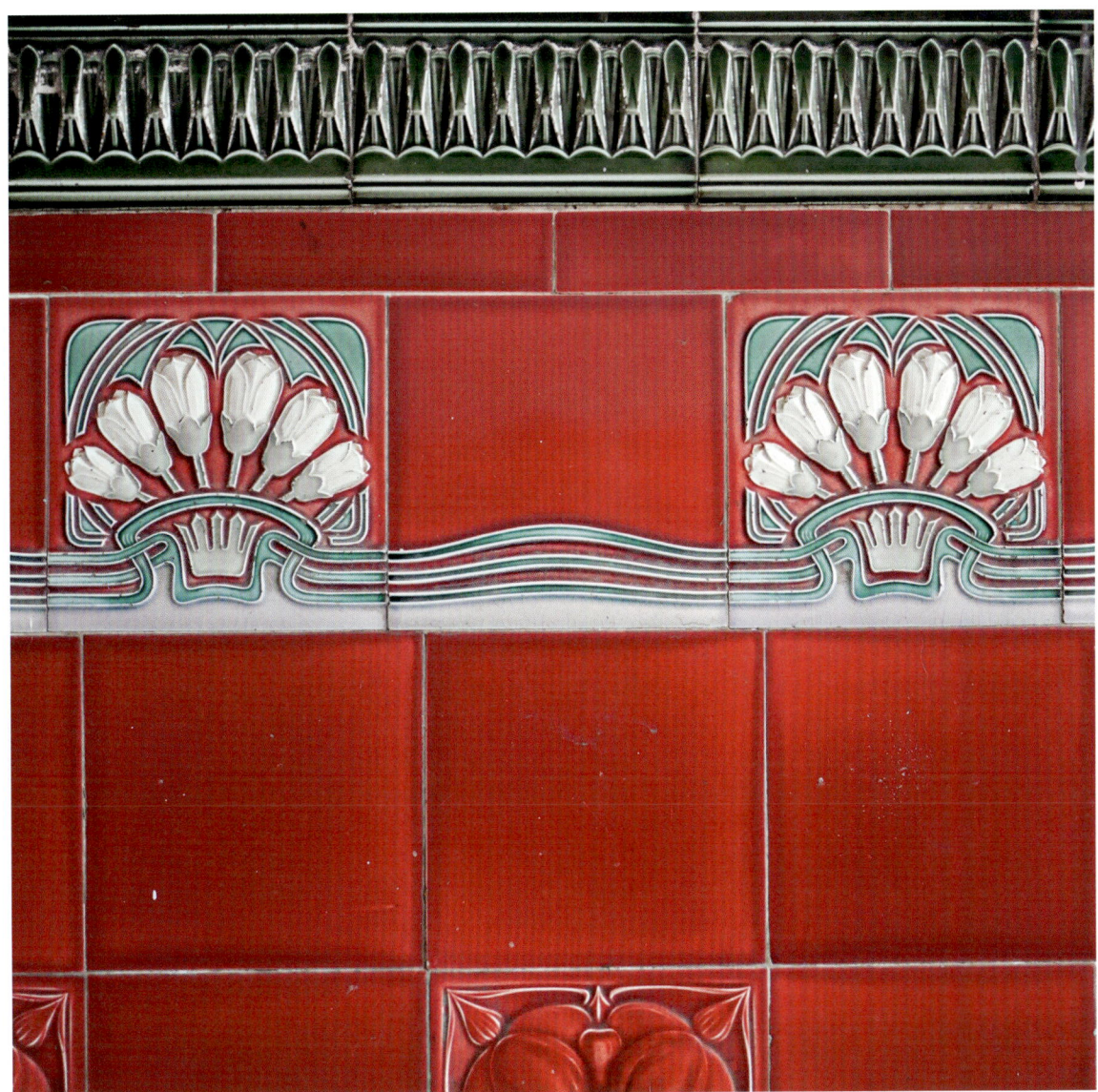

109

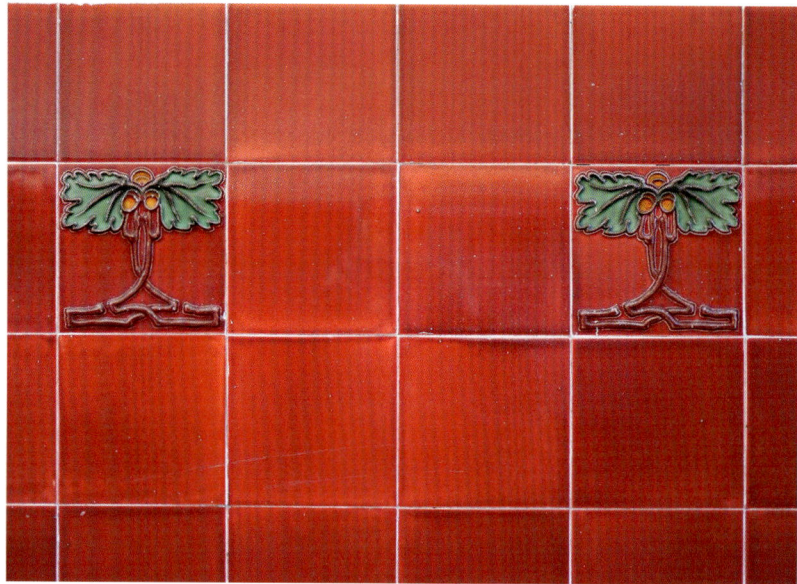

„Der neue Stil war in jeder Hinsicht ‚Secession', Trennung vom Eingebürgerten. Seine Verfechter verließen bekannte Ufer, um in erträumte Welten aufzubrechen" (Norbert Wolf). Auf dieser in der Manufaktur SOMAG hergestellten Fliese ist das botanische Motiv an den Eicheln zu erkennen. Die Form der beiden Eichenblätter ist mit einiger Freiheit vom natürlichen Vorbild zugunsten der Wirkung im Bild umgesetzt. Der Stamm ist gänzlich stilisiert zu einem symmetrischen Linienornament, das zugleich aber als Basis des Bäumchens erkennbar bleibt. Im Jugendstil galt die majestätische Eiche als Königin des Waldes und stand für Stärke, Freiheit und Ehre. Die Eicheln galten als Symbol für Wachstum und Potenzial.

'The new style was in every respect 'secession', separation from the naturalised. Its advocates left familiar shores to set off into dreamed-up worlds' (Norbert Wolf). On this tile produced by the SOMAG manufactory, the botanical motif can be recognised by the acorns. The shape of the two oak leaves is realised with some freedom from the natural model in favour of the effect in the picture. The trunk is completely stylised into a symmetrical linear ornament, which at the same time remains recognisable as the base of the tree. In Art Nouveau, the majestic oak was considered the queen of the forest and stood for strength, freedom and honour. The acorns symbolised growth and potential.

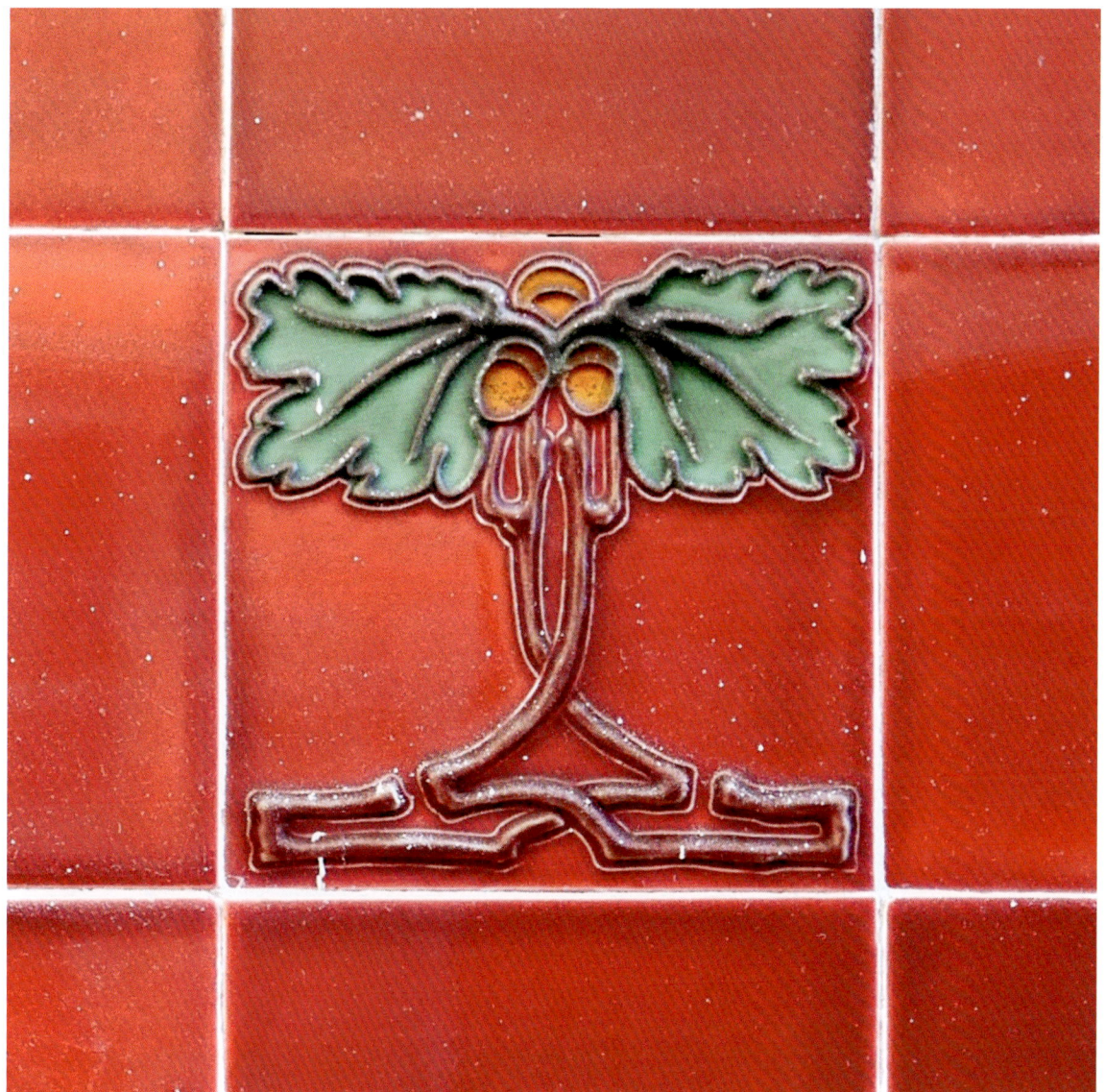

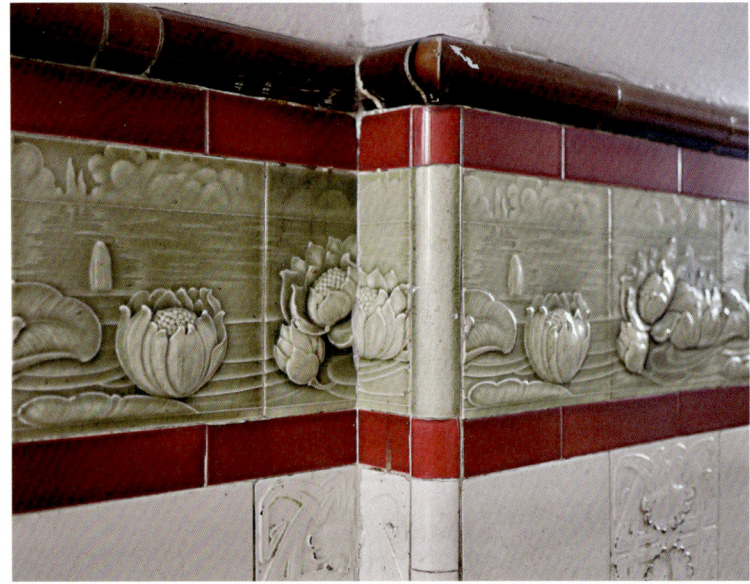

Dieses einzigartige Motiv gibt es in Berlin auch noch in einer anderen Farbkombination zu sehen. Die Seerosenfliesen aus dem Hause Boizenburg sind als Zweierfliese konzipiert. Während sich auf der linken Fliese gleich drei Seerosen zu tummeln scheinen, ragt das Blatt in die zweite Fliese hinüber. Daneben thront eine einzelne Seerose, deren Blätter sich noch nicht entfaltet haben. Das monochrome helle Grün lässt das Wasser in den Hintergrund rücken. Auch den Horizont erkennt man erst auf den zweiten Blick. Dieser eigenwillige Fliesenspiegel ist heute auch noch im Ersten Deutschen Fliesenmuseum zu sehen, das aus der namhaften Manufaktur hervorgegangen ist. Seerosen sucht man in der kleinen Hafenstadt Boizenburg an der Elbe allerdings vergeblich.

This unique motif can also be seen in Berlin in a different colour combination. The water lily tiles from Boizenburg are designed as two tiles. While three water lilies appear to be cavorting on the left-hand tile, the leaf protrudes into the second tile. Next to it is a single water lily whose leaves have not yet unfurled. The monochrome light green makes the water recede into the background. Even the horizon can only be recognised at second glance. This unconventional tile mirror can also be seen today in the First German Tile Museum, which emerged from the renowned manufactory. However, you will look in vain for water lilies in the small harbour town of Boizenburg on the Elbe.

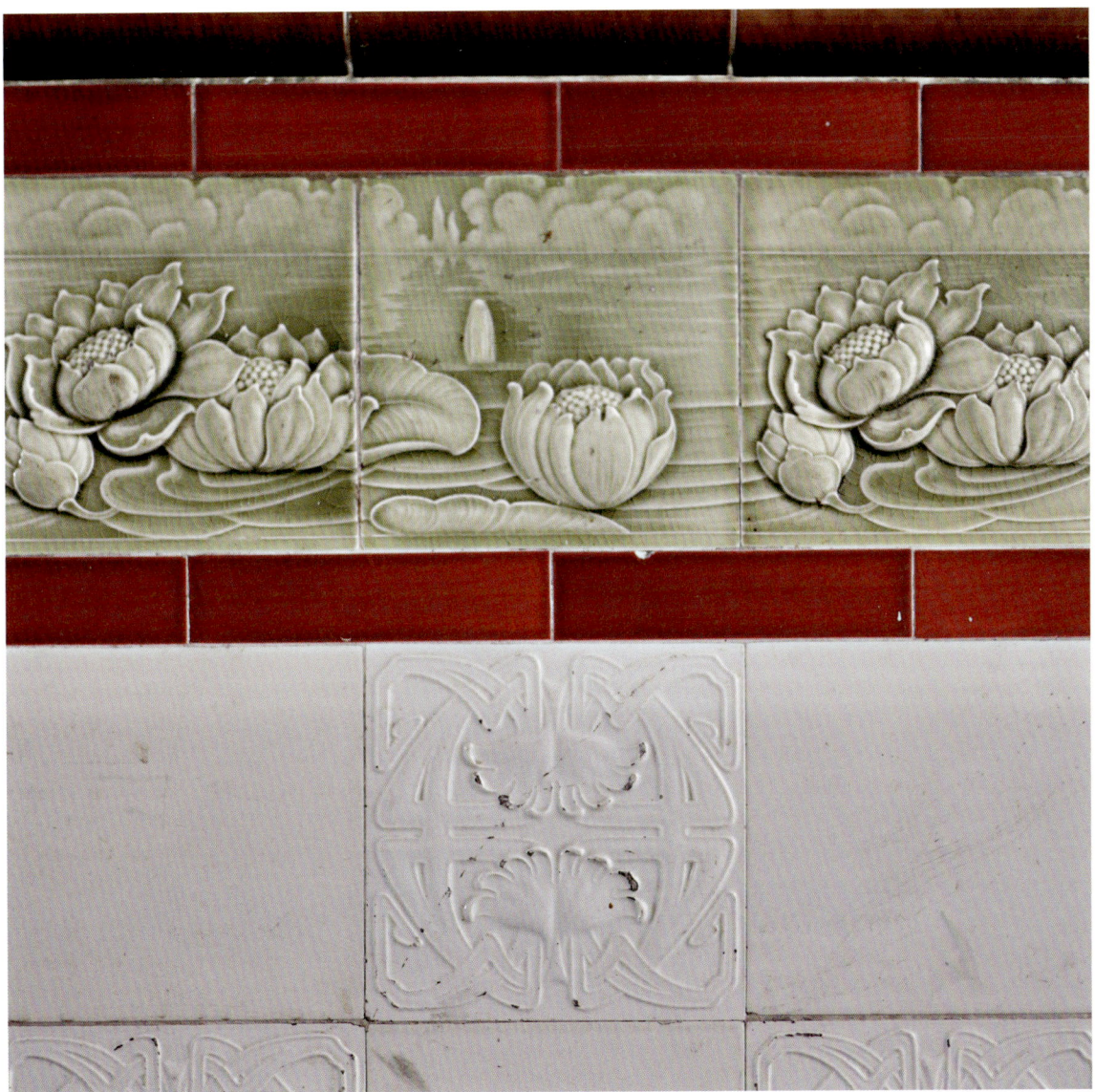

113

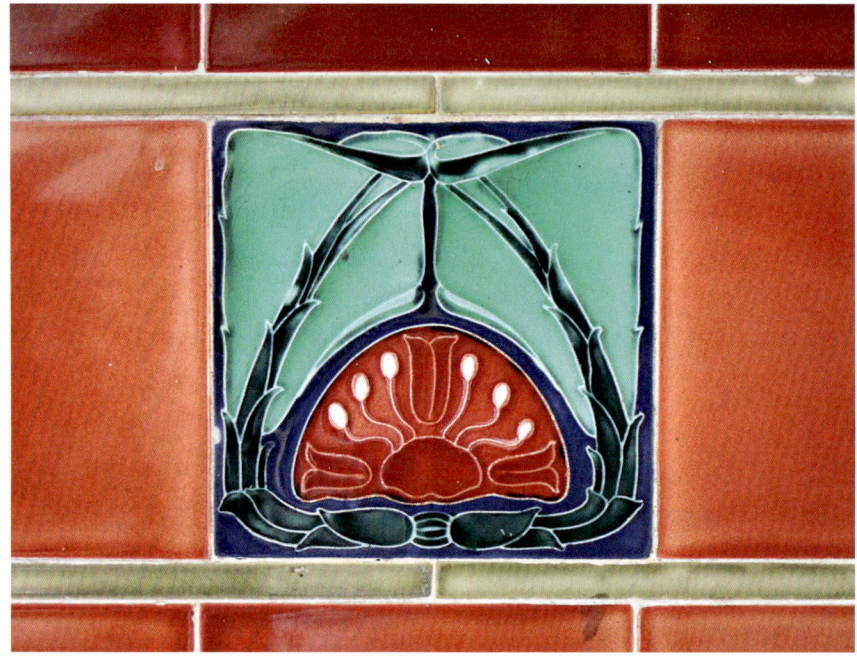

Jean-Francois Boch erwarb im April 1809 eine alte Benediktinerabtei in Mettlach an der Saar für die Herstellung von Steingutwaren. Ab dem Jahr 1869 wurden neben den als „Mettlacher Platten" international bekanntgewordenen Bodenfliesen der Firma Villeroy & Boch auch farbig glasierte, künstlerisch gestaltete Wandfliesen produziert. Auch wenn die Fliesen in diesem Steglitzer Hauseingang falsch herum aufgebracht wurden, erkennt man die Edelrose am Ende eines kräftigen Rosenstiels. Die sich ballförmig öffnenden roten Blüten standen im Jugendstil für Romantik und entfachen in diesem Meer monochromer, roter Fliesen echte Leidenschaft.

In April 1809, Jean-Francois Boch acquired an old Benedictine abbey in Mettlach on the Saar for the production of earthenware. From 1869, Villeroy & Boch also produced colourfully glazed, artistically designed wall tiles in addition to the internationally renowned 'Mettlach tiles'. Even though the tiles in this Steglitz entrance have been applied the wrong way round, the precious rose can be recognised at the end of a strong rose stem. The ball-shaped opening red blossoms symbolised romance in Art Nouveau and spark genuine passion in this sea of monochrome red tiles.

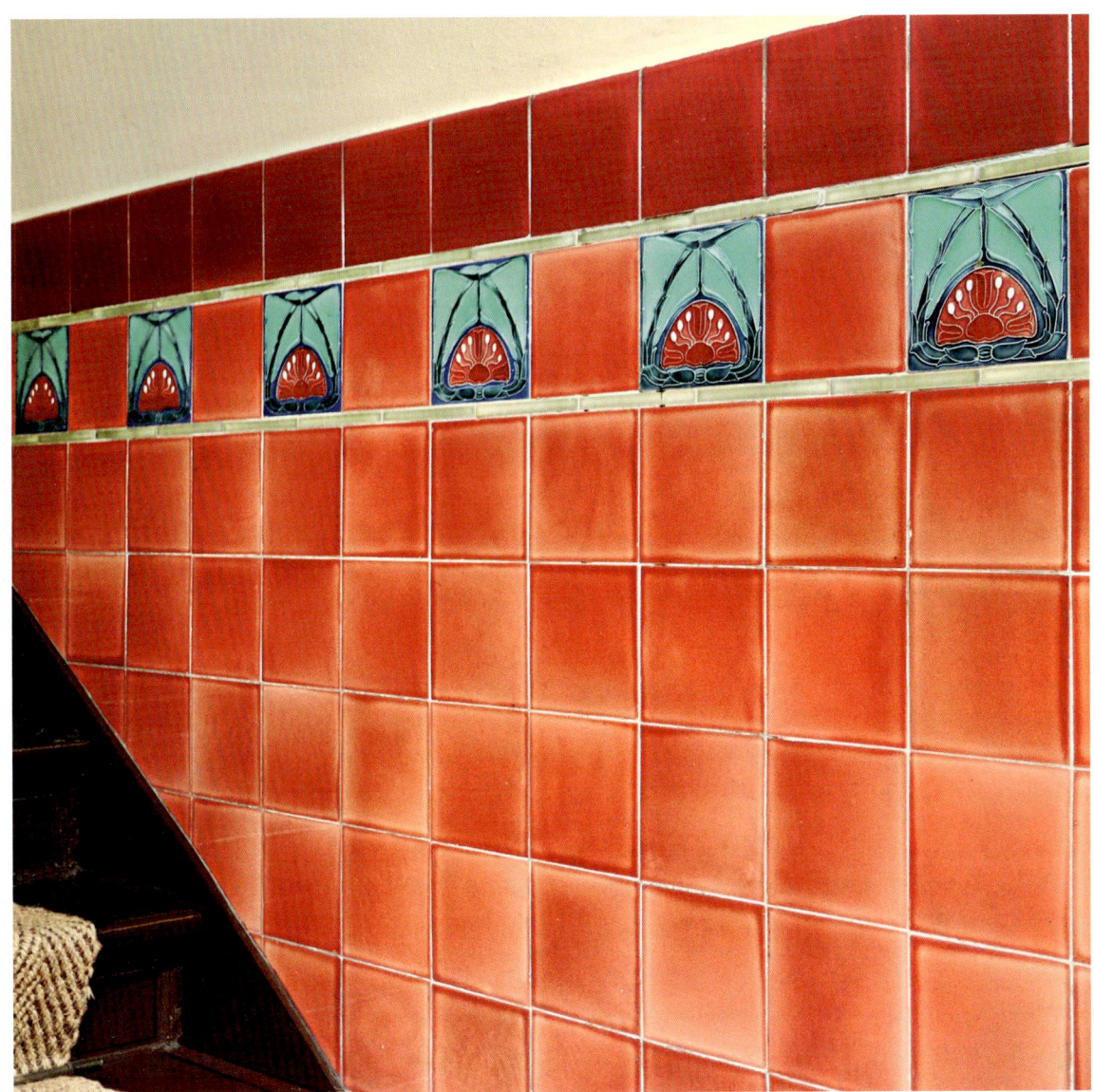

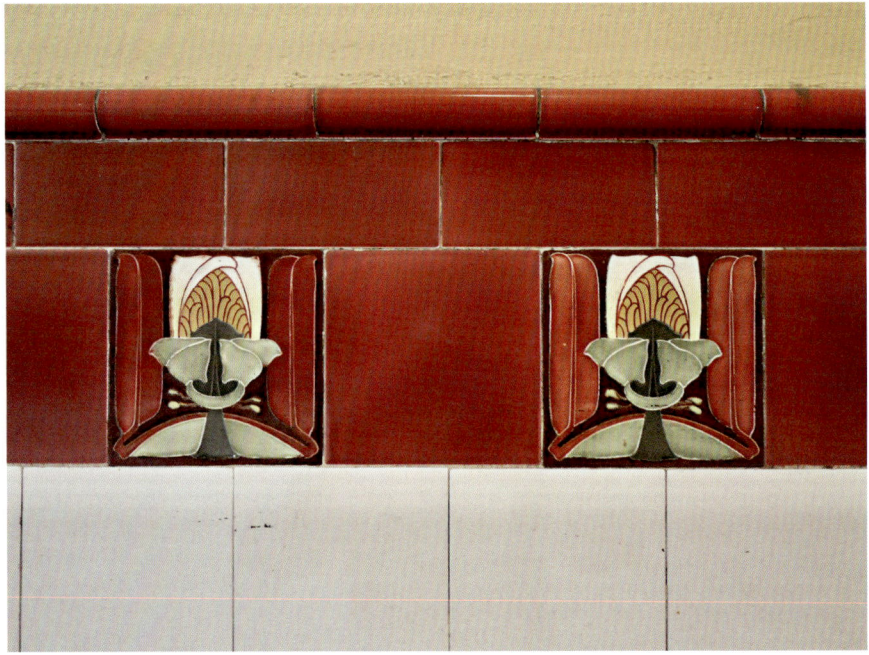

Rote Fliesen waren um 1900 eher selten anzutreffen. In Berlin finden sich überraschenderweise einige besonders extravagante Exemplare wie in diesem Hausflur in Neukölln. Das filigrane Blumenmotiv aus der Manufaktur Villeroy & Boch Mettlach ist achsensymmetrisch angeordnet und in einwandfreiem Zustand. Die Orchidee stand im Jugendstil für Sehnsucht, Leidenschaft und Hingabe und strahlt auch heute noch reine Lebensfreude aus. Dank ihrer starken Symbolik streitet sich die Orchidee seit jeher mit der roten Rose um den Titel der „Königin der Blumen".

Red tiles were rather rare around 1900. Surprisingly, some particularly extravagant examples can be found in Berlin, such as in this hallway in the neighbourhood of Neukölln. The filigree floral motif from the Villeroy & Boch Mettlach manufactory is arranged axially symmetrically and is in perfect condition. In Art Nouveau, the orchid symbolised longing, passion and devotion and still radiates pure joie de vivre today. Thanks to its strong symbolism, the orchid has always competed with the red rose for the title of 'Queen of Flowers'.

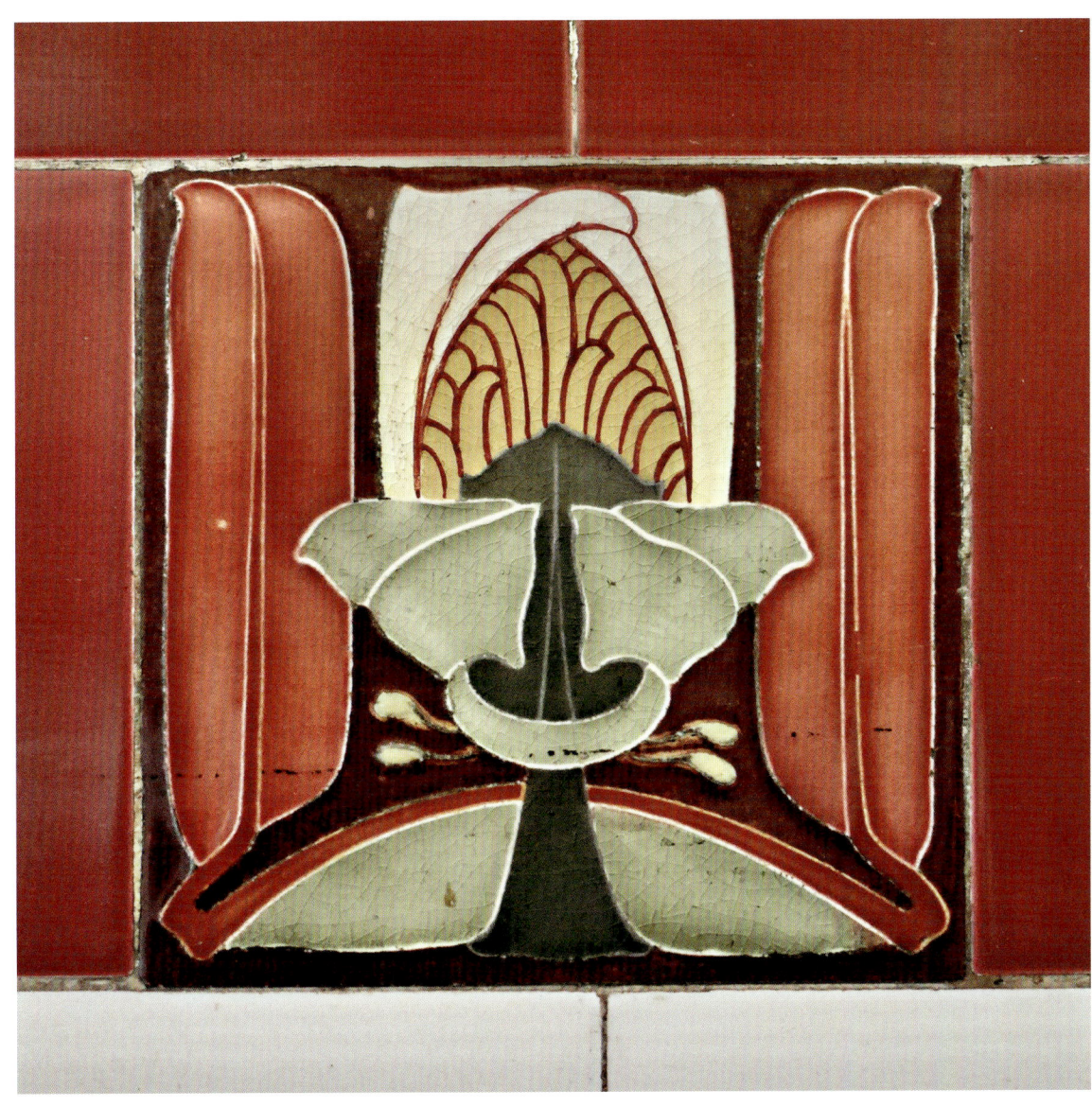

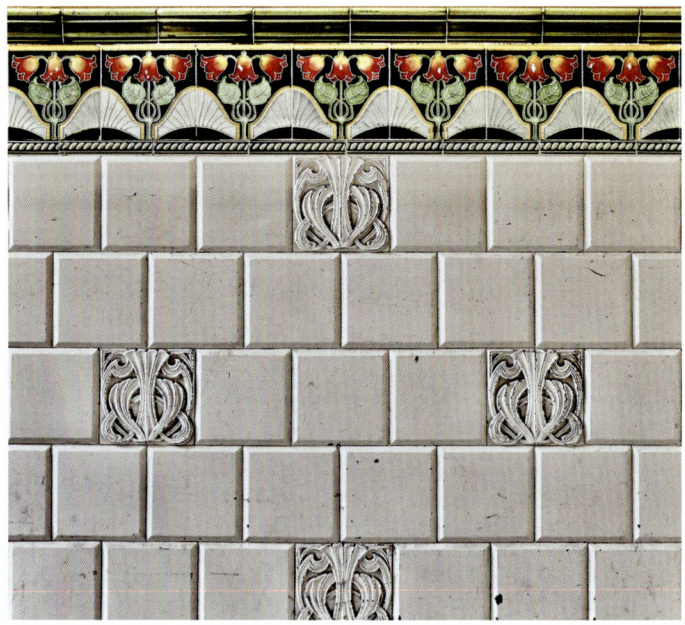

„Der Jugendstil mobilisiert alle Reserven der Innerlichkeit. Sie finden ihren Ausdruck in der mediumistischen Liniensprache, in der Blume als dem Sinnbild der nackten, vegetativen Natur, die der technisch armierten Umwelt entgegentritt" (Walter Benjamin). Dieses Rapportmotiv in Moabit zeigt drei nebeneinander angeordnete Glockenblumen, die im Jugendstil Zusammengehörigkeit und Einigkeit symbolisierten. Dieser filigrane Fliesenentwurf der Manufaktur Tonwerk Offstein kombiniert das florale Thema mit einer abstrakt geometrischen Fächer- oder Bogenform. Auch die altweiße Rankenfliese aus der Zeit um 1900 ist ein Klassiker und heute wieder erhältlich.

'Art Nouveau mobilises all reserves of inwardness. They find their expression in the mediumistic language of lines, in the flower as the symbol of naked, vegetative nature, which confronts the technically armoured environment' (Walter Benjamin). This repeat motif in Moabit shows three bell flowers arranged next to each other, which symbolised togetherness and unity in Art Nouveau. This filigree tile design by Tonwerk Offstein combines the floral theme with an abstract geometric fan or arch shape. The old white vine tile from around 1900 is also a classic and can be purchased again today.

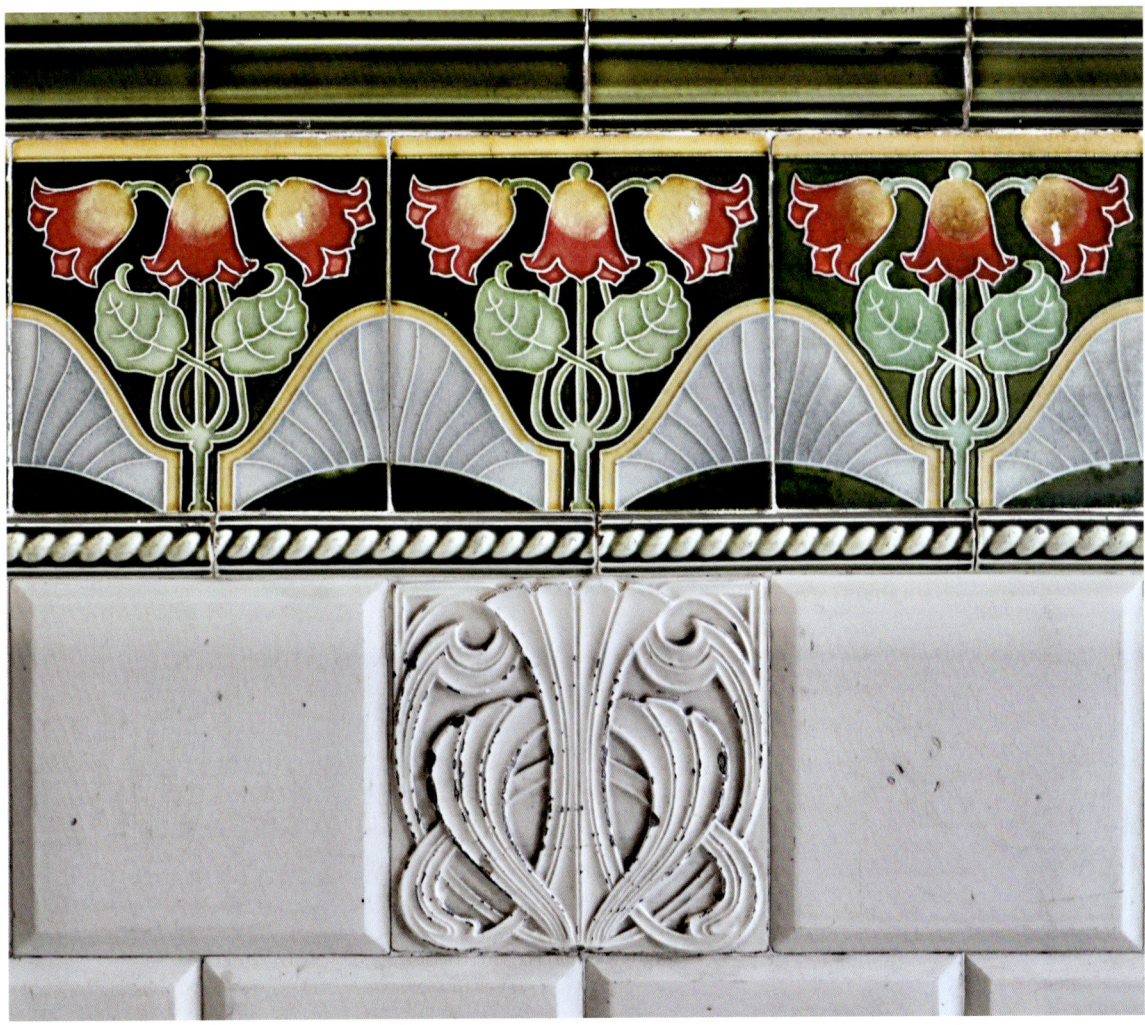

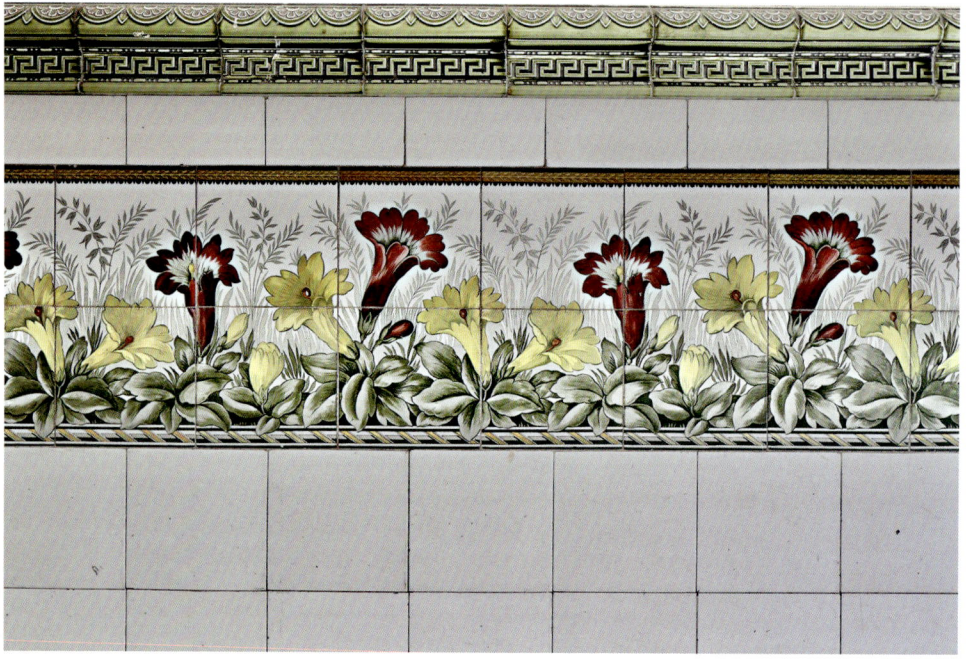

Enzian blüht mystisch blau, denkt man. Aber von dieser Pflanzengattung gibt es 400 Arten weltweit mit den unterschiedlichsten Blätterformen und Farbschattierungen. Der Purpur-Enzian wie auch der gelbe Enzian sind Alpengewächse, die seit Jahrhunderten als Heilpflanze dienen. Im Jugendstil stand der Enzian für Zuverlässigkeit, Schönheit und Treue. Dieses Flachdekor aus der Manufaktur NSTG sorgt in einem Charlottenburger Hausflur für ewigen Frühling.

Gentian flowers in a mystical blue colour, you might think. But there are 400 species of this plant genus worldwide with a wide variety of leaf shapes and shades of colour. Both the purple gentian and the yellow gentian are alpine plants that have been used as medicinal plants for centuries. In Art Nouveau, the gentian symbolised reliability, beauty and loyalty. This flat decor from the NSTG manufactory ensures eternal spring in a Charlottenburg hallway.

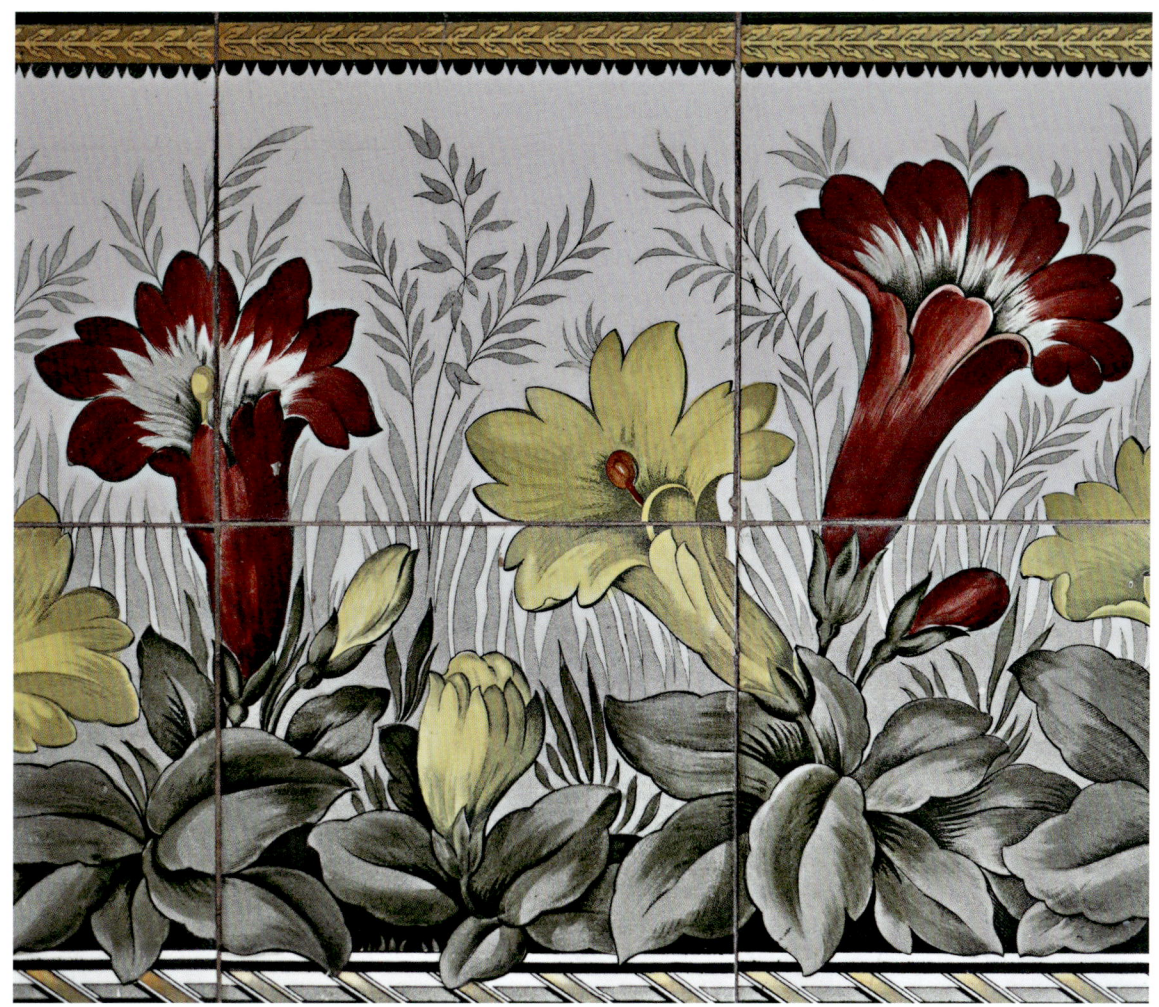

121

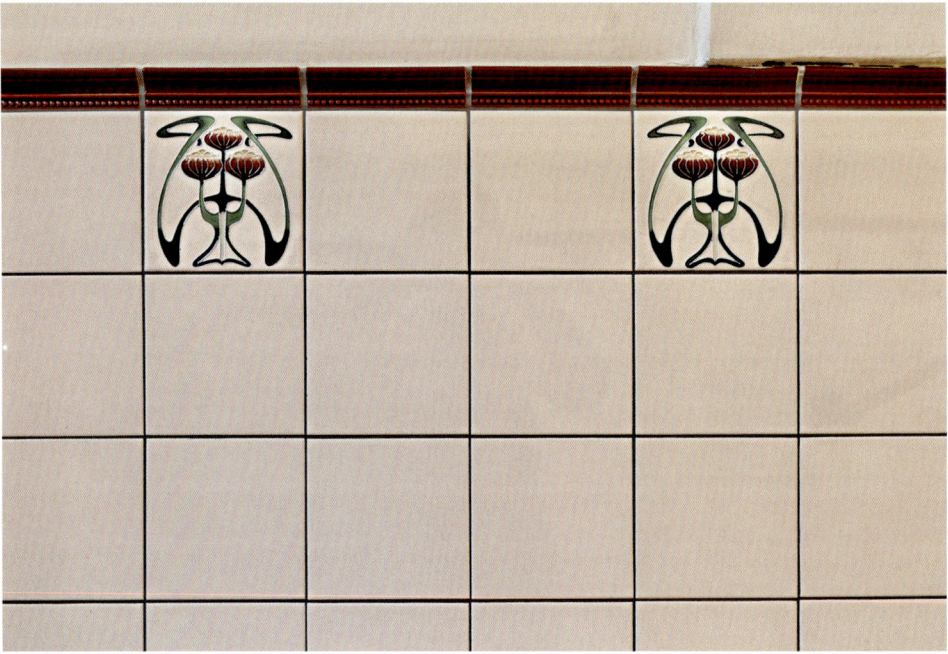

Als Symbol für Schönheit und Sinnlichkeit galt die (auch Päonie genannte) Pfingstrose im alten Griechenland. Die Tradition, Pfingstrosen zum Geburtstag zu verschenken, verdanken wir dem chinesischen Kaiser Qianlong, der, um die französische Kaiserin Joséphine zu verführen, eine Sammlung dieser Frühlingsblumen an sie liefern ließ. Rote Pfingstrosen standen im Jugendstil für Leidenschaft, rosa Pfingstrosen für Glück in der Zukunft. Einige Pfingstrosen können sogar ihre Farbe ändern. Dieses seltene Exemplar stammt aus der englischen Manufaktur Waterloo Pottery in Burslem und ist in einem Hausflur im Rheingauviertel zu finden.

The peony symbolised beauty and sensuality in ancient Greece. We owe the tradition of giving peonies as birthday presents to the Chinese Emperor Qianlong, who had a collection of these spring flowers delivered to the French Empress Joséphine to seduce her. In Art Nouveau, red peonies symbolised passion, while pink peonies stood for happiness in the future. Some peonies can even change colour. This rare specimen comes from the English manufacturer Waterloo Pottery in Burslem and can be found in a hallway in Rheingauviertel.

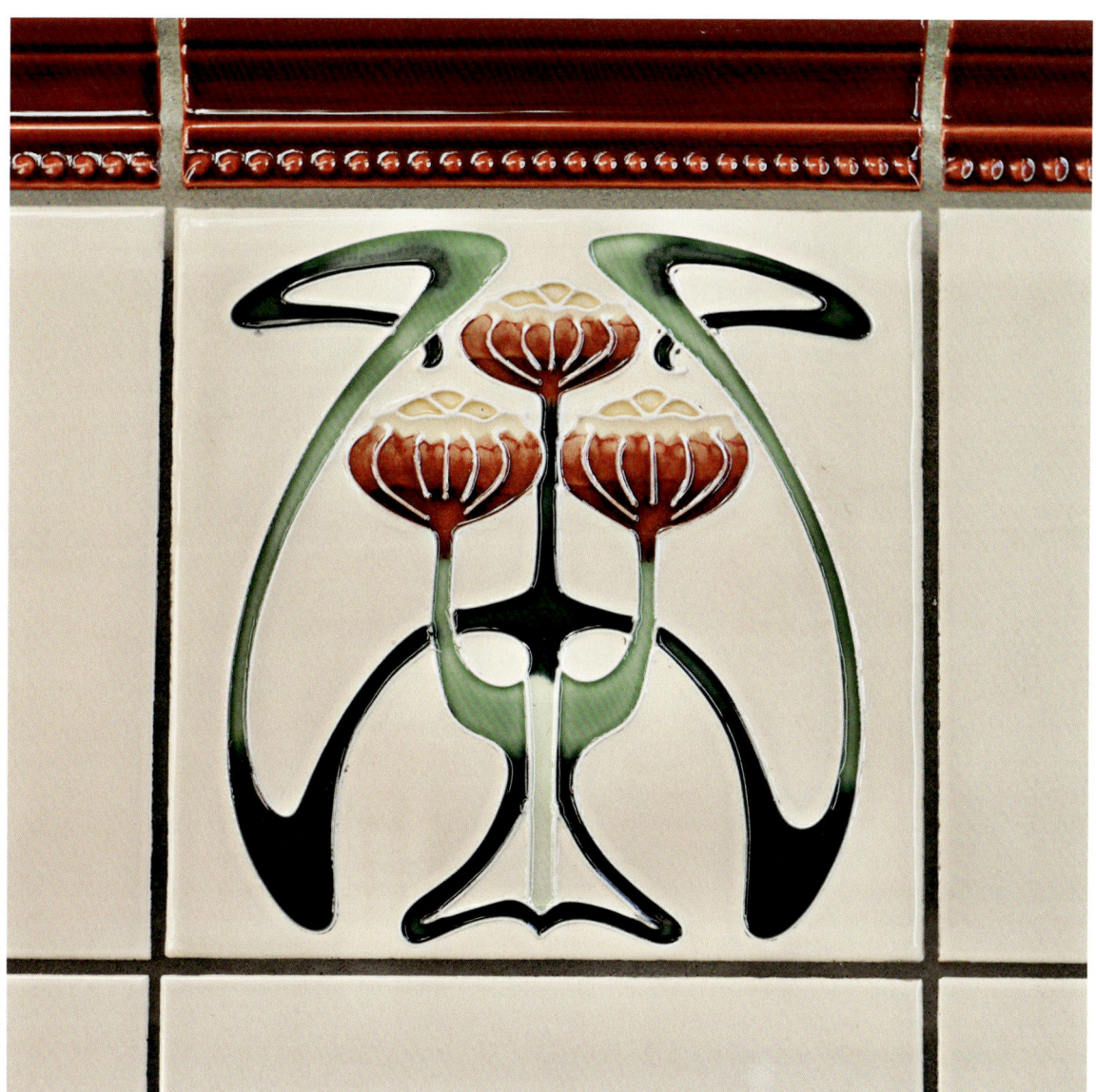

123

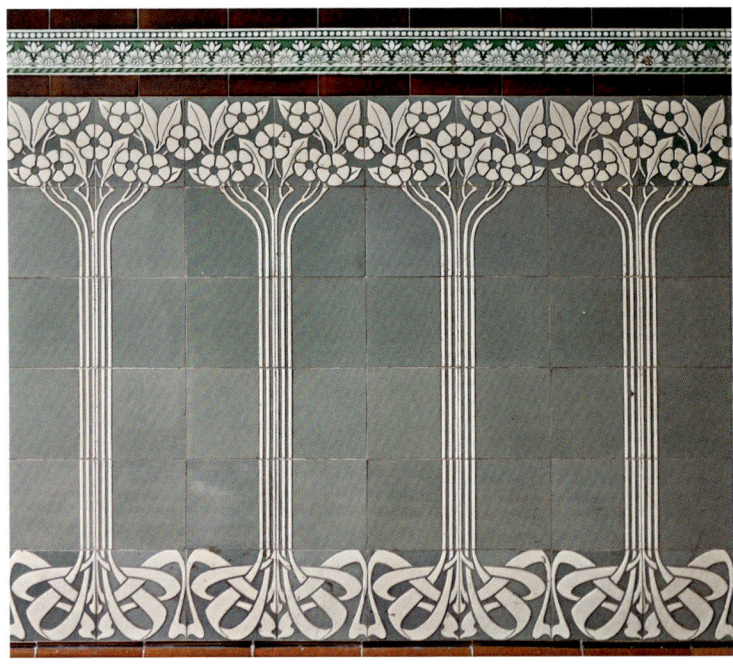

„Der Jugendstil wollte das Künstlerische zweckvoll machen und das Zweckvolle künstlerisch" (Klaus-Jürgen Sembach). In Deutschland gab es um 1900 etwa 25 Betriebe, die sich mit der Herstellung von Fliesen beschäftigten. Neue Fertigungstechniken erlaubten eine kostengünstigere Massenproduktion. Daher sind Fliesen mit aufwendigen floralen Motiven auch in den Eingangsbereichen von Jugendstil-Mietshäusern zu finden. „Blüten mit drei Streifen" heißt es im Katalog der Firma Villeroy & Boch, die diese hochwertigen Jugendstilfliesen im Jahr 1905 in ihrem Werk in Mettlach produzierte.

'Art Nouveau wanted to make the artistic functional and the functional artistic' (Klaus-Jürgen Sembach). Around 1900, there were around 25 tile manufacturing companies in Germany. New manufacturing techniques made mass production more cost-effective. This is why tiles with elaborate floral motifs can also be found in the entrance areas of Art Nouveau apartment blocks. 'Flowers with three stripes' is the title in the catalogue of the Villeroy & Boch company, which produced these high-quality Art Nouveau tiles at its factory in Mettlach in 1905.

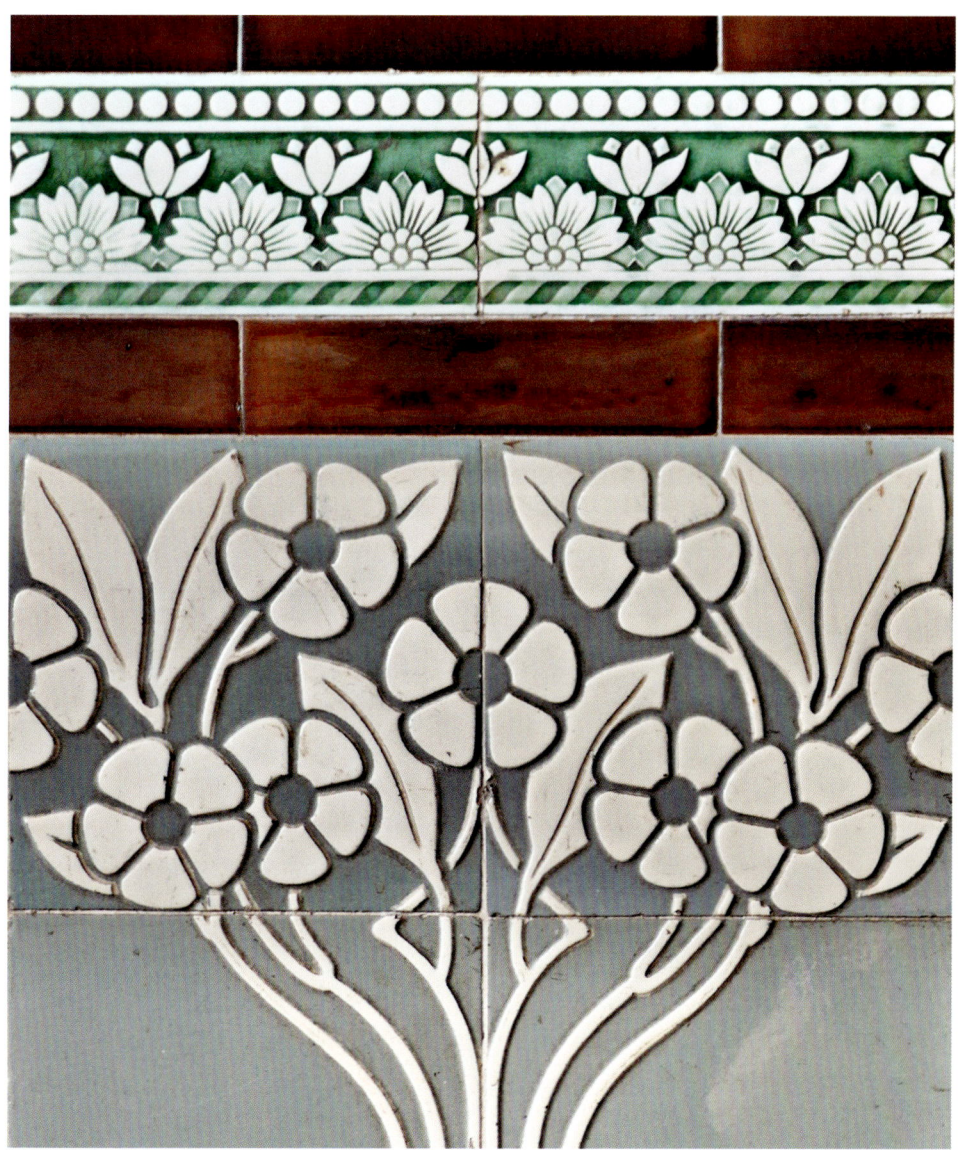

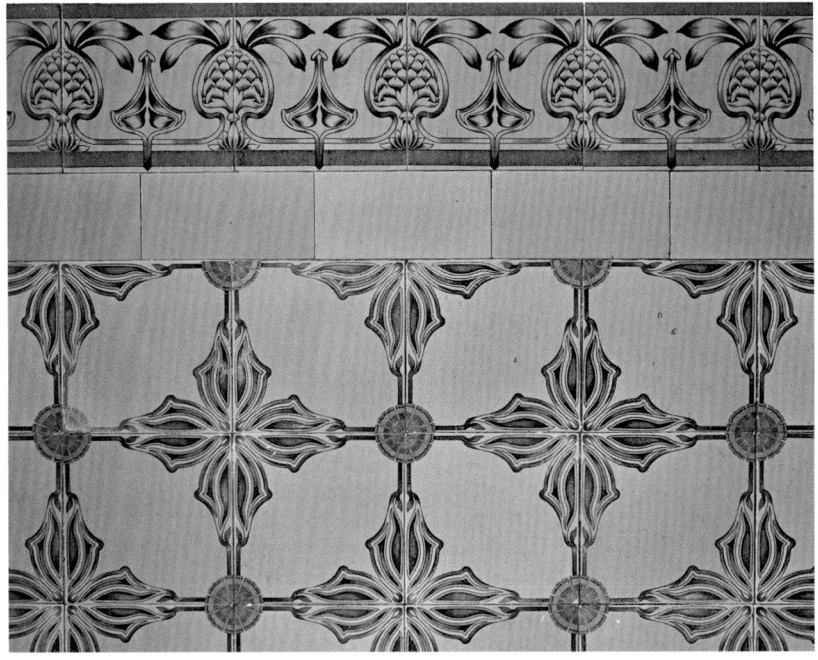

„Mitten im industriellen Zeitalter wollte der Jugendstil ein Paradies." (Dolf Sternberger). Die Ananas wurde bereits in präkolumbischer Zeit in Teilen Südamerikas kultiviert und als Nahrungs- und Heilmittel genutzt. In Europa entwickelte sie sich zum extravaganten Statussymbol, da ihr Anbau nur in kostspieligen Gewächshäusern möglich war. Ende des 15. Jahrhunderts hatte Christoph Kolumbus sie als Gastgeschenk mitgebracht. Und so verwundert es nicht, dass sie auch im Jugendstil um 1900 noch für Gastfreundschaft stand. In diesem Hausflur in Friedenau findet sich die Ananas als wunderbares Fliesensujet aus dem Hause NSTG.

'In the middle of the industrial age, Art Nouveau wanted a paradise' (Dolf Sternberger). The pineapple was already cultivated in parts of South America in pre-Columbian times and used as a food and medicine. In Europe, it developed into an extravagant status symbol, as it could only be grown in expensive greenhouses. At the end of the 15th century, Christopher Columbus brought it back with him as a gift. It is therefore not surprising that it still symbolised hospitality in the Art Nouveau style around 1900. In this hallway in Friedenau, the pineapple can be found as a beautiful tile motif from NSTG.

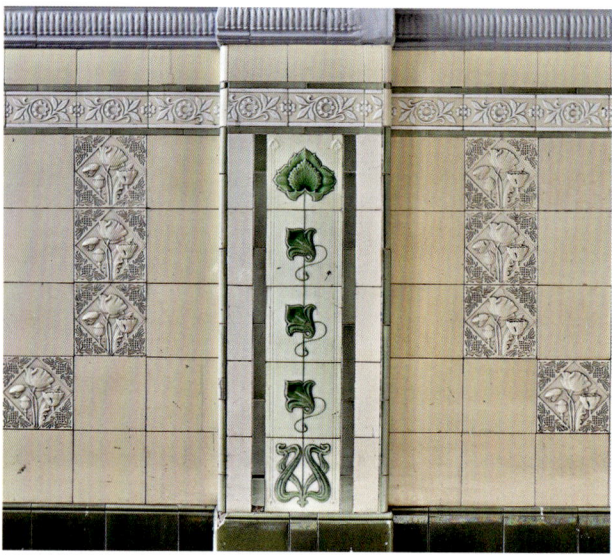

Was für ein Entrée! Die monochromen beigefarbenen Fliesen aus dem Hause Meissen (vormals Carl Teichert) zeigen vier Mohnblüten in verschiedenen Stadien ihrer Blüte, die in einem kleinen, um 45 Grad gedrehten Quadrat zu wachsen scheinen. Um das Quadrat bleiben vier Dreiecke, in denen Blätter und Samenstände von Artischocken zu erkennen sind. Diese standen im Jugendstil für Gastfreundschaft. Umspielt werden die ikonischen Fliesen von fünf übereinander angeordneten Einzelfliesen, an denen sich eine Efeupflanze emporrankt. In der Mythologie ist Efeu ein Tausendsassa. Als immergrüne Pflanze war sie auch im Jugendstil ein Sinnbild von Ewigkeit, Freundschaft und Treue, da sie sich hartnäckig an Wände und Bäume schmiegt und dort unbeirrt weiterwächst.

What an entrance! The monochrome beige-coloured tiles from Meissen (formerly Carl Teichert) show four poppy flowers in various stages of bloom, which appear to be growing in a small square rotated by 45 degrees. Four triangles remain around the square, in which the leaves and seeds of artichokes can be recognised. In Art Nouveau, they symbolized hospitality. The iconic tiles are surrounded by five individual tiles arranged one above the other, with an ivy plant climbing up them. In mythology, ivy is a jack-of-all-trades. As an evergreen plant, it was also a symbol of eternity, friendship and loyalty in Art Nouveau, as it clings tenaciously to walls and trees and continues to grow there undeterred.

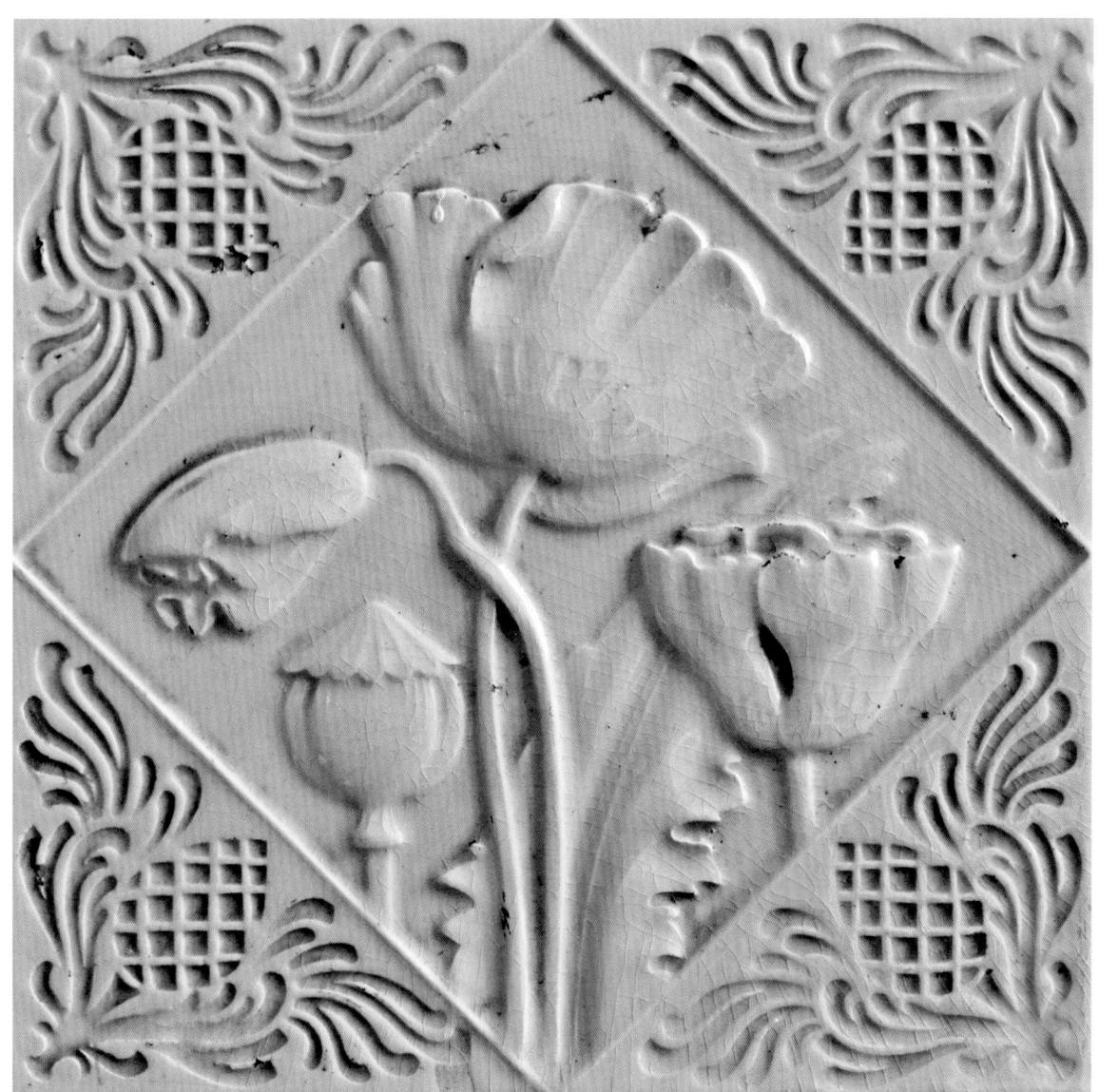

129

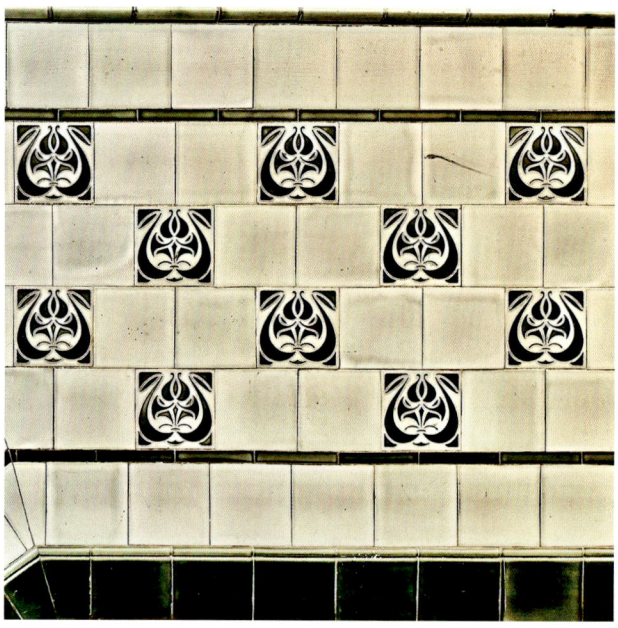

Dieses Fliesendekor aus vegetabilen Elementen zeigt in der Mittelachse eine rundliche, in der Längsachse aufbrechende Form. Diese ähnelt dem Schema, in dem das Motiv des Granatapfels in Mauresken erscheint. Dabei handelt es sich um ein reines Flächenornament aus Linien und streng stilisierten Blättern und Blüten in der islamischen Kunst. Im Jahr 1905 brachte die Manufaktur NSTG in Bremen dieses aparte olivenfarbene Motiv auf den Markt. Mit ihrem geheimnisvollen roten Inneren galt die Granatapfelfrucht aus dem Mittelmeerraum im Jugendstil als Symbol für Leben und Fruchtbarkeit. Die „Frucht der Götter" ist eines der ältesten und in der Kunstgeschichte beliebtesten Symbole überhaupt.

This tile decoration of vegetal elements shows a rounded shape in the central axis that breaks up along the longitudinal axis. This is similar to the pattern in which the pomegranate motif appears in Mauresques. This is a pure surface ornament of lines and strictly stylized leaves and flowers in Islamic art. In 1905, the NSTG manufactory in Bremen brought this distinctive olive-colored motif onto the market. With its mysterious red interior, the pomegranate fruit from the Mediterranean region was regarded as a symbol of life and fertility in Art Nouveau. The 'fruit of the gods' is one of the oldest and most popular symbols in the history of art.

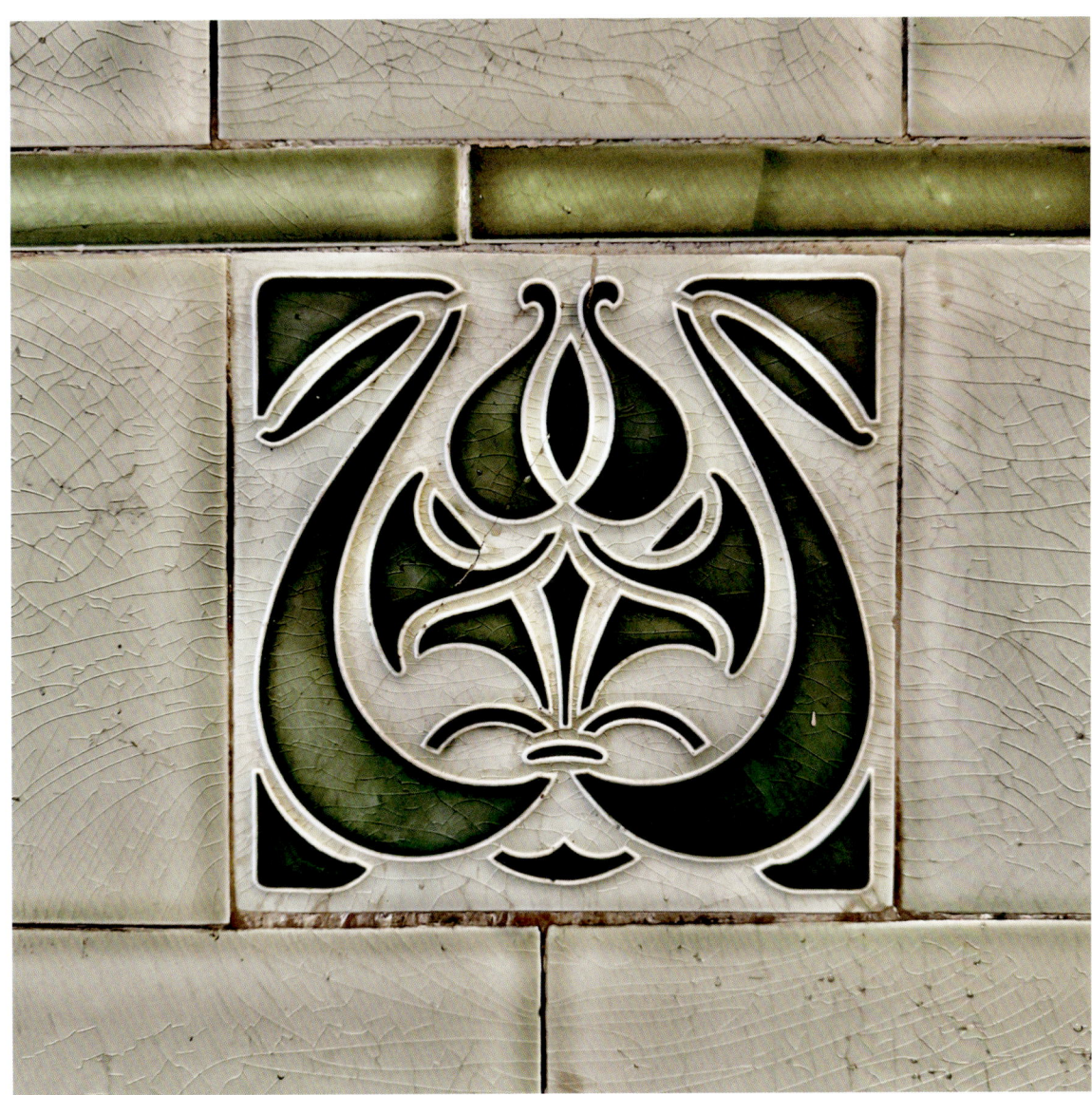

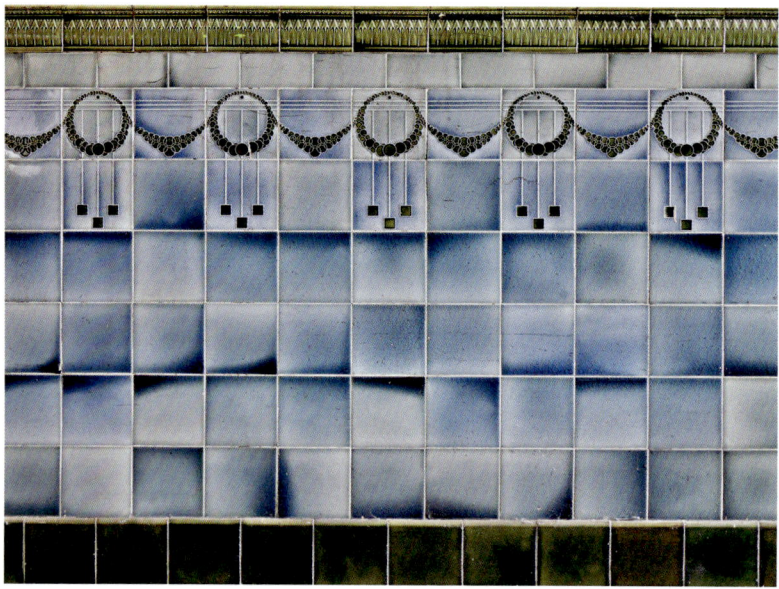

Dieses feierliche Fliesenmotiv, das sich aus Festons und Kränzen zusammensetzt, stammt aus der Boizenburger Wandplattenfabrik, einer der bekanntesten Manufakturen jener Zeit, die 1907 schon 350 Mitarbeiter zählte. Die jeweils drei gerade an Stegen herabhängenden Quadrate verweisen auf den Stil des eher geometrischen Art Déco, dessen Wurzeln im Jugendstil zu finden waren. Das wie luftige Seifenblasen zu Kränzen und Girlanden drapierte Fliesenmotiv gibt es in verschiedenen Farbkompositionen. Dieses ist besonders eindrucksvoll aufgrund der hellblauen monochromen Fliesen, die als Hintergrund dienen. Die wasserblaue Farbe erinnert daran, dass Wasser neben Ladys und Blumen eines der wichtigsten Topoi des Jugendstils war.

This festive tile motif, which is made up of festoons and wreaths, comes from the Boizenburg wall tile factory, one of the best-known manufacturers of the time, which already had 350 employees in 1907. The three squares hanging straight down from the bars are reminiscent of the more geometric Art Deco style, which had its roots in Art Nouveau. The tile motif, draped like airy soap bubbles to form wreaths and garlands, is available in various colour compositions. This one is particularly impressive due to the light blue monochrome tiles that serve as the background. The water-blue colour is a reminder that water was one of the most important topoi of Art Nouveau alongside ladies and flowers.

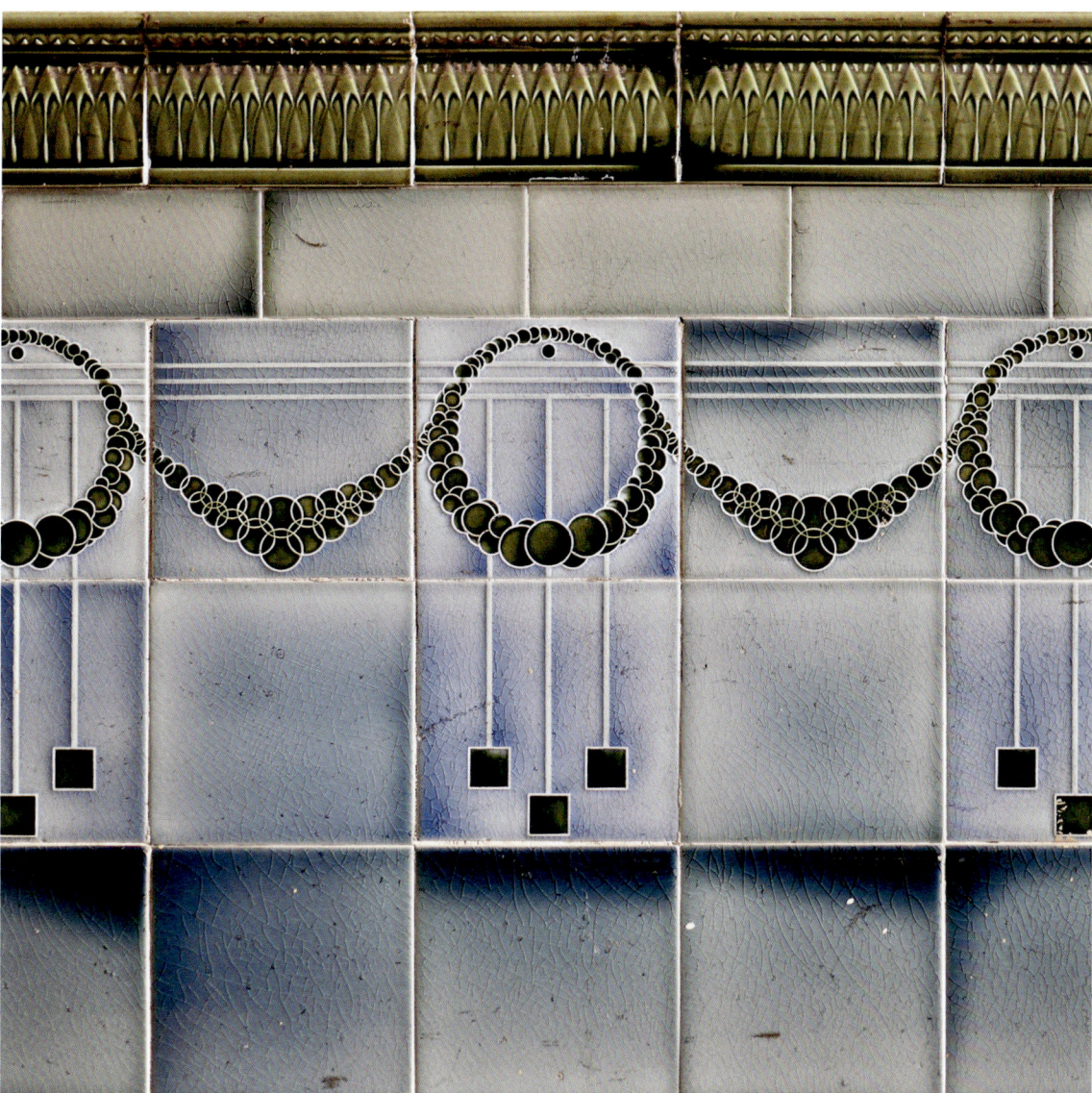

133

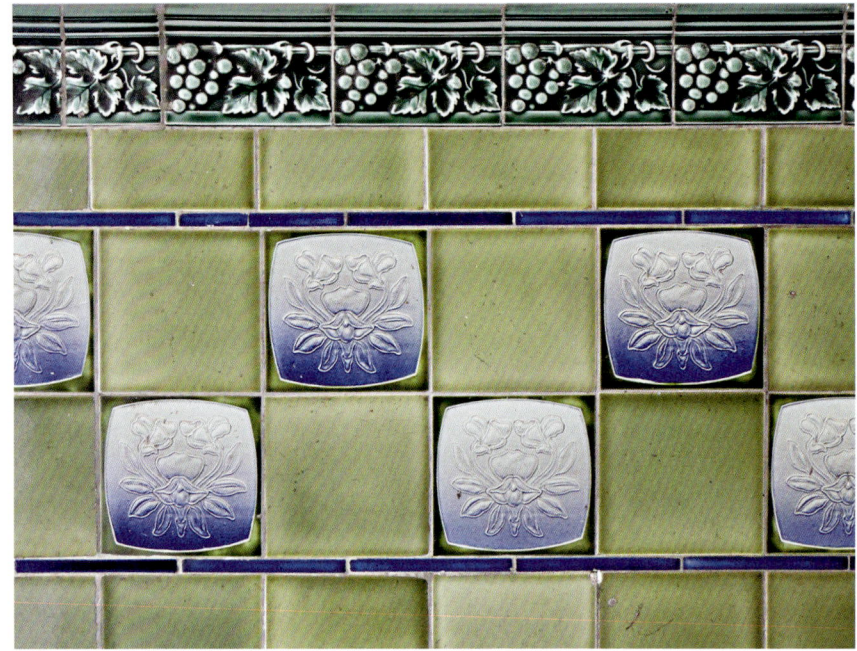

Die Steingutfabrikanten Eugen Boch und Alfred Villeroy aus dem Saarland hatten 1841 ihre beiden Firmen unter dem Namen Villeroy & Boch vereint. Da der Absatz um 1900 florierte, beschlossen sie, im Osten Deutschlands eine vierte Fabrik zu bauen. Aus der Dresdner Produktion stammt diese in einem Kreuzberger Hauseingang zu entdeckende Jugendstilfliese mit einer blauen Orchidee, die ein geheimnisvoller Zauber umgibt, da sie in freier Natur extrem selten zu finden ist. Zu ihrer Herstellung wird Farbe in den Blütenstiel der Pflanze injiziert. Die blaue Orchidee vermittelt eine Botschaft des Friedens und der Harmonie.

The earthenware manufacturers Eugen Boch and Alfred Villeroy from Saarland merged their two companies in 1841 under the name Villeroy & Boch. As sales flourished around 1900, they decided to build a fourth factory in eastern Germany. This Art Nouveau tile with a blue orchid, which is surrounded by a mysterious magic because it is extremely rare in the wild, was produced in Dresden. To produce it, colour is injected into the flower stalk of the plant. The blue orchid conveys a message of peace and harmony.

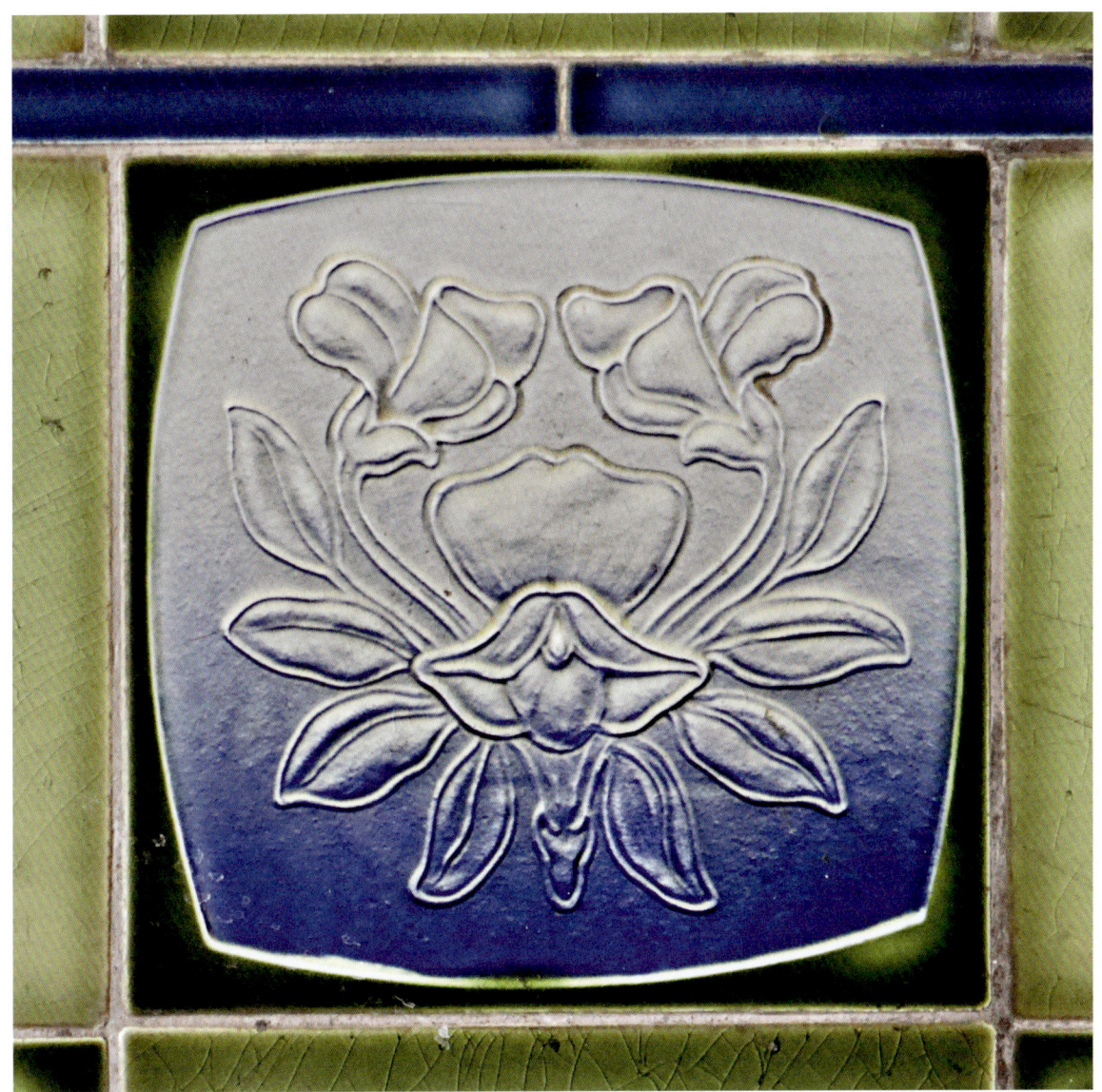

135

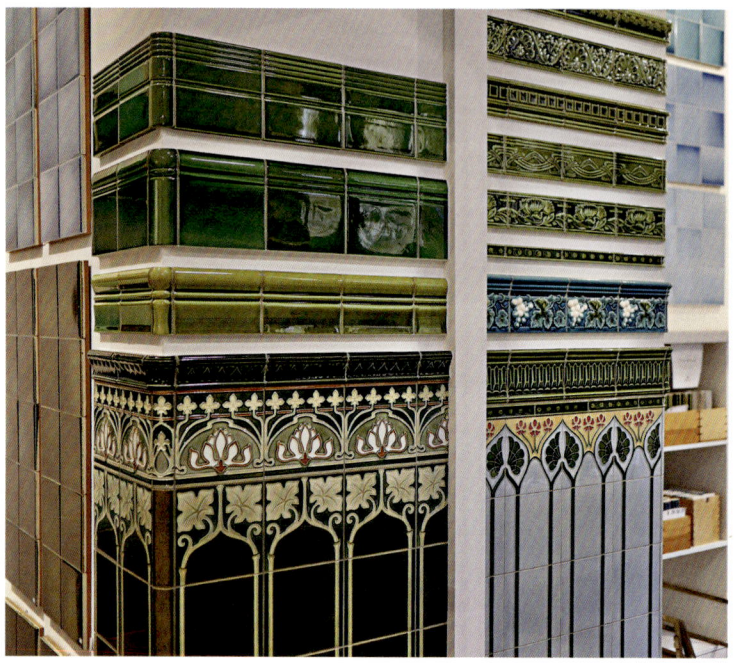

Jugendstil to go! Bei Golem in den Hackeschen Höfen kann man Repliken von über 400 Jugendstilfliesenmotiven einfach mitnehmen. Sie werden mit alten Handwerkstechniken seit Anfang der 1990er Jahre in Jacobsdorf in Brandenburg reproduziert und in alle Welt verschickt. Der Firmengründer Tomas Grzimek baute mit seiner Liebe zur Keramik ein Unternehmen auf, dessen Sortiment weit über historische Fliesen hinausreicht, aber vor allem Jugendstilfans in Verzückung versetzt.

Art Nouveau to go! At Golem in Hackesche Höfe you can easily take replicas of over 300 Art Nouveau tile motifs with you. They have been reproduced using old handicraft techniques since the early 1990s in Jacobsdorf in Brandenburg and shipped all over the world. With his love of ceramics, founder Tomas Grzimek built up a company whose product range goes far beyond historic tiles but enraptures Art Nouveau fans above all.

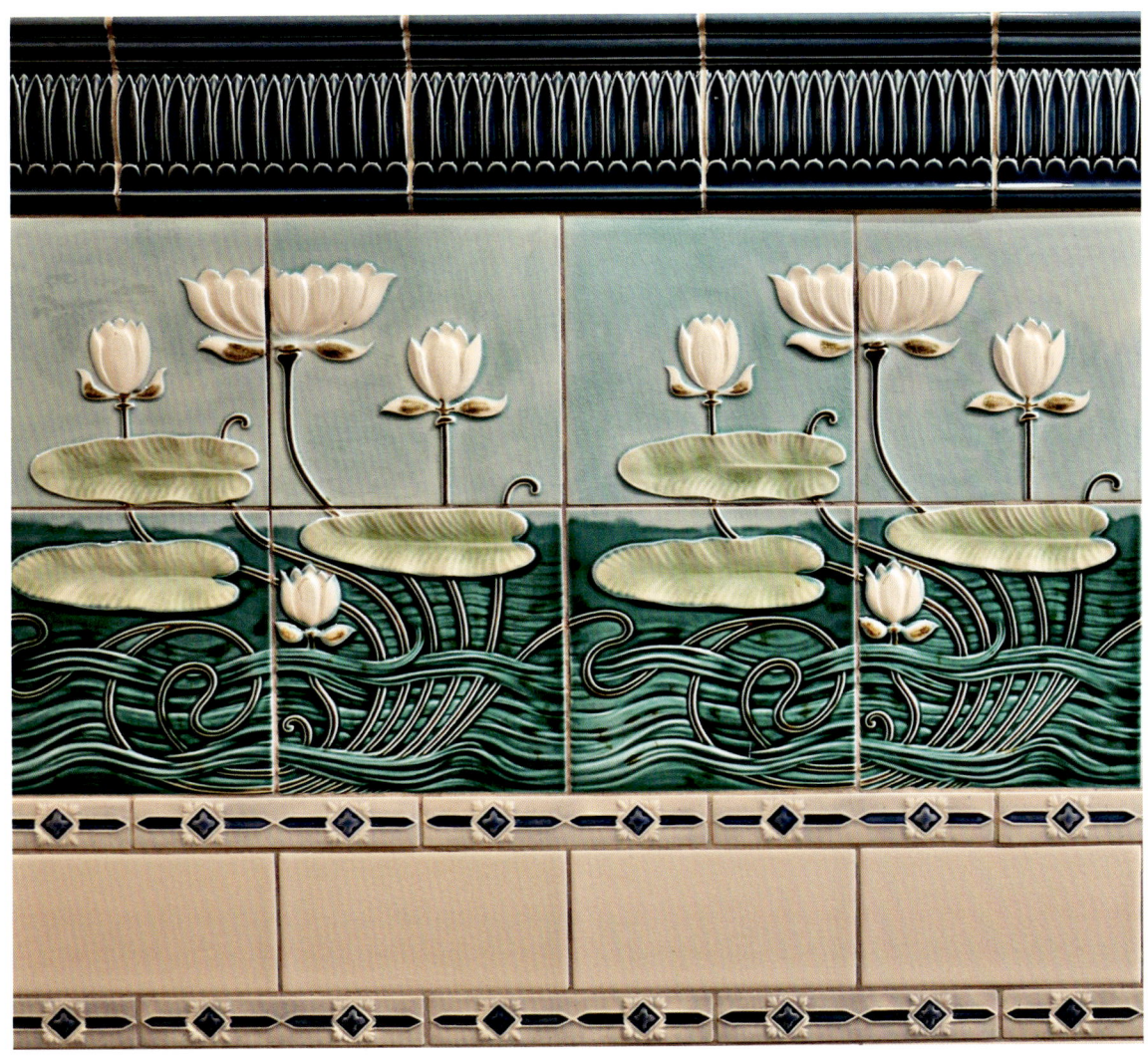

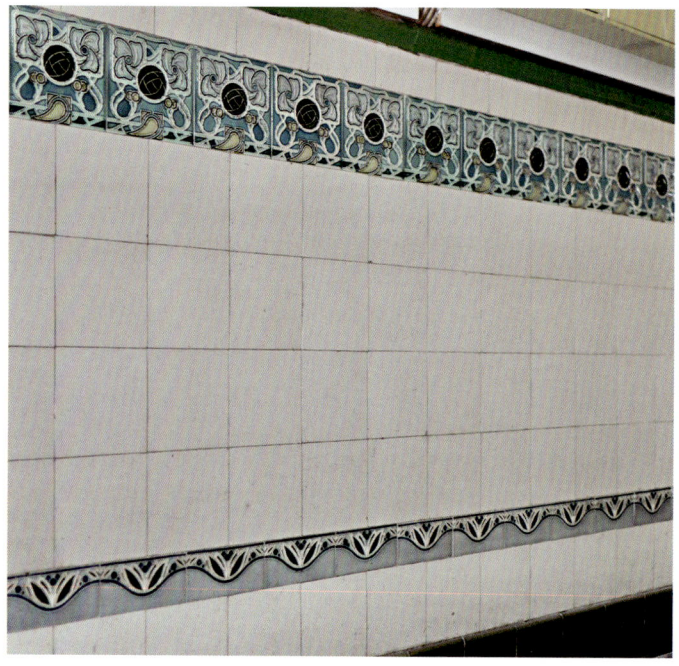

Der Ursprung der grünen Rose konnte durch deren Entdeckung auf chinesischen Gemälden aus der Mitte des 18. Jahrhunderts bestimmt werden. Zu dieser Zeit war es niemandem außerhalb der Verbotenen Stadt erlaubt, diese Rose zu züchten. Erst 100 Jahre später gelangte sie über England auch in andere Teile der Welt. Grüne Rosen gelten als Glücksbringer und wurden im Jugendstil mit Spiritualität, tiefer Liebe und innerer Ruhe in Verbindung gebracht. Dieser traumhafte Fliesenentwurf aus dem Hause Boizenburg zeigt eine abstrakte grüne Rose mit Blattwerk vor einem ozeanblauen Himmel.

The origin of the green rose was determined by its discovery in Chinese paintings from the middle of the 18th century. At that time, no one outside the Forbidden City was allowed to grow this rose. It was not until 100 years later that it reached other parts of the world via England. Green roses are considered lucky charms and were associated with spirituality, deep love and inner peace in Art Nouveau. This dreamlike tile design from Boizenburg shows an abstract green rose with foliage against an ocean-blue sky.

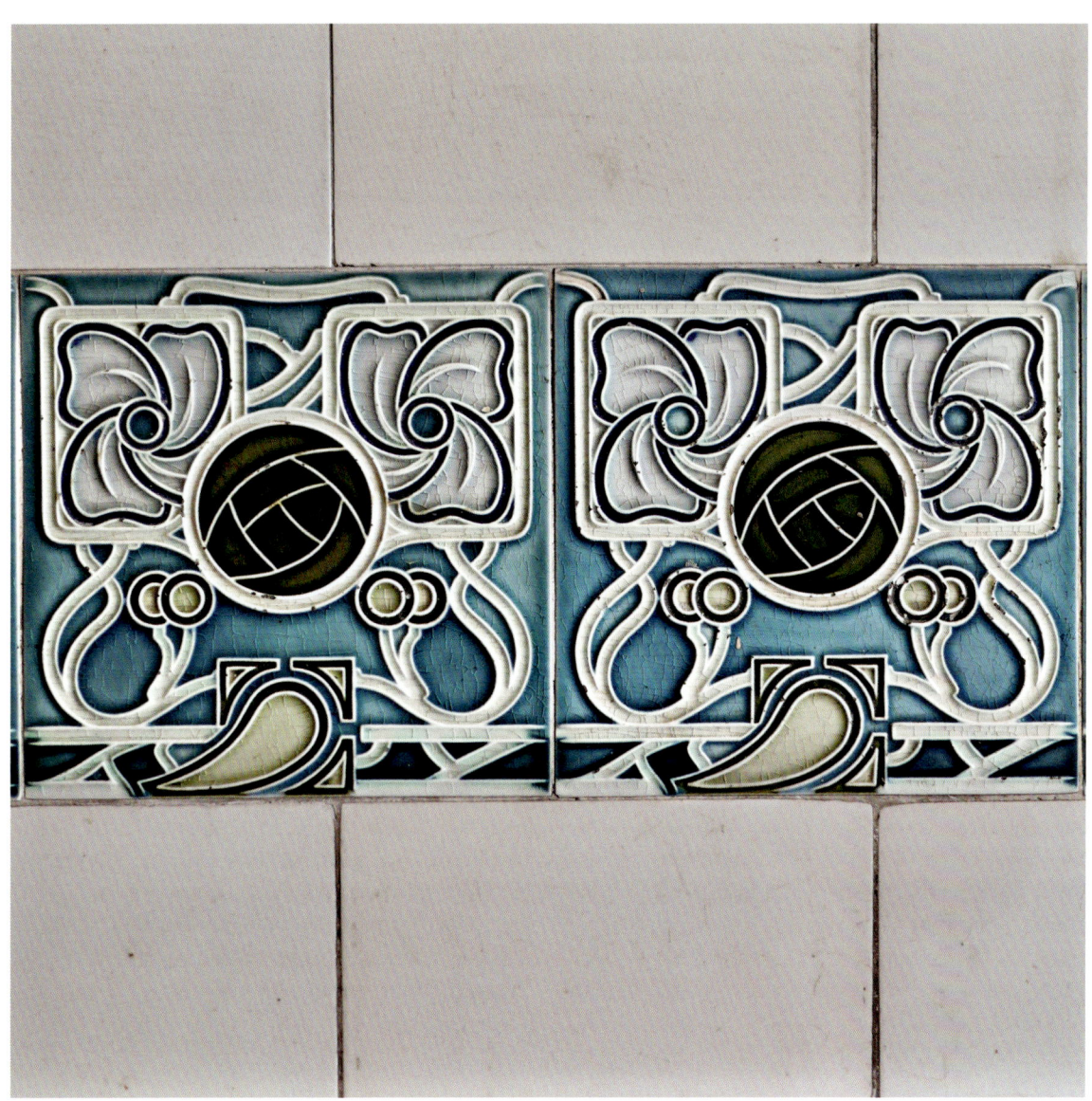

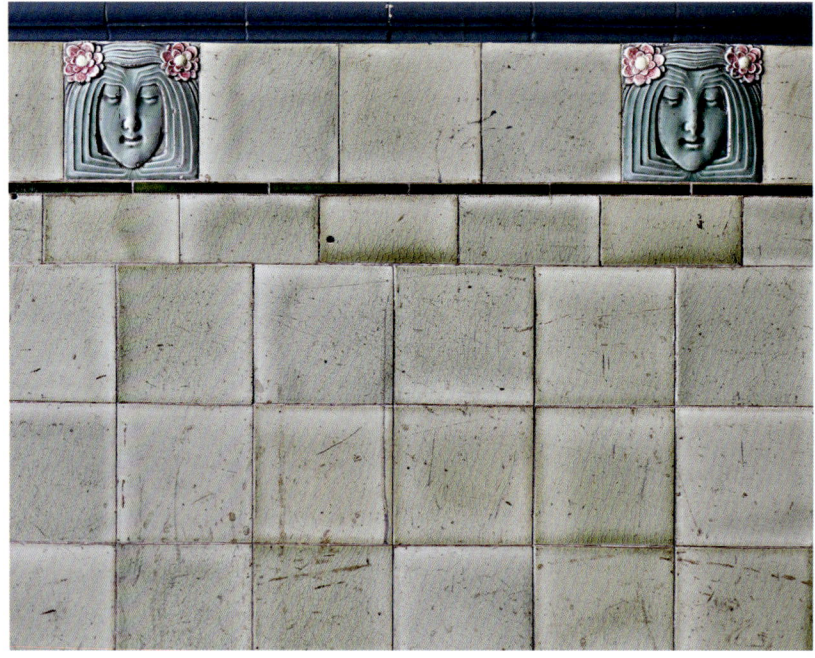

Das hellgrüne Flachrelief aus der Meissener Manufaktur SOMAG zeigt einen idealisierten Frauenkopf, dessen Haare, Stirnfalten und Augenbrauen in geometrischen Linien ineinander übergehen. Sie fungieren als Rahmen des Gesichts und passen sich dem Fliesengrundmaß von 15 × 15 cm an. In den oberen beiden Ecken sind zwei als Haarspangen gestaltete, rosafarbene Blüten zu sehen. Es handelt sich dabei um Chrysanthemen, die ursprünglich aus Asien stammten und im Jugendstil für exotische Schönheit und Vielfalt standen. Das anmutige Gesicht mit den geschlossenen Augen zeigt ebenfalls fernöstliche Züge.

The light green bas-relief from the Meissen manufactory SOMAG shows an idealised female head whose hair, forehead wrinkles and eyebrows merge into one another in geometric lines. They act as a frame for the face and adapt to the basic tile size of 15 × 15 cm. Two pink-coloured flowers designed as hair clips can be seen in the top two corners. These are chrysanthemums, which originally came from Asia and symbolised exotic beauty and variety in Art Nouveau. The graceful face with the closed eyes also shows Far Eastern traits.

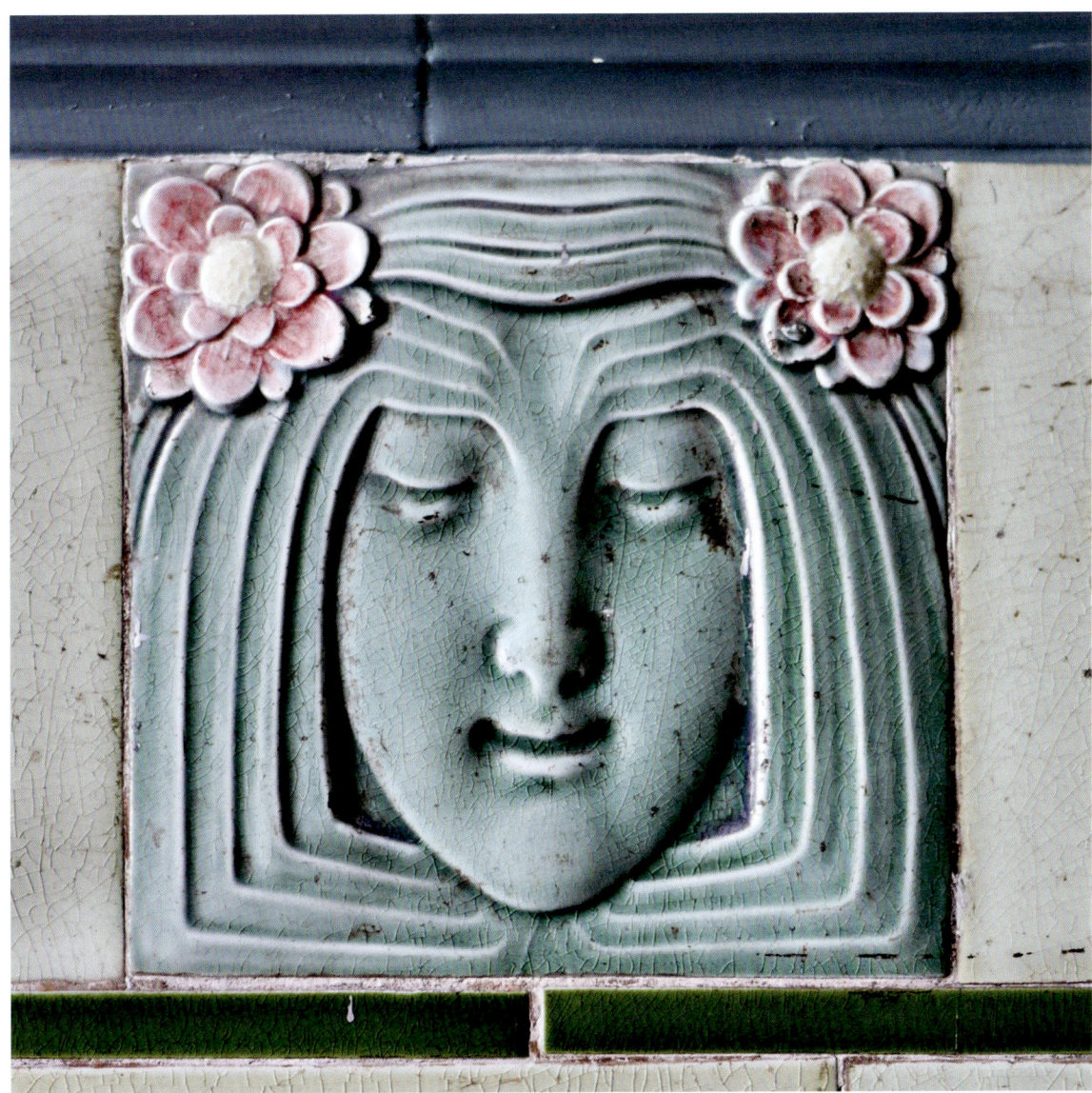

141

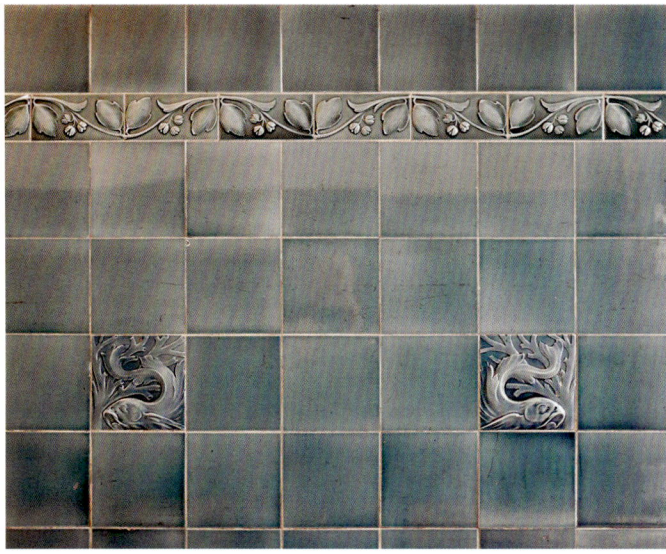

Die Jugendstilkünstler waren davon überzeugt, dass eine von der Natur begründete Kunst ihre Vitalität aus dem Wasser schöpfen müsse. Fische wurden zu einem Symbol für das Unbewusste. Auf diesen ozeanblauen Fliesen aus der Meissener Wandplattenfabrik SOMAG (1903) bewegen sich die Fische schlängelnd in ihrem Element, vorbei an einem Dickicht aus Wasserpflanzen. 1904 erschien das Buch „Kunst-Formen der Natur" von dem Berliner Professor für Zoologie Ernst Haeckel, dessen Zeichnungen von Meeresfauna und -flora weltweit Begeisterung auslösten. Teiche waren im Jugendstil ein poetischer Topos für die mentale Bereitschaft zu Eskapismus und Kontemplation. Sie galten als abgeschlossenes Zauberreich umgeben von spezifischen Pflanzen wie Seerosen und Schilf und Bäumen aller Art.

Art Nouveau artists were convinced that art based on nature had to draw its vitality from water. Fish became a symbol of the unconscious. On these ocean-blue tiles from the SOMAG wall tile factory in Meissen (1903), the fish are meandering in their element, past a thicket of aquatic plants. In 1904, the book 'Art Forms in Nature' was published by the Berlin Professor of Zoology Ernst Haeckel, whose drawings of marine fauna and flora caused a worldwide sensation. In Art Nouveau, ponds were a poetic topos for the mental readiness for escapism and contemplation. They were regarded as an enclosed magical realm surrounded by specific plants such as water lilies and reeds and trees of all kinds.

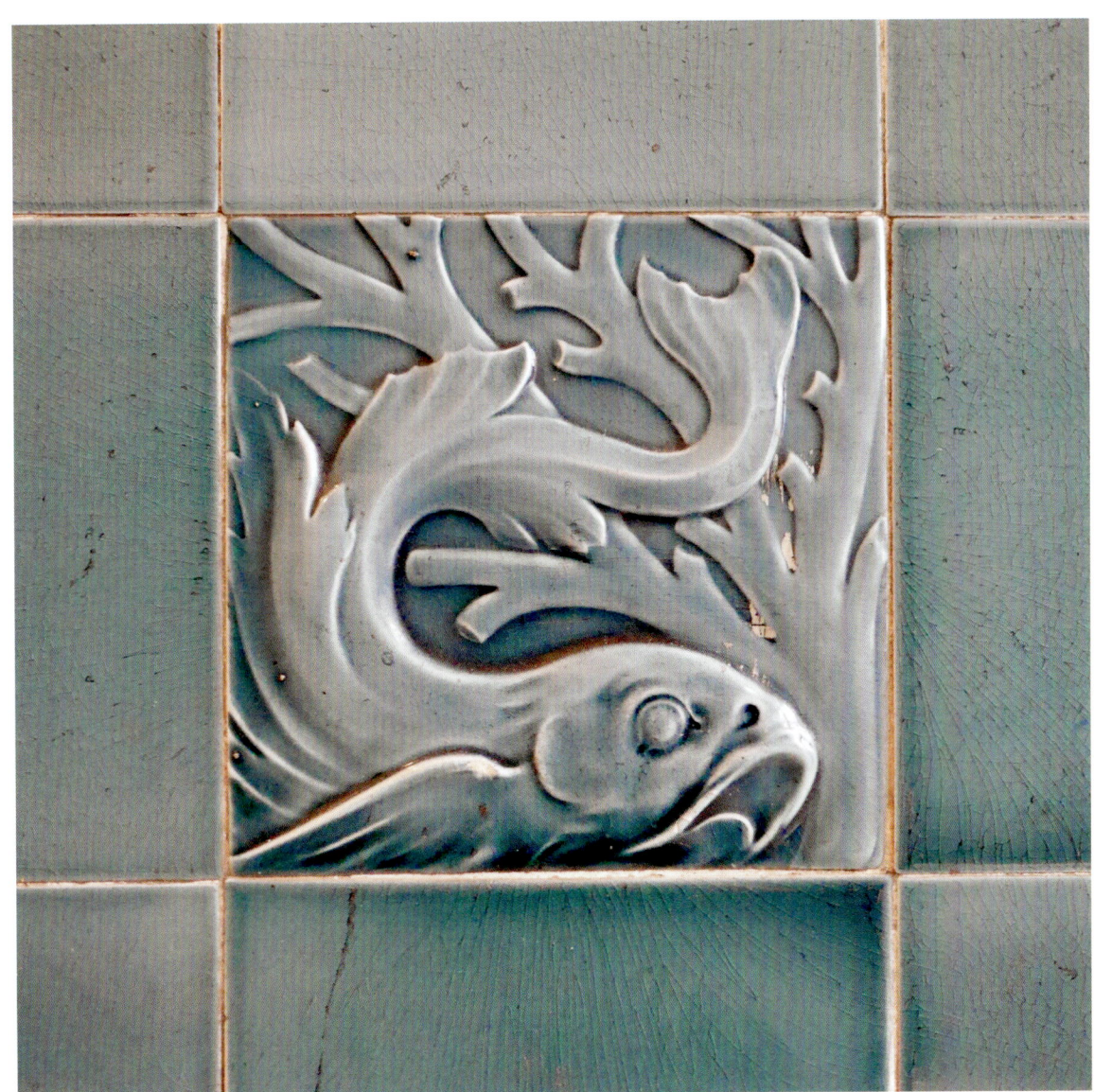

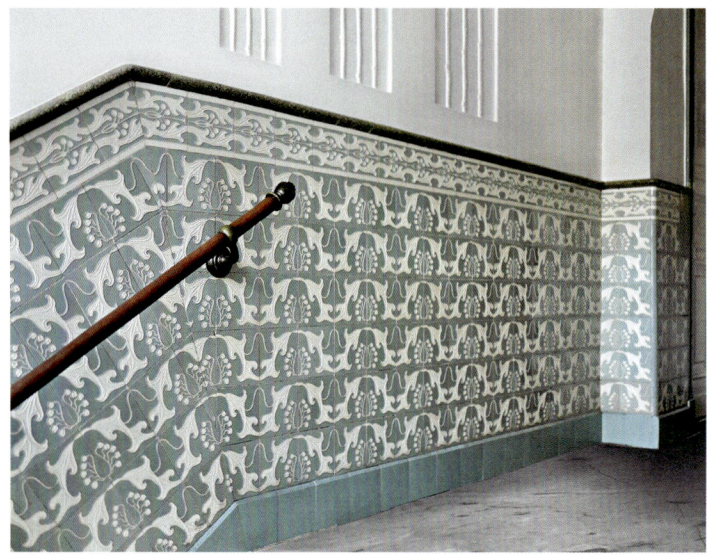

Bei den vegetabilen Formen dieses in Friedenau zu findenden Dekors aus der Norddeutschen Steingutfabrik Bremen handelt es sich um zwei Algenarten. Eine zeigt gelappte Blätter, die andere ein Gewächs aus dünnen Zweigen mit Blümchen. Stark stilisierte organische Formen von Algen und Tang erweiterten das „natürliche" Repertoire der Wasserwelt des Jugendstils und eigneten sich als graphische Bilder für die faszinierenden, unbekannten Tiefen des Ozeans. Algen scheinen auf jene Unterwasserwelten zu verweisen, die den Jugendstil faszinierten, jene mysteriöse Tiefe mit Gewächsen und Tieren, die eine frühe Stufe der Evolution darstellten. Das Wassermotiv in der Kunst um 1900 hatte viele Facetten, Evolutionstheorie und Zivilisationsflucht waren sicher die wichtigsten.

The vegetal forms of this decoration from the Norddeutsche Steingutfabrik Bremen, which can be found in Friedenau, are two types of algae. One shows lobed leaves, the other a growth of thin branches with flowers. Highly stylised organic forms of algae and seaweed expanded the 'natural' repertoire of the Art Nouveau water world and were suitable as graphic images for the fascinating, unknown depths of the ocean. Algae seem to refer to the underwater worlds that fascinated Art Nouveau, that mysterious depth with plants and animals that represented an early stage of evolution. The water motif in art around 1900 had many facets, the theory of evolution and the escape from civilisation were certainly the most important.

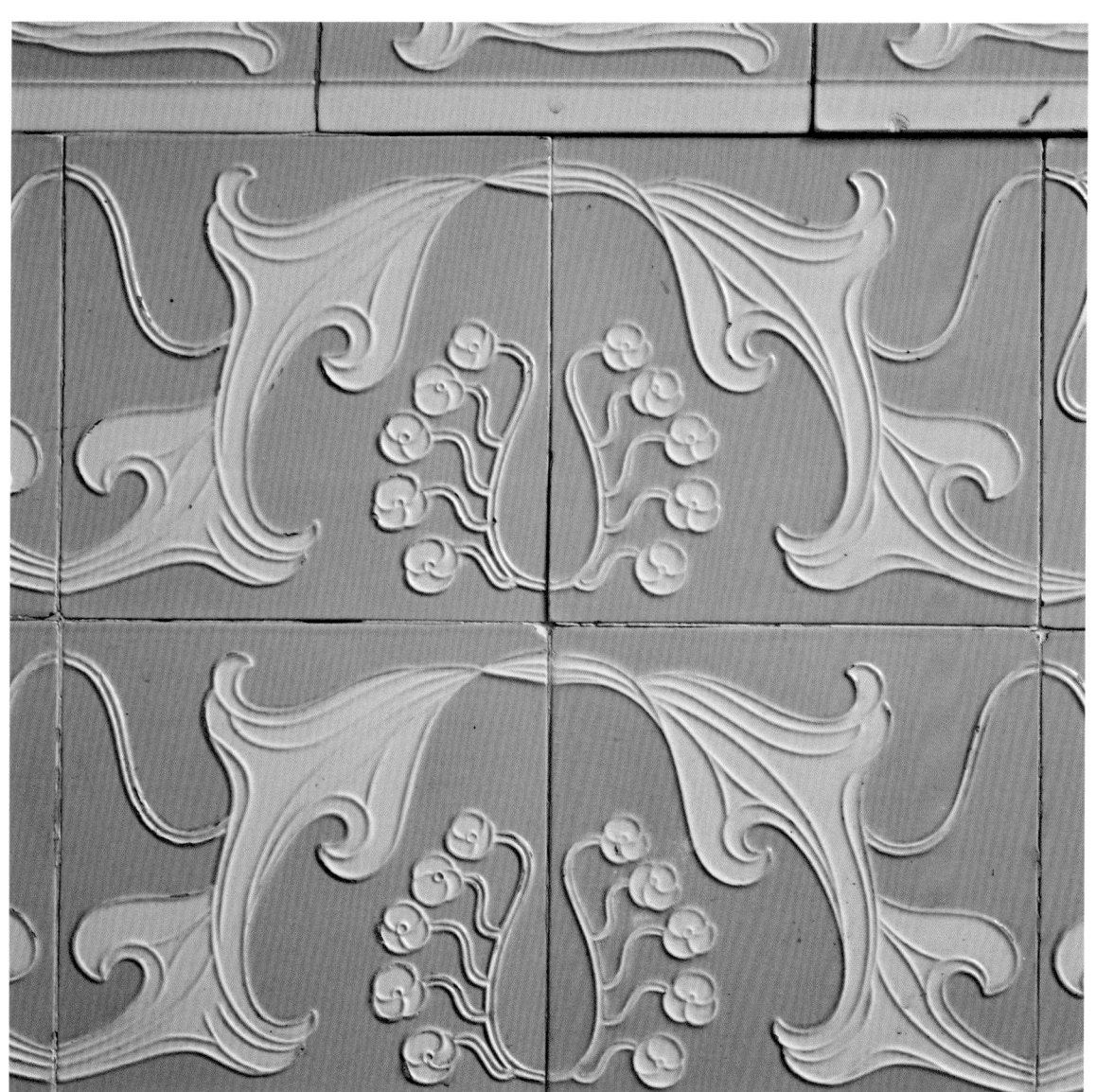

145

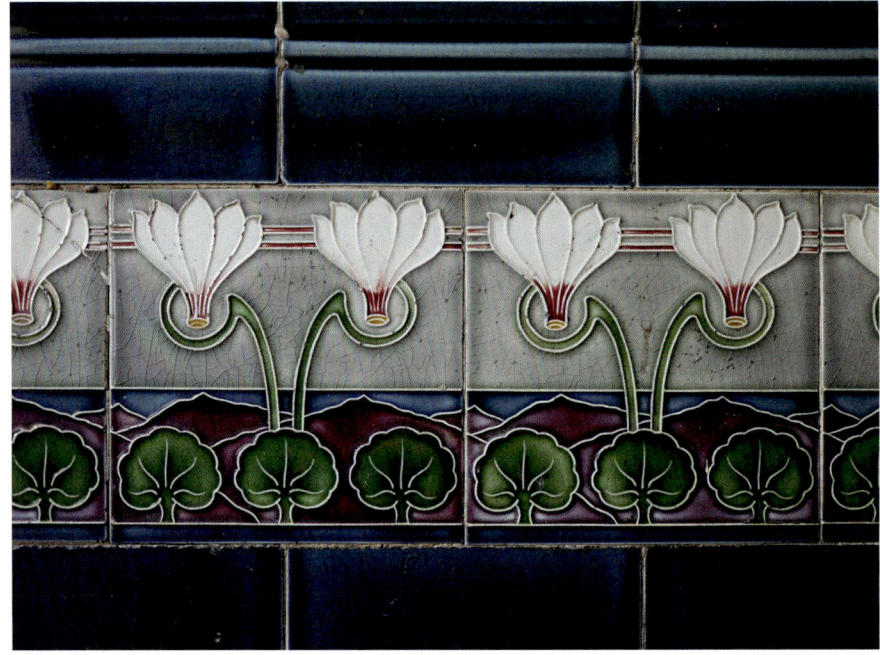

Blumen- und Pflanzenmotive galten im Jugendstil als Sinnbilder der unberührten Natur. Diese eigenwillig stilisierten Alpenveilchen aus der Osterather Mosaik- und Wandplattenfabrik (ca. 1905) sind in einem Pankower Eingangsbereich zu finden. Die filigranen Alpenveilchen sollten vor Bedrohung und negativen Ereignissen schützen und eigneten sich daher von der Symbolik her wunderbar für Hausflure. Das Motiv wird von der Firma Golem Baukeramik neu aufgelegt und ist dort auch als Postkarte käuflich zu erwerben.

Flower and plant motifs were regarded as symbols of unspoilt nature in Art Nouveau. These unconventionally stylised cyclamen from the Osterath mosaic and wall panel factory (ca. 1905) can be found in an Pankow entrance hall. The filigree cyclamen were intended to protect against threats and negative events and were therefore wonderfully suited to hallways in terms of their symbolism. The motif is being reissued Golem Baukeramik and can also be purchased there as a postcard.

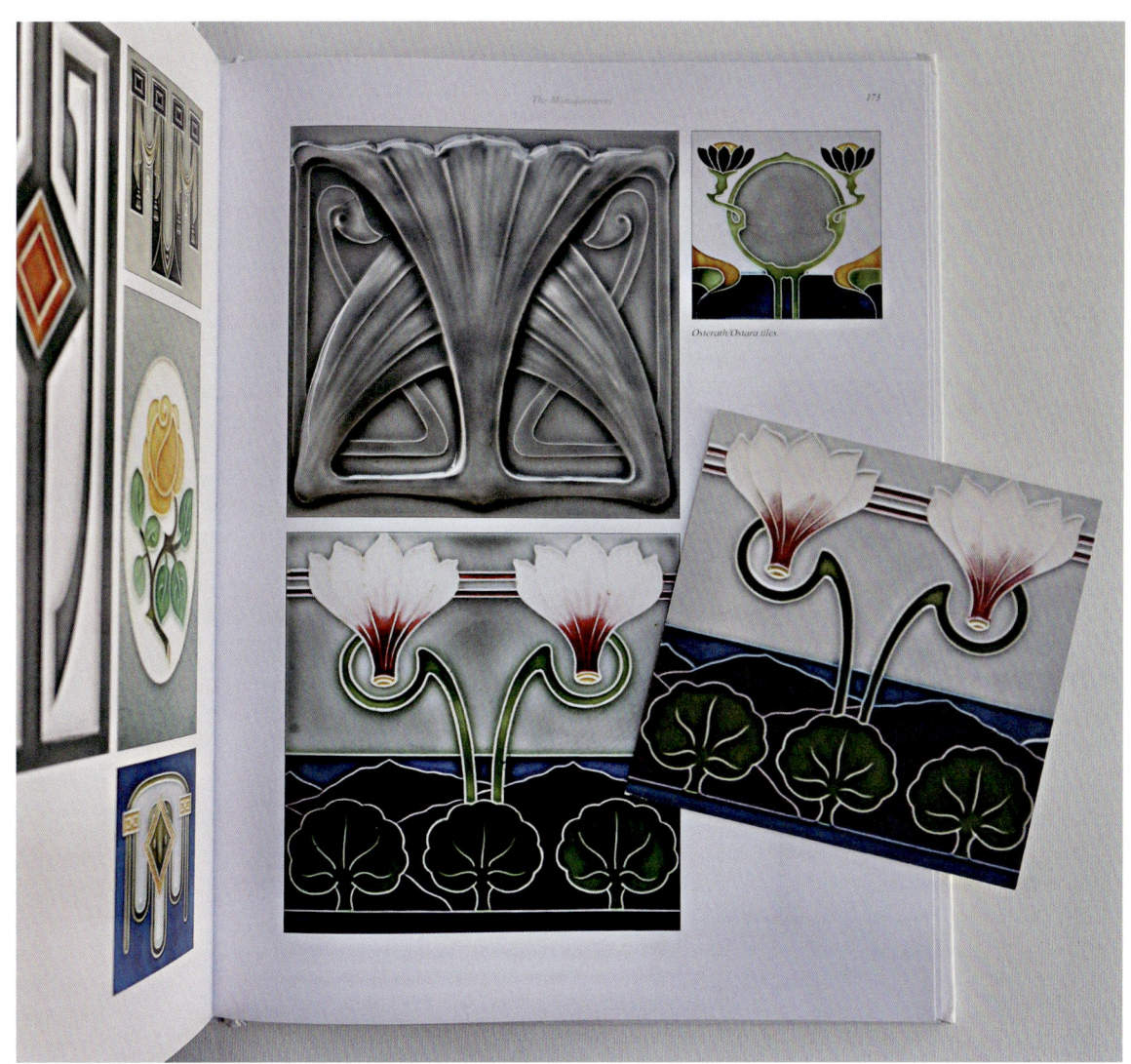

Osterath/Ostara tiles.

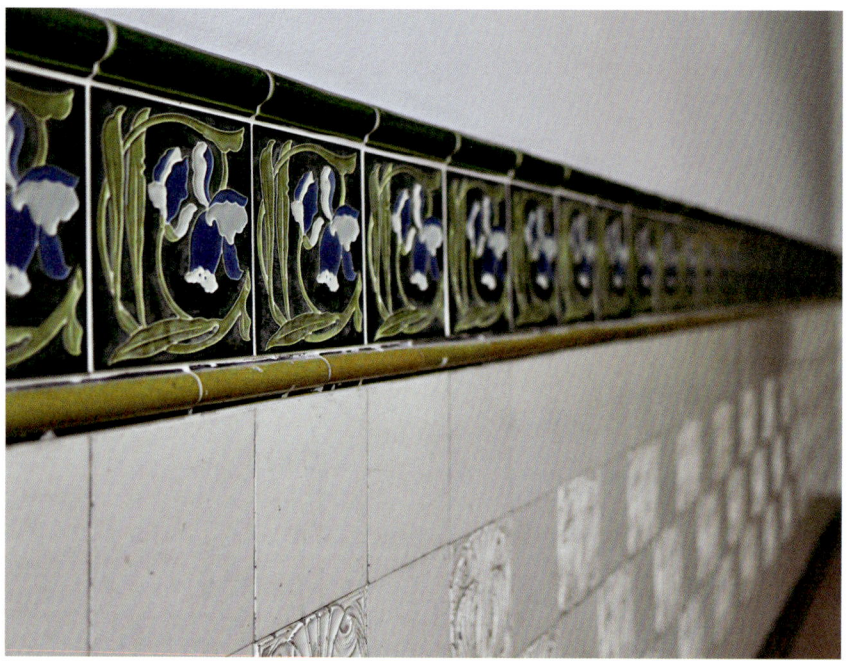

Blaue bzw. violette Blumen waren ein zentrales Symbol der Romantik. Im Jugendstil standen sie für das metaphysische Streben nach dem Unendlichen. Die Holländische Schwertlilie, auch als „violette Sensation" bezeichnet, gehört zur Gattung der Schwertlilien und bildet hier als Fliesenmotiv ein perfektes Gegengewicht zu den eher abstrakten beigefarbenen Fliesen im unteren Bereich. Beide stammen aus der renommierten Manufaktur Tonwerk Offstein.

Blue and violet flowers were a central symbol of Romanticism. In Art Nouveau, they symbolised the metaphysical pursuit of the infinite. The Dutch iris, also known as the 'violet sensation', belongs to the iris genus and, as a lily motif, forms a perfect counterbalance to the more abstract beige-coloured tiles in the lower area. Both come from the renowned Tonwerk Offstein manufactory.

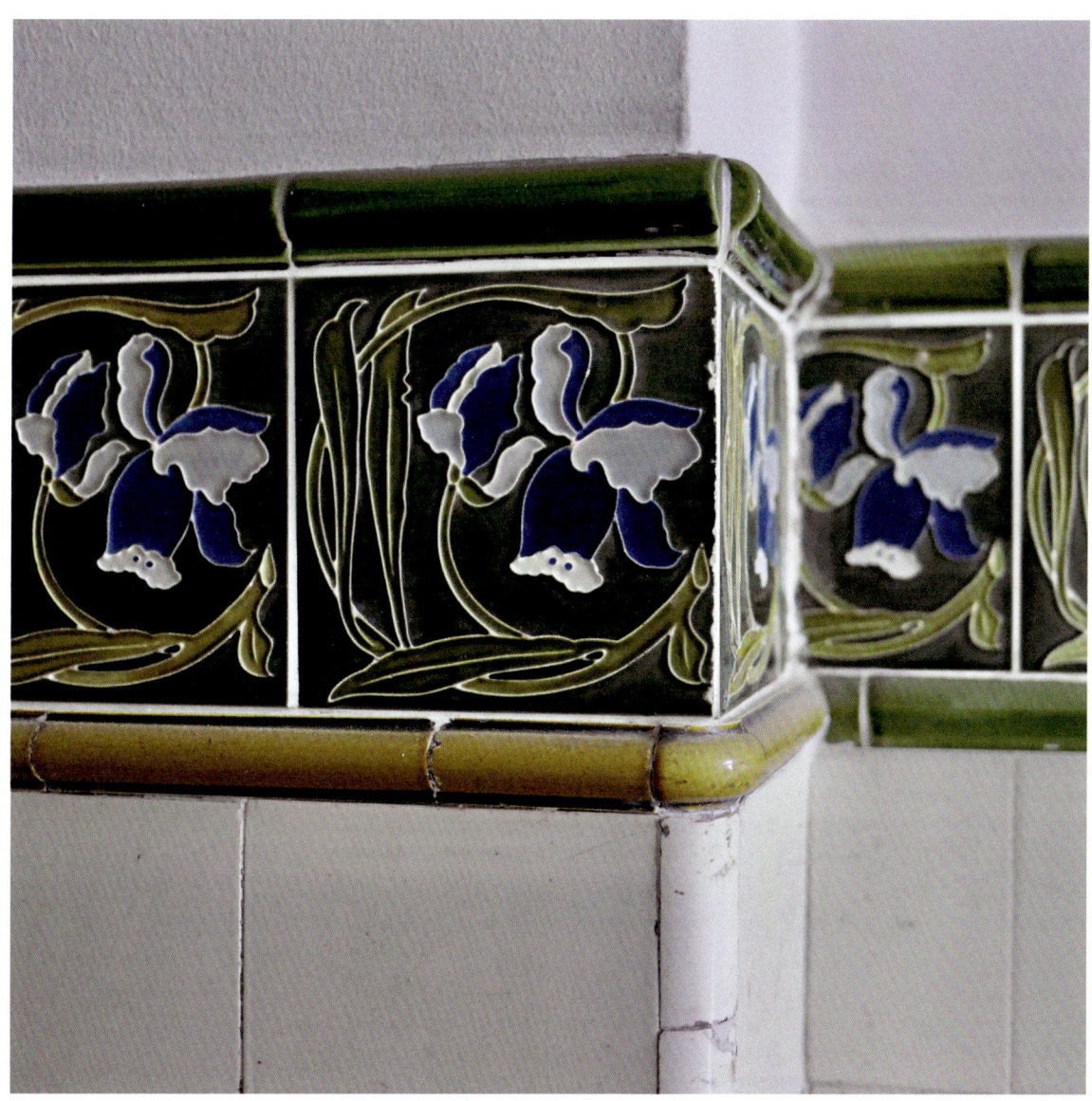

149

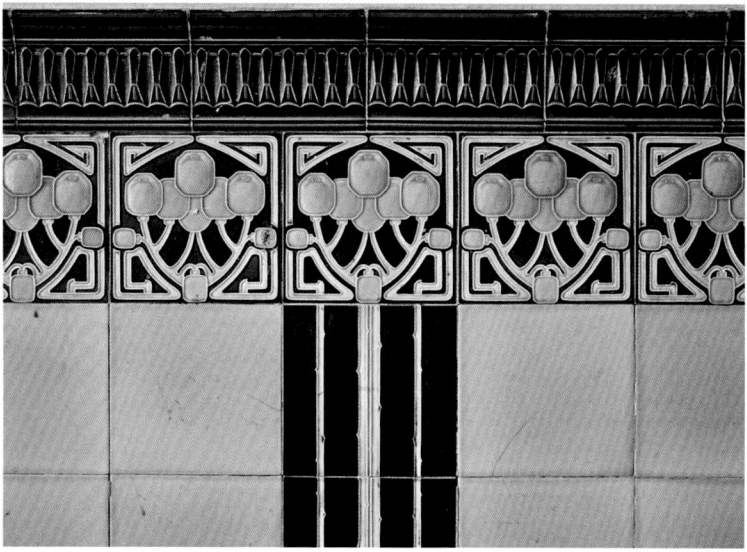

„Ein feierlicher Grundzug machte die Sprache des Jugendstils auch für Baumeister gewöhnlicher Mietshäuser interessant. Dekor und Ornament vermittelten den Eindruck des Besonderen" (Alexander Haeder). Die Umrisslinien des hier abgebildeten Silberblattes wurden noch in geometrischen Formen gehalten, die in ihrer Ausführung typisch für die Jugendstilzeit waren. Der Gattungsname Lunaria bedeutet „Mondpflanze" und bezieht sich auf die manchmal kreisrunden, silbrig schimmernden Zwischenwände der Schötchen, die im Herbst noch übrigbleiben und an den Mond erinnern. In der vertrockneten Hülle der einjährigen Pflanze ruhen neue Samen. Auch im Jugendstil war sie ein Symbol für die Verknüpfung von Leben und Tod, von Samen, die hinterlassen werden und selber Früchte tragen.

'The language of Art Nouveau was also of interest to builders of ordinary apartment blocks because of its solemnity. Decor and ornament conveyed the impression of something special' (Alexander Haeder). The outlines of the silver leaf shown here were still kept in geometric shapes, which were typical of the Art Nouveau period. The genus name Lunaria means 'moon plant' and refers to the sometimes circular, silvery shimmering partitions of the little pods that remain in autumn and are reminiscent of the moon. New seeds rest in the withered husk of the annual plant. In Art Nouveau it was also a symbol of the link between life and death, of seeds that are left behind and bear fruit themselves.

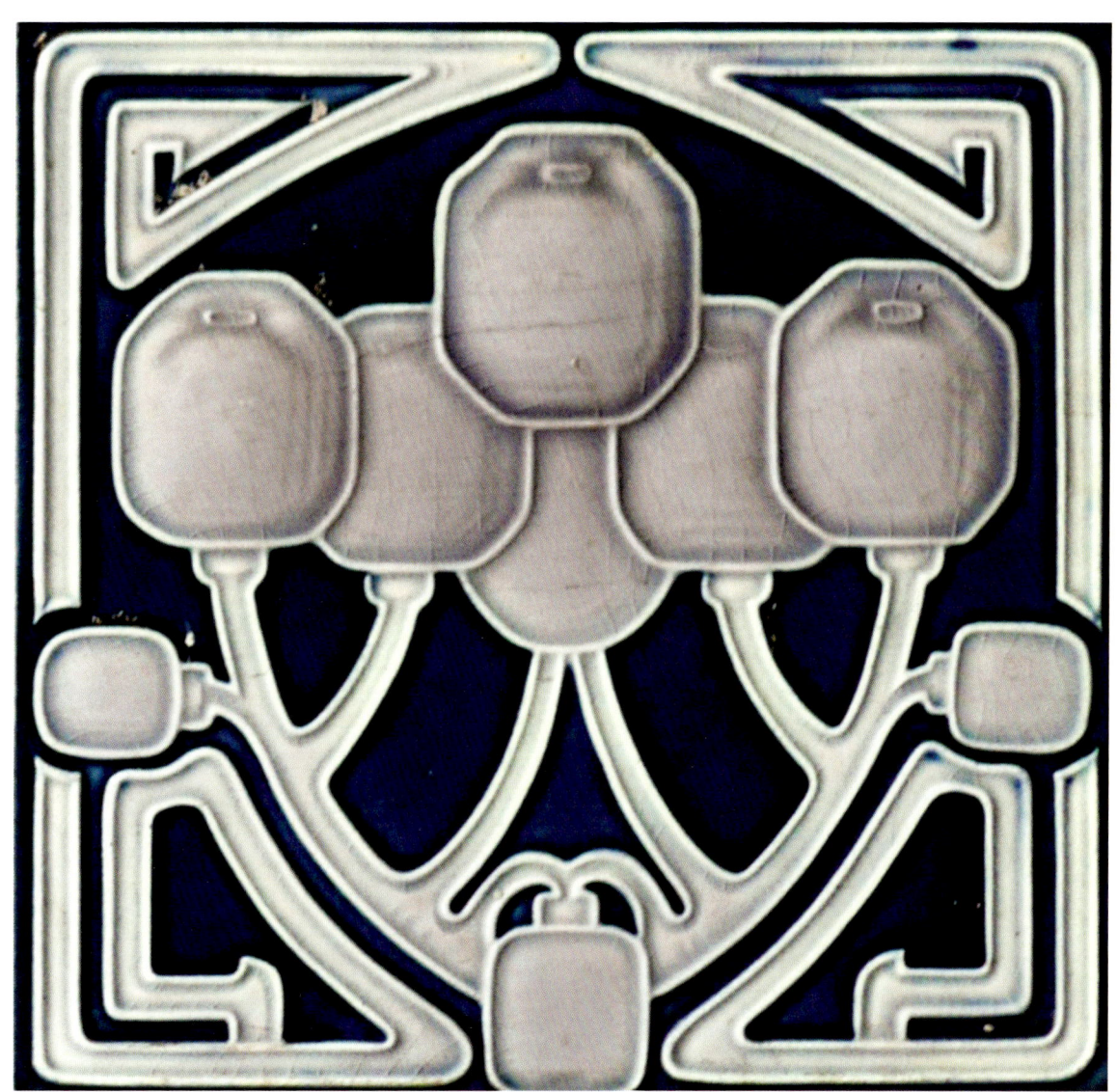

151

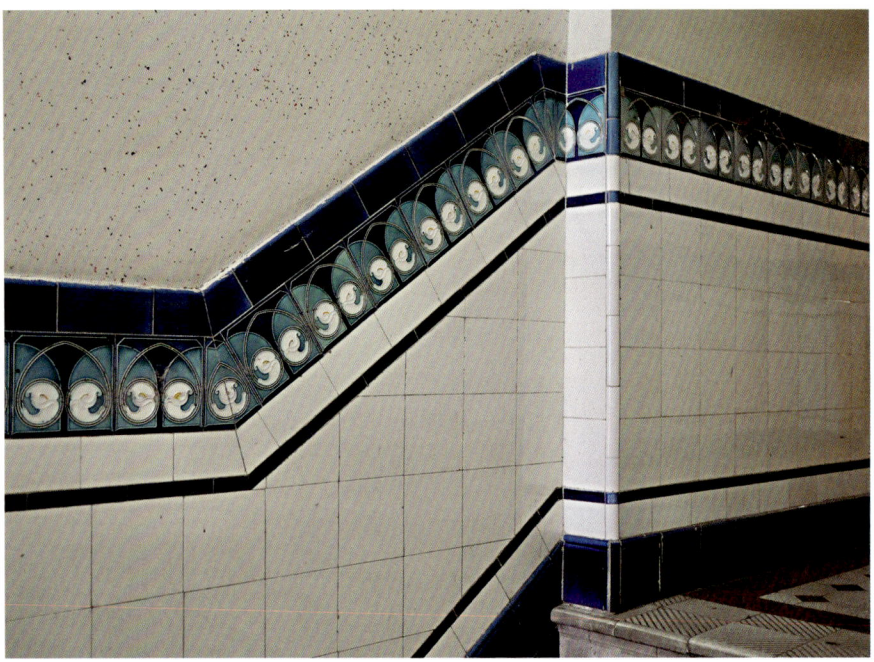

Das Besondere an dieser Fliesenkomposition ist vor allem die Tatsache, dass sie falschherum aufgebracht wurde. Auch das ist typisch Berlin! Die Calla-Blüten aus der Plattenfabrik Boizenburg sind in spiegelsymmetrischer Anordnung zu Voluten geformt. Die schmalen Stängel vor hellblauen Viertelkreisen vereinigen sich normalerweise im unteren Teil des Bildes, so dass deren Linien eine Herzform umschreiben. Die Calla war eine beliebte Blume der Jugendstilkünstler, da sie für das ewige Leben stand. Der Jugendstil huldigte nicht nur der blühenden Jugend, sondern auch der unausweichlichen Vergänglichkeit.

The special thing about this tile composition is the fact that it was applied the wrong way round. That too is typically Berlin! The calla flowers from the Boizenburg tile factory are arranged in mirror symmetry to form volutes. The narrow stems in front of light blue quarter circles usually unite in the lower part of the picture, so that their lines form a heart shape. The calla was a favourite flower of Art Nouveau artists as it stood for eternal life. Art Nouveau not only paid homage to blooming youth, but also to inevitable transience.

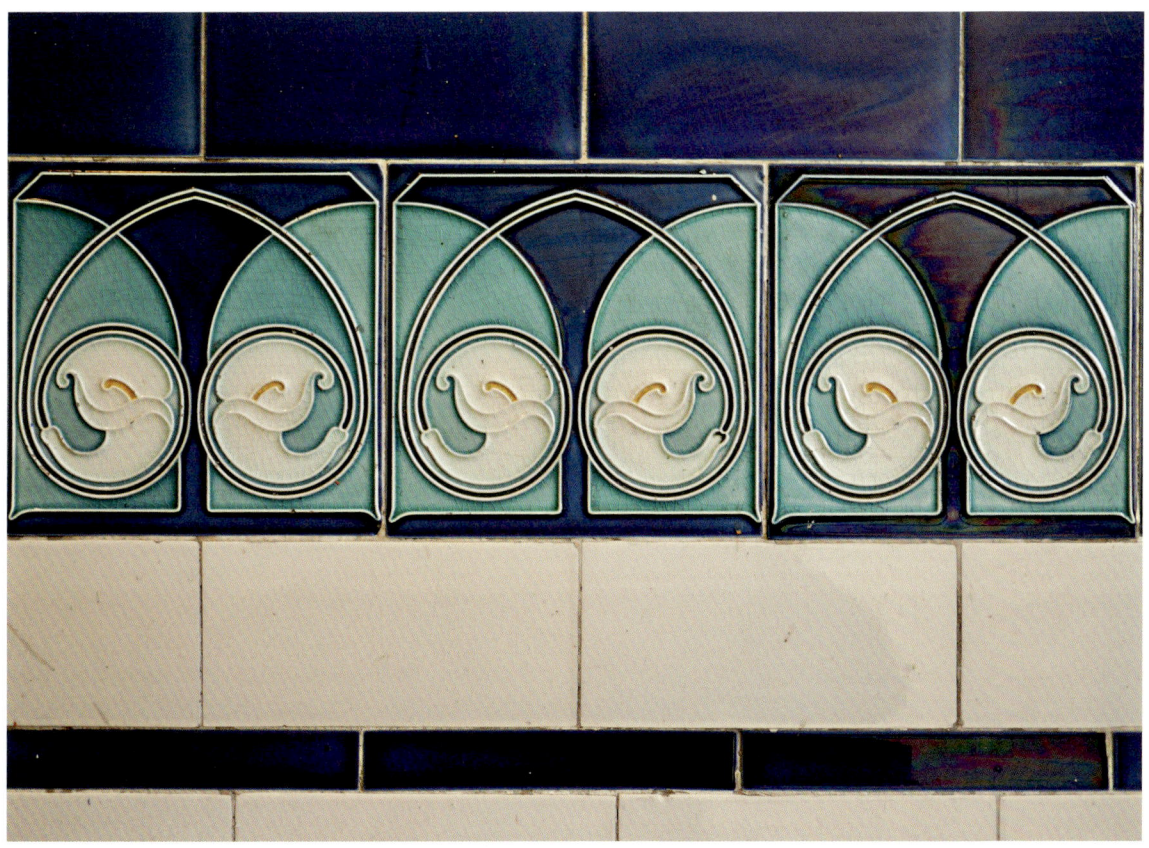

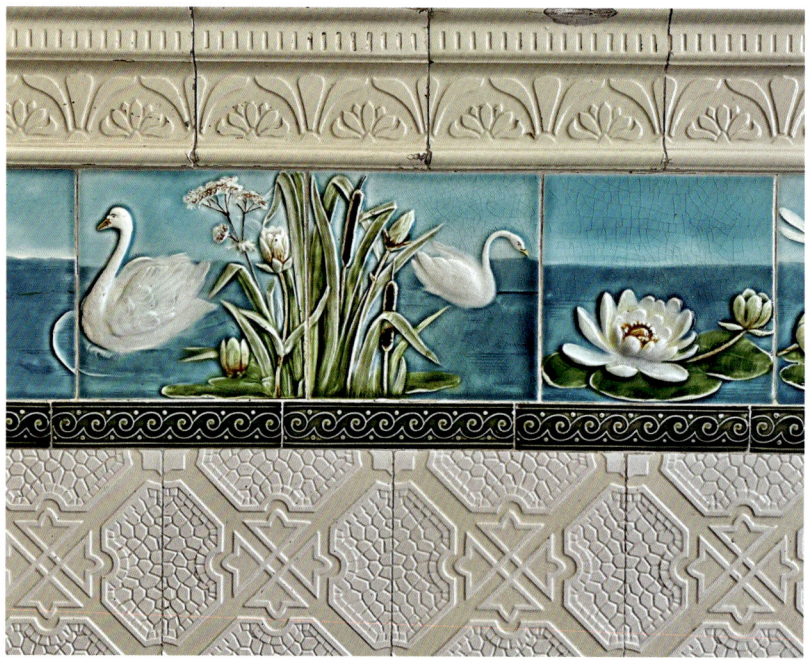

Schwäne waren eines der beliebtesten Motive der Jugendstilkünstler. Allein die äußere Erscheinung, wie etwa der lange, biegsame Hals, verkörperte das Ornamentale und Geschwungene. Schwäne galten in diesem Kontext als Symbol der Reinheit, Reife und Vollendung und wurden als heilige Tiere der Musen angesehen. Schon in der Antike wurde der edle Vogel als Sinnbild für Licht und Würde verehrt. Schwäne, Pfauen, Schmetterlinge, Libellen und auch Eulen galten jedoch immer als doppeldeutiges Sinnbild von Gut und Böse. Auf diesen Fliesen aus dem Hause Villeroy & Boch von 1910 sind nicht nur Schwäne, sondern auch Seerosen und Libellen zu sehen.

Swans were one of the favourite motifs of Art Nouveau artists. The external appearance alone, such as the long, flexible neck, epitomised the ornamental and curved. In this context, swans were seen as a symbol of purity, maturity and perfection and were regarded as sacred animals of the muses. Even in ancient times, the noble bird was revered as a symbol of light and dignity. Swans, peacocks, butterflies, dragonflies and owls, however, have always been regarded as ambiguous symbols of good and evil. These Villeroy & Boch tiles depict not only swans, but also water lilies and dragonflies.

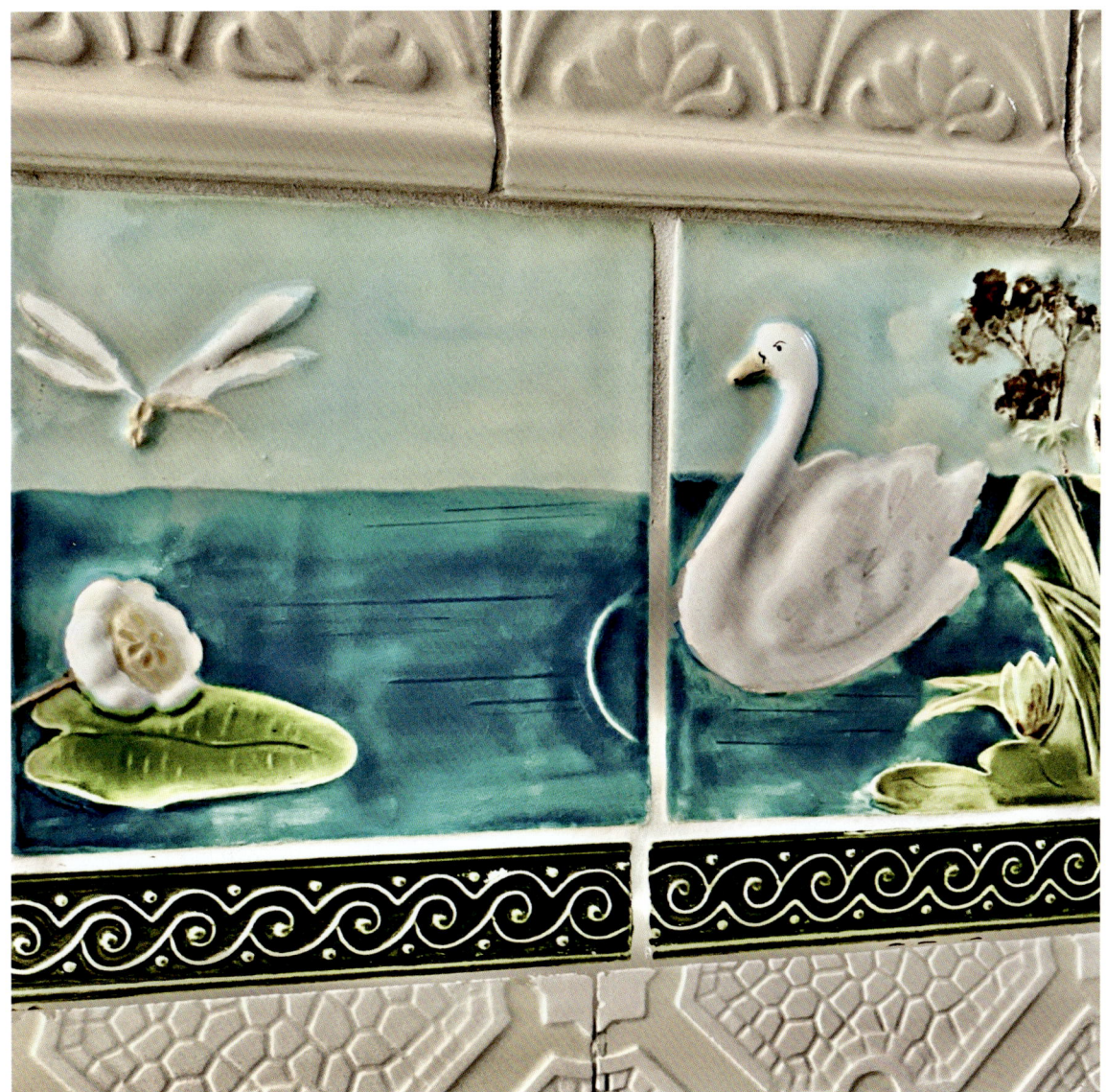

155

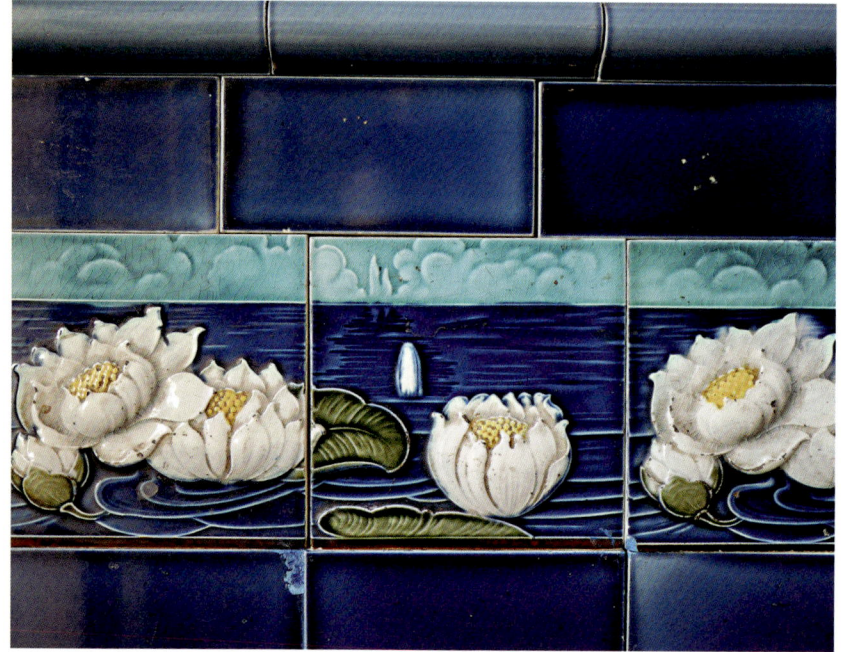

In Boizenburg wurde 1903 die gleichnamige Wandplattenfabrik gegründet. Die Fliesenstadt an der Elbe wartet heute zudem mit dem Ersten Deutschen Fliesenmuseum und einer eigens konzipierten 360-Grad-Virtual-Tour auf. Jugendstilfliesen namhafter Sammler sind hier zu finden, auch dieses Seerosen-Hochrelief aus dem Jahr 1903. Die losgelöst schwebende Blume der Nymphen wächst aus dunklem Wasser und stand im Jugendstil für tiefgründige Schönheit und alles lebendig Organische.

The wall tile factory of the same name was founded in Boizenburg in 1903. Today, the tile town on the Elbe also boasts the First German Tile Museum and a specially designed 360-degree virtual tour. Art Nouveau tiles from renowned collectors can be found here, including this water lily high relief from 1903. The detached floating flower of nymphs grows out of dark water and in Art Nouveau stood for profound beauty and all things living and organic.

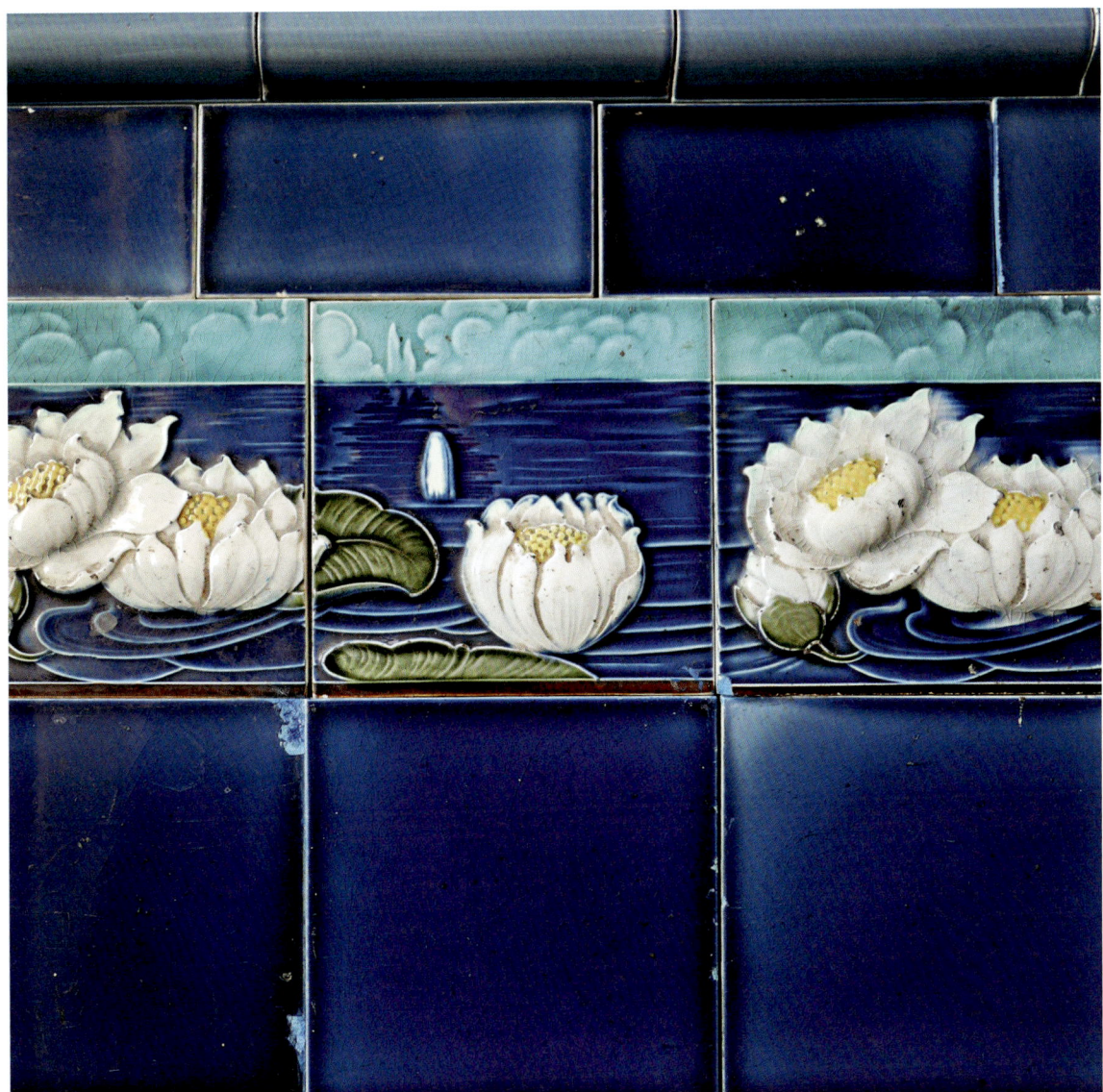

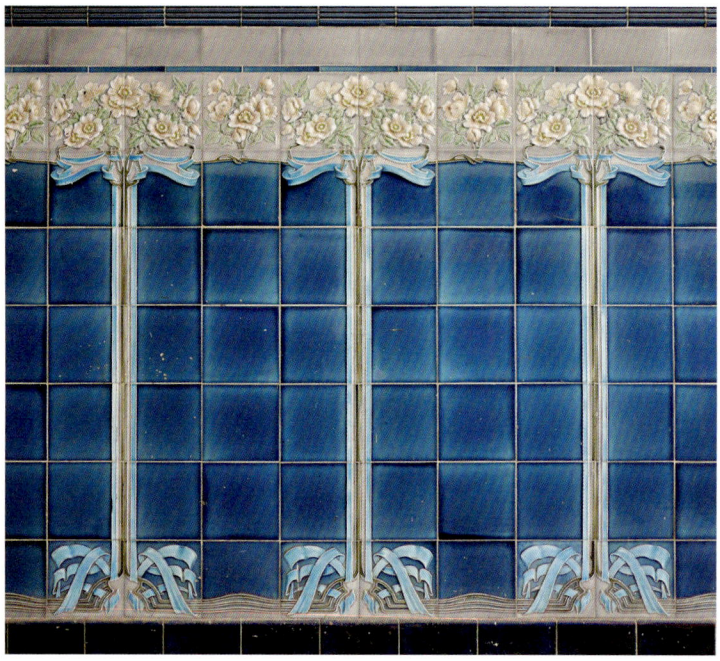

Deutschland war um 1900 das wichtigste Zentrum für die Herstellung von Jugendstilfliesen in Europa. In der Straße im Bötzowviertel, die die Schriftstellerin Annett Gröschner als „Königin unter den Straßen" bezeichnet, findet sich dieses famose Blumendekor, das von irisierend blauen Bändern umspielt wird. Hochrelieffliesen können im Gegensatz zu Flachreliefs eine Höhe von bis zu fünf Millimetern erreichen und spielen eindrucksvoll mit Licht und Schatten.

Around 1900, Germany was the most important centre for the production of Art Nouveau tiles in Europe. In a street in Bötzowviertel, which the writer Annett Gröschner describes as the 'queen among the streets', you will find this famous floral decoration, which is surrounded by iridescent blue ribbons. In contrast to bas-reliefs, high-relief tiles can reach a height of up to five millimetres and play impressively with light and shadow.

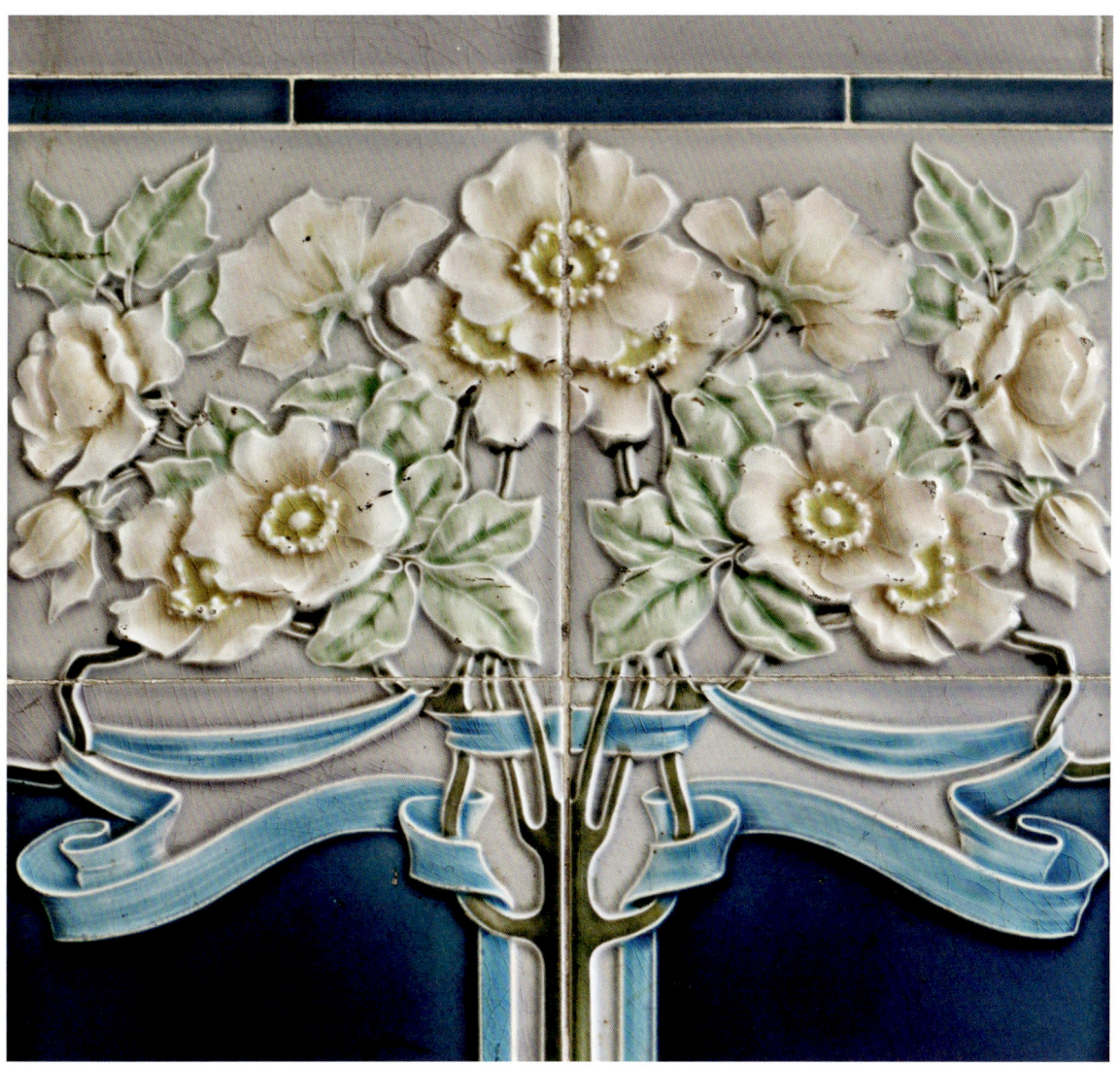

159

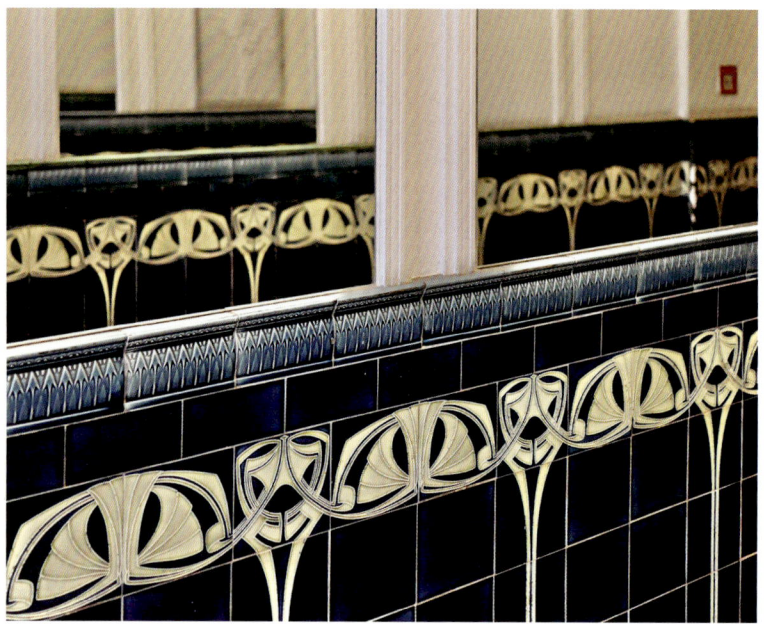

Dieses überaus festliche Bandmotiv aus dem Hause Boizenburg ist in Berlin auch in einer wasserblauen Variante zu finden. Eine olivgrüne Version hatte ich schon auf Instagram gepostet. Bänder und Arabesken galten neben stilisierten Pflanzen als Lieblingsmotive der Jugendstilkünstler, weil man mit ihnen schwungvolle Umrisslinien kreieren konnte. Die Kultivierung der dynamischen Linie war eine der wichtigsten Prämissen um 1900. Zum Motor der Entwicklung avancierte ab 1896 die in München herausgegebene Zeitschrift „Die Jugend", die den Begriff Jugendstil prägte und sich als Förderer der neuen Kunstrichtung verstand, die eine Belebung der Flächen anstrebte.

This extremely festive ribbon motif from Boizenburg can also be found in Berlin in a water blue version. I already posted an olive-green version on Instagram. Alongside stylised plants, ribbons and arabesques were the favourite motifs of Art Nouveau artists because they could be used to create sweeping outlines. The cultivation of the dynamic line was one of the most important premises around 1900. From 1896, the magazine 'Die Jugend', which was published in Munich and coined the term 'Jugendstil', became the driving force behind this development and saw itself as a promoter of the new art movement, which aimed to revitalise surfaces.

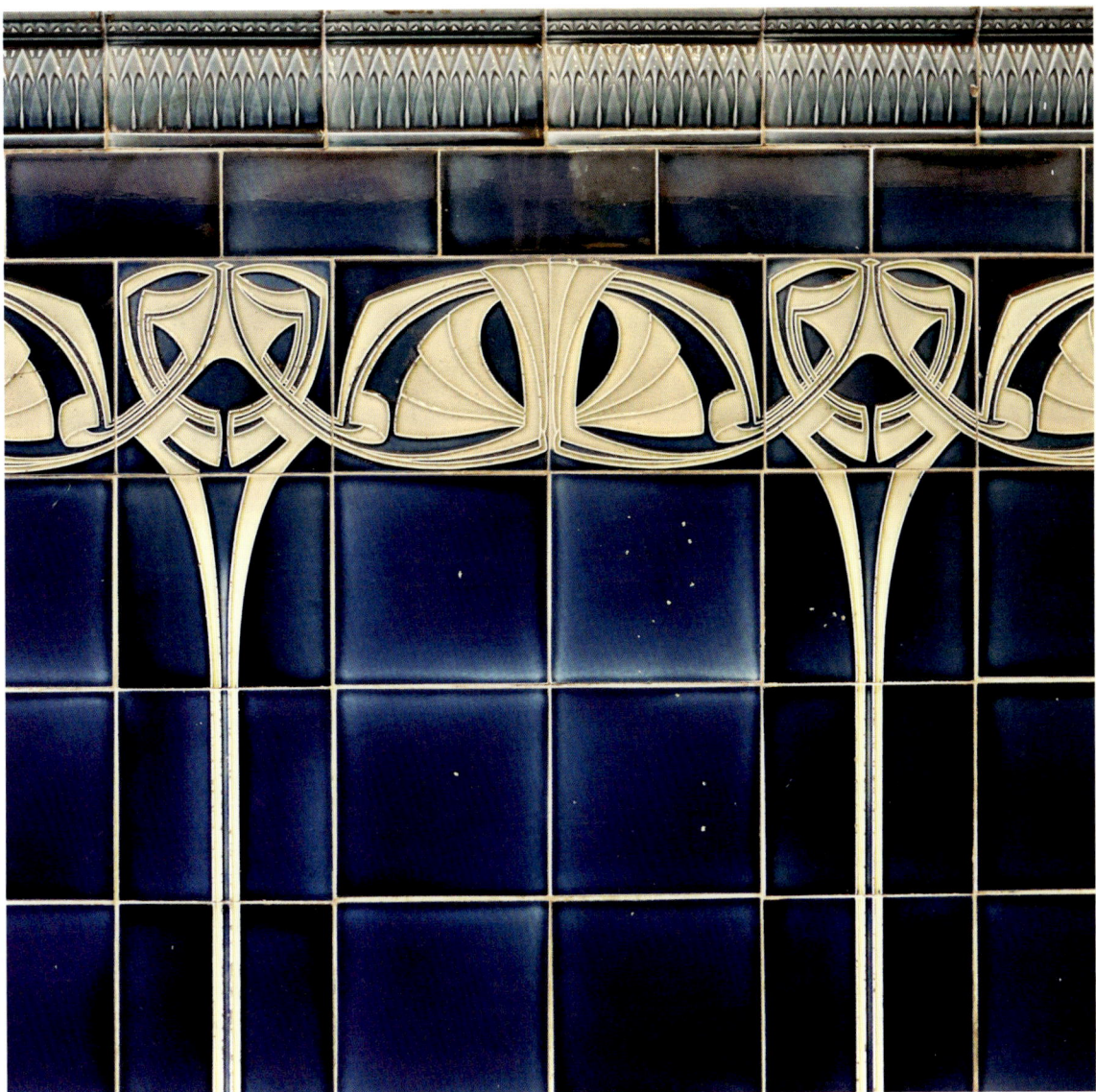

161

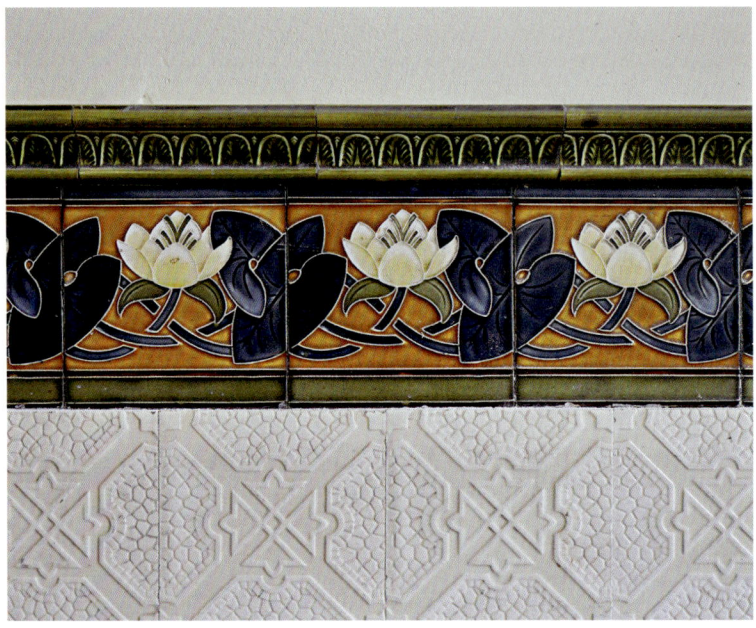

Eine Seerosenblüte und zwei Seerosenblätter werden in diesem Horizontalrapport aus dem Hause Villeroy & Boch dargestellt. Die Blüte ist von zwei weiteren, kleinen Blättern unterfangen, welche der Freiheit des Entwurfs (statt dem natürlichen Vorbild) zuzuschreiben sind. Zwischen blauen Blättern und den weißen Blüten verlaufen verschlungene Triebe der Pflanze. Stege des Fadenreliefs bilden gerade Streifen, mit denen ein Band am oberen Rand und ein etwas breiteres Band unten abgegrenzt wurden. Eine pflanzengrüne Bordüre umschließt die vor einem orangefarbenen Hintergrund schwimmenden Blumen der Nymphen, der im Jugendstil als unerreichbar geltenden Bewohner von Quelle und See.

A water lily blossom and two water lily leaves are depicted in this horizontal repeat from Villeroy & Boch. The blossom is underpinned by two other small leaves, which can be attributed to the freedom of the design (rather than the natural model). Intertwined shoots of the plant run between the blue leaves and the white flowers. Bars of the thread relief form straight stripes that delimited a band at the upper edge and a slightly wider band at the bottom. A plant-green border surrounds the flowers of the nymphs, the inhabitants of the spring and lake, who were considered unattainable in Art Nouveau, floating against an orange-coloured background.

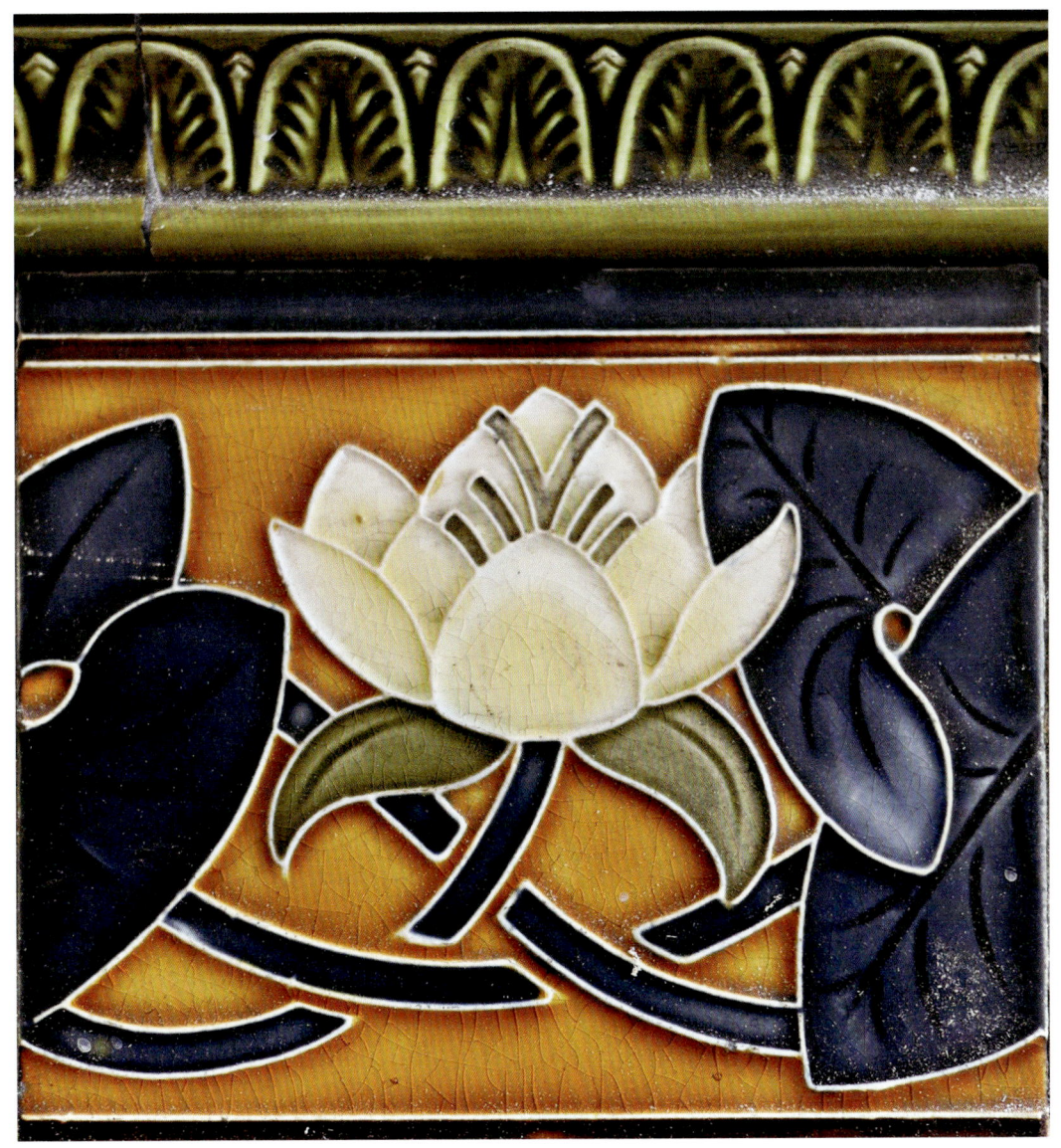

163

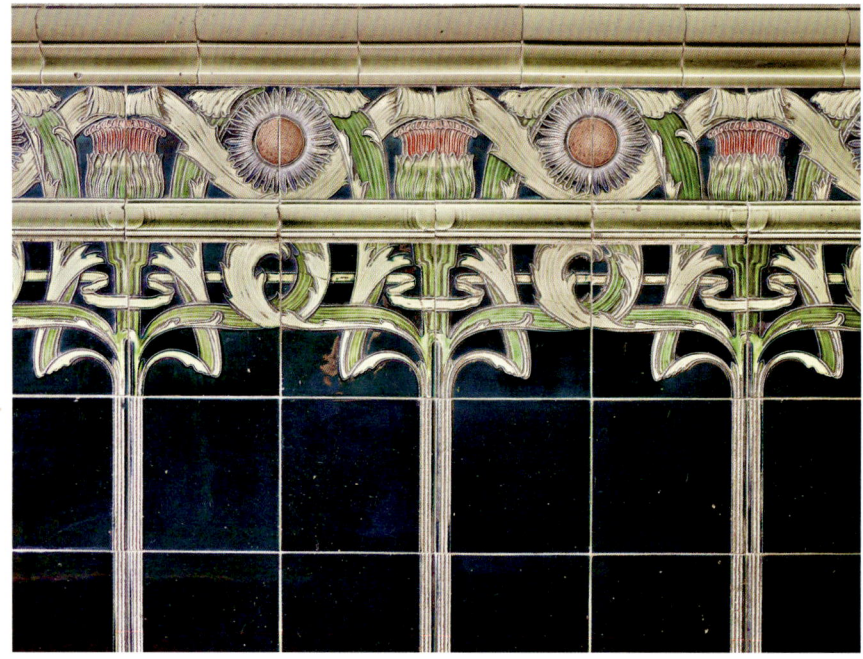

Die rote Sonnenblume nennt sich „Velvet Queen". Auf diesem famosen Fliesenspiegel aus dem Hause Witteburg sind die rotbraunen Zungenblätter schon ein wenig verblasst. Das Motiv mit den verschlungenen Blättern hat jedoch nicht an Strahlkraft eingebüßt. Im Gegenteil. Die Sonnenblume dreht sich in der Wachstumsphase mit der Sonne, da der Stängel auf der Schattenseite schneller wächst. Eine Blume mit solch' dekorativer Opulenz, die noch dazu einen Sonnentanz vollführt, musste zwangsläufig zur Lieblingsblume der Jugendstilkünstler werden. Um 1900 war sie das Symbol für Lebenskraft und majestätische Herrschaft schlechthin.

The red sunflower is called 'Velvet Queen'. The reddish-brown reed petals have already faded a little on this marvellous tile backsplash from Witteburg. However, the motif with the intertwined leaves has not lost any of its radiance. On the contrary. The sunflower turns with the sun during the growth phase, as the stem grows faster on the shady side. A flower with such decorative opulence, which also performs a sun dance, was bound to become the favourite flower of Art Nouveau artists. Around 1900, it was the symbol of vitality and majestic dominance par excellence.

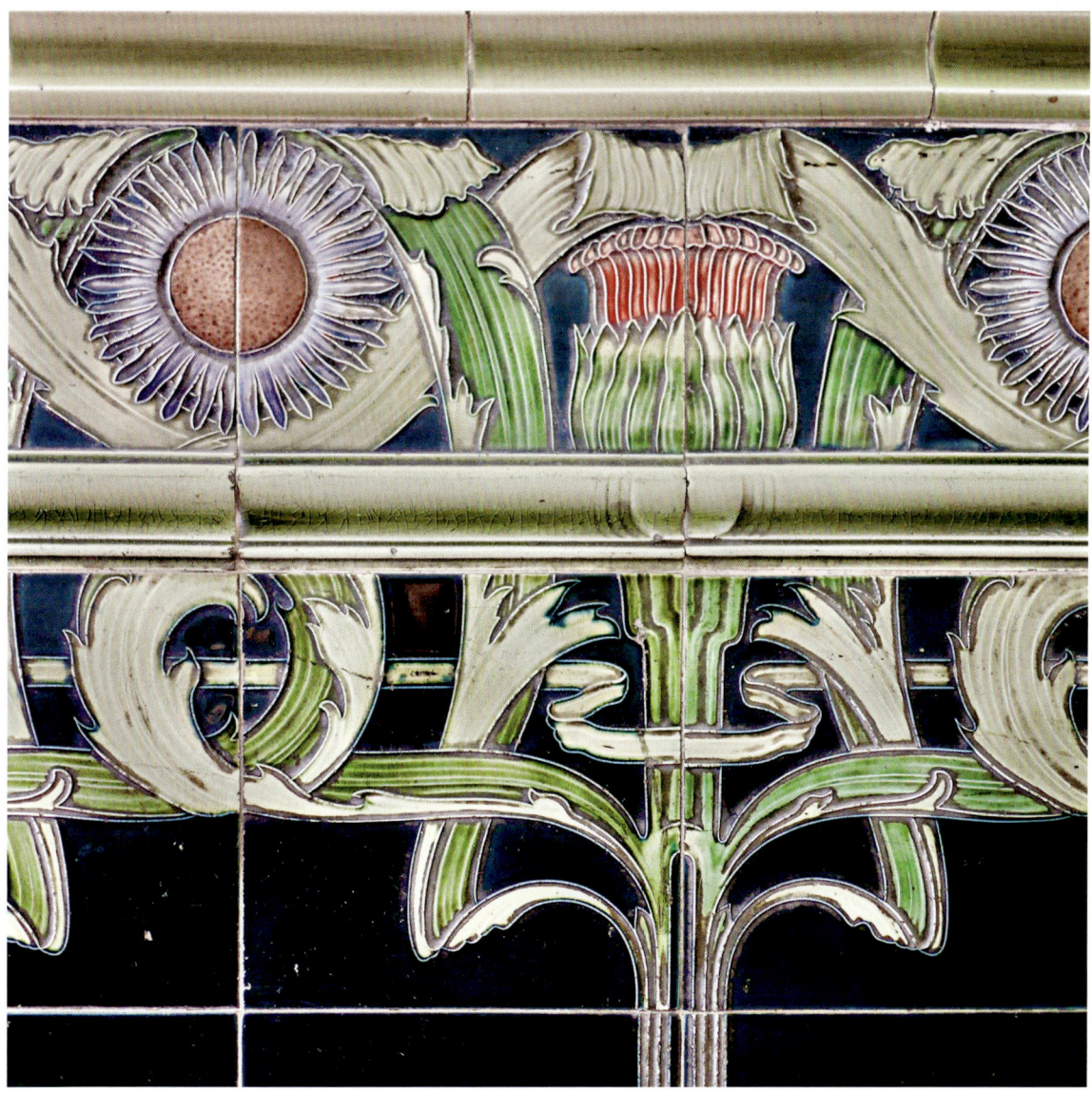

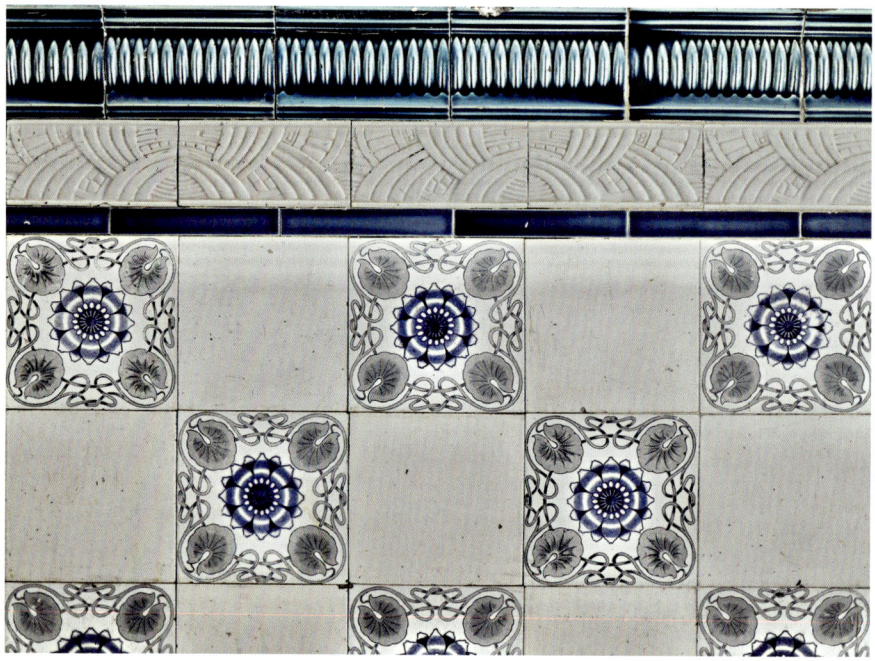

Dieses außergewöhnliche blau-weiße Seerosenmotiv aus der Manufaktur Wessel belebt den schmalen Hausflur in Pankow durch die Einbindung von Naturformen. Um 1900 war die Porzellan- und Steingutfabrik Ludwig Wessel aus Bonn auf verschiedenen Weltausstellungen vertreten und hatte Verkaufsniederlassungen in Übersee. Die Seerose war im Jugendstil ein positives Symbol Reinheit und Wiedergeburt. In ihrer magischen Schönheit und Entrücktheit strahlt sie Ruhe aus und verbreitet eine friedliche, lichtvolle Atmosphäre.

This unusual blue and white water lily motif from the Wessel manufactory enlivens the narrow hallway in Pankow by incorporating natural forms. Around 1900, the Wessel Wandplattenfabrik from Bonn founded by Ludwig Wessel was represented at several world exhibitions and had sales branches overseas. In Art Nouveau, the water lily was a positive symbol of purity and rebirth. In its magical beauty and reverie, it radiates calm and spreads a peaceful, light-filled atmosphere.

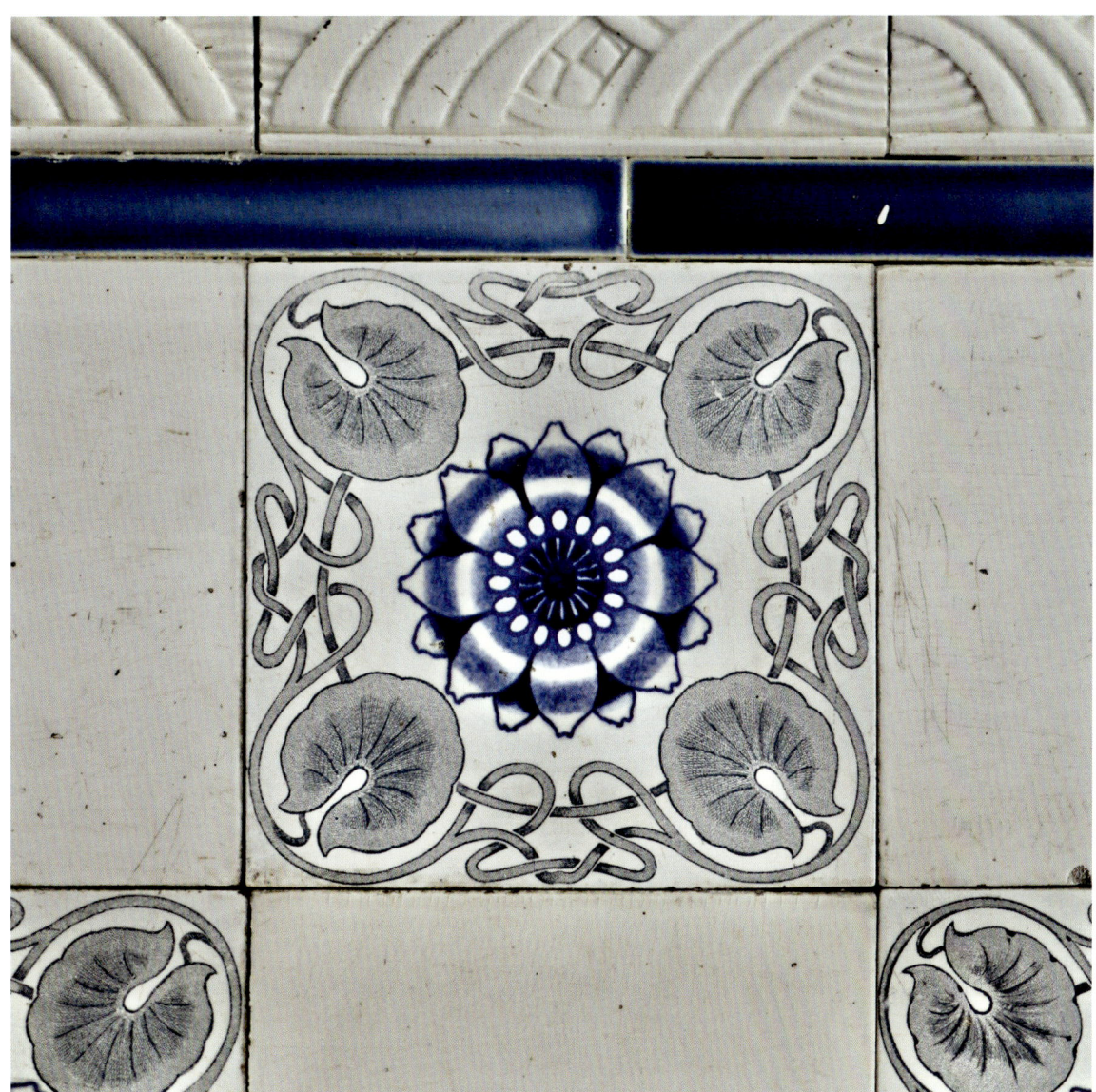

Sie war ein Star unter den Jugendstilblumen. Die Lilie stand für das Helle und Reine. Der Entwurf dieser Endlosfliese der Sächsischen Ofen- und Chamottewarenfabrik (vorm. Ernst Teichert) Meissen stammt von Anna Gasteiger. In seltenen Fällen können die Designer der Fliesenmotive heute noch rekapituliert werden. Da diese Künstlerin jedoch bei einem Fliesenmuster-Wettbewerb der Zeitschrift *Deutsche Kunst und Dekoration* 1899 den 1. Preis für diese Fliesenkomposition erhielt, ist ihr Name auffindbar. Ein Endlosmotiv bedingt, dass sich alle vier Fliesenseiten in jede Richtung perpetuieren. Von dem geraden Stängel zweigen paarweise symmetrisch langgezogene Blätter ab, die als Bänder die Blüte umspielen.

It was a star among the Art Nouveau flowers. The lily symbolised lightness and purity. The design for this endless tile from the Sächsische Ofen- und Chamottewarenfabrik (formerly Ernst Teichert) Meissen was designed by Anna Gasteiger. In rare cases, the designers of the tile motifs can still be recapitulated today. However, as this artist won the first prize for this tile composition in a tile design competition organised by the magazine *Deutsche Kunst und Dekoration* in 1899, her name can be found. An endless motif means that all four sides of the tile are perpetuated in every direction. From the straight stem, symmetrically elongated leaves branch off in pairs, which surround the flower as ribbons.

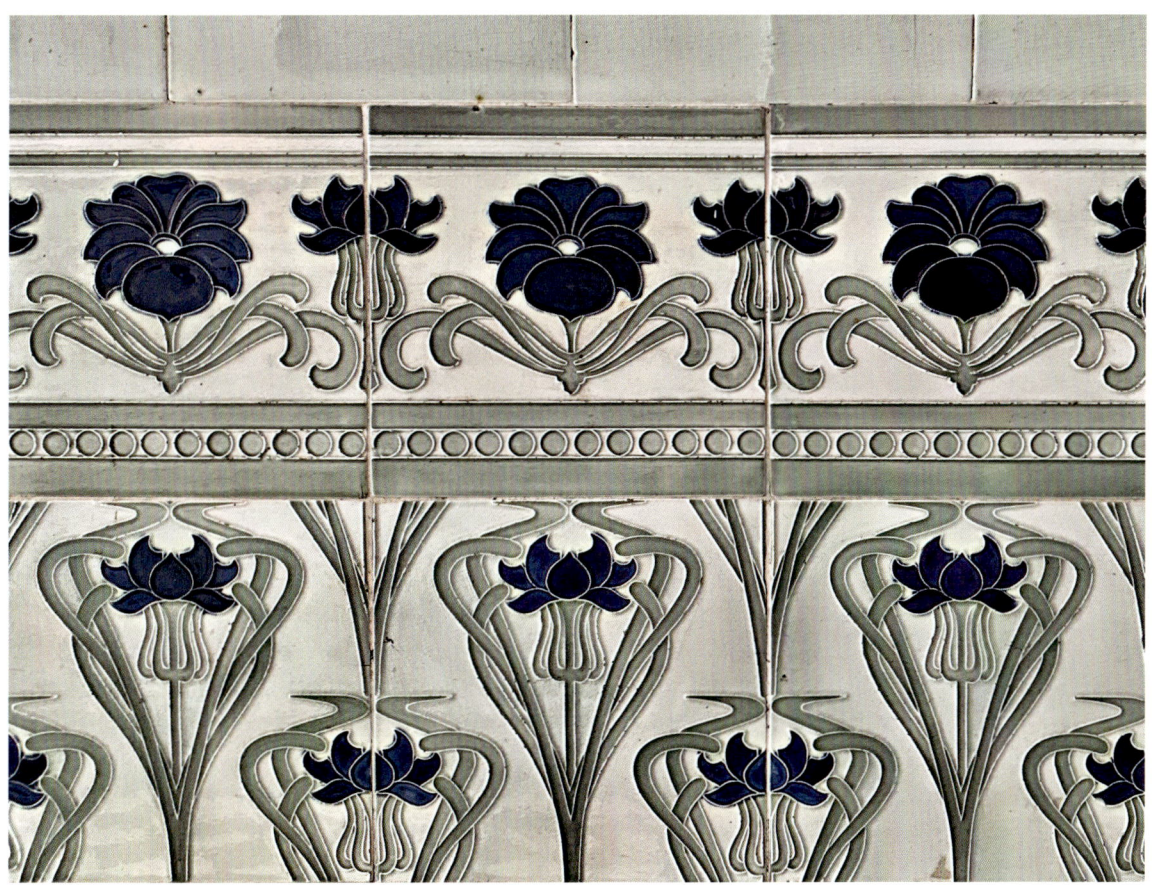

169

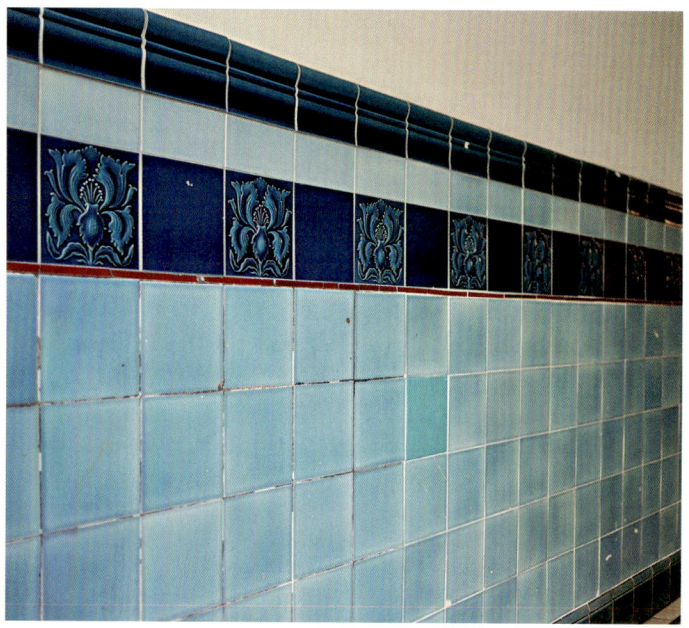

„Wenn auch die Rose die Königin der Blumen ist, die Iris ist eine Göttin" (Michael Feiler). Dieses Iris-Dekor von Utzschneider & Cie. gibt es als originaltreue Kopie heute wieder in drei Farben, in Mintgrün, Altweiß und Lichtblau. Wie vor 120 Jahren werden die Fliesen im Trockenpressverfahren handwerklich gefertigt. Trockenes Tongranulat wird in eine Stahlform gefüllt und mit starken hydraulischen Pressen zur Fliese gepresst. Bei ca. 1.000 Grad erreicht der Rohling danach seine Festigkeit. Nachfolgend wird er in Handarbeit glasiert und ein zweites Mal gebrannt. Im Jugendstil wurde die auch Schwertlilie genannte Iris ein Leitmotiv, das vor allem als Symbol weiblicher Schönheit eingesetzt wurde.

'Even if the rose is the queen of flowers, the iris is a goddess' (Michael Feiler). This iris design by Utzschneider & Cie. is now available again as a faithful copy of the original in three colours: mint green, antique white and light blue. As 120 years ago, the tiles are produced by hand using the dry pressing process. Dry clay granulate is filled into a steel mould and pressed into tiles using powerful hydraulic presses. The blank reaches its strength at approx. 1.000 degrees. It is then glazed by hand and fired a second time. In Art Nouveau, the iris became a leitmotif that was used above all as a symbol of female beauty.

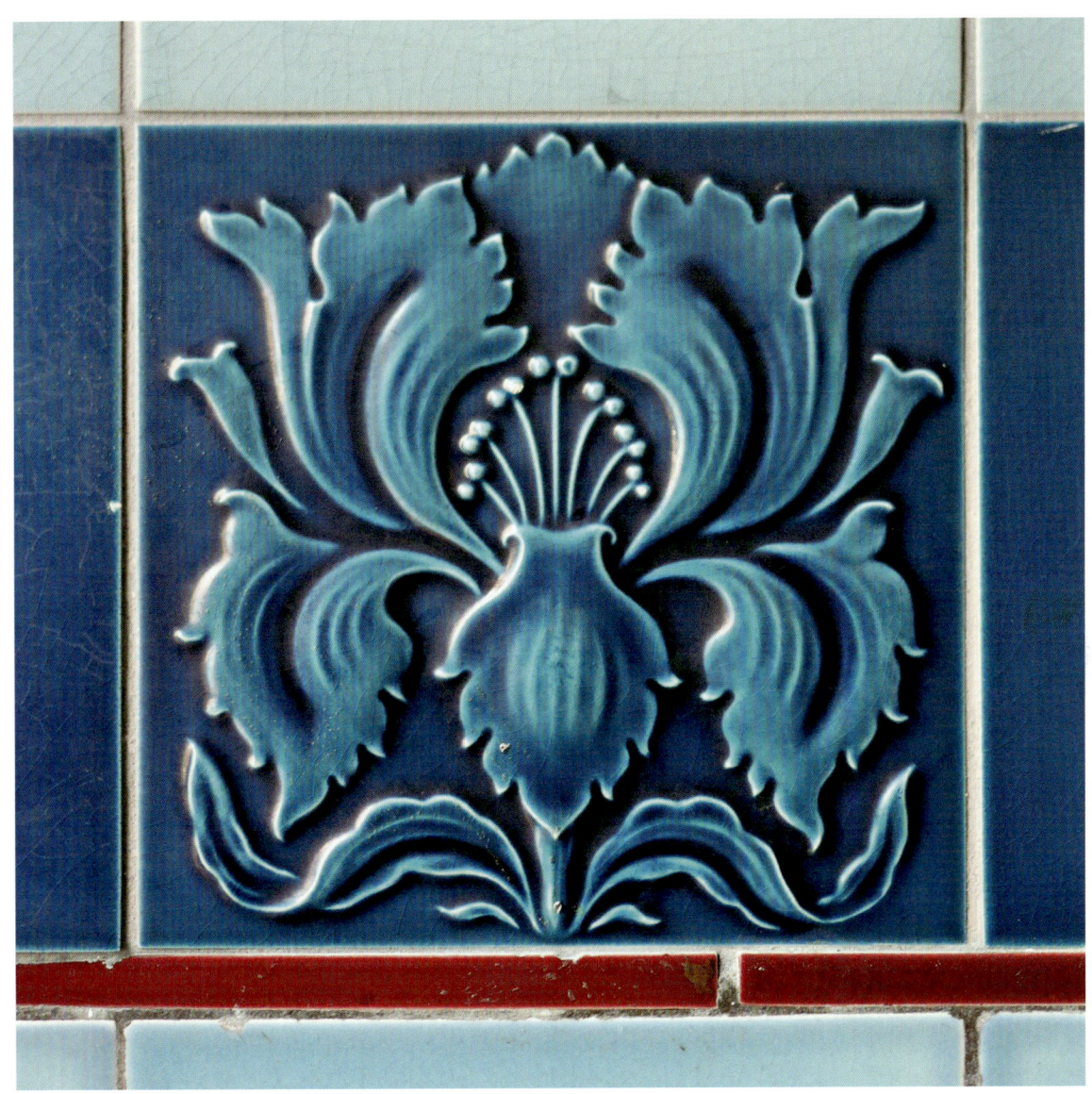

171

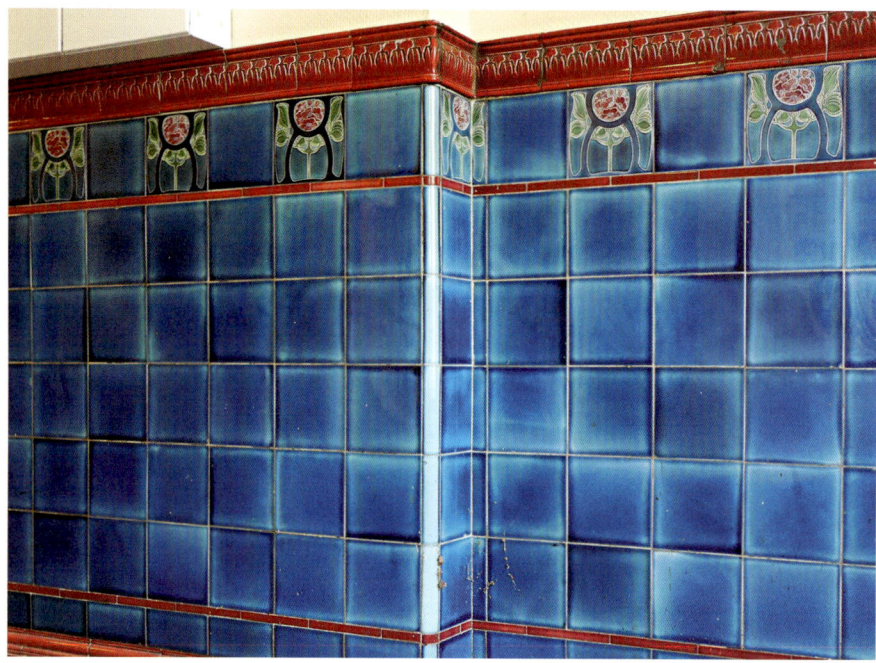

Diese zarten Mohnblüten auf wasserblauem Grund aus dem Hause Villeroy & Boch Dresden sind in diesem Charlottenburger Hauseingang noch in großer Zahl erhalten. Die typischen Bordüren verleihen dem im Jugendstil beliebten, für rauschhafte Weltenflucht stehenden Motiv eine gewisse Feierlichkeit. Die Aufteilung der Fliese in vier organisch geschwungene Einzelteile bringen das Motiv zum Schweben. Das frühlingshafte Erwachen wurde im Jugendstil ebenso zu einem Topos wie die Phasen des Welkens und Vergehens, die dem Herbst zugeschrieben werden.

These delicate poppy blossoms on a water blue background from Villeroy & Boch Dresden are still preserved in large numbers in this Charlottenburg entrance. The typical borders lend a certain solemnity to the motif, which was popular in Art Nouveau and symbolised an intoxicating escape from the world. The division of the tile into four organically curved individual parts makes the motif appear to float. The spring-like awakening became a topos in Art Nouveau, as did the phases of withering and decay attributed to autumn.

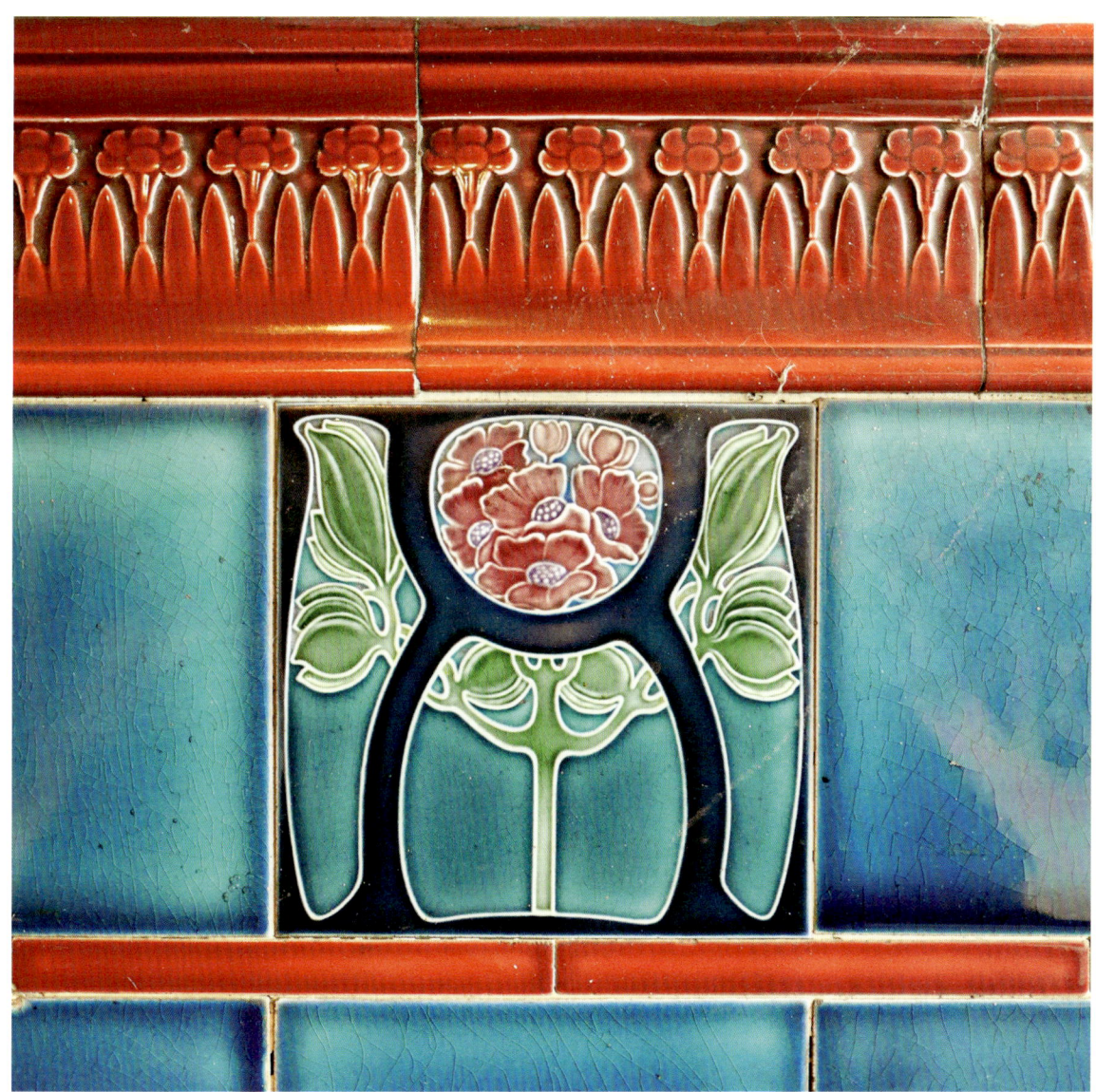

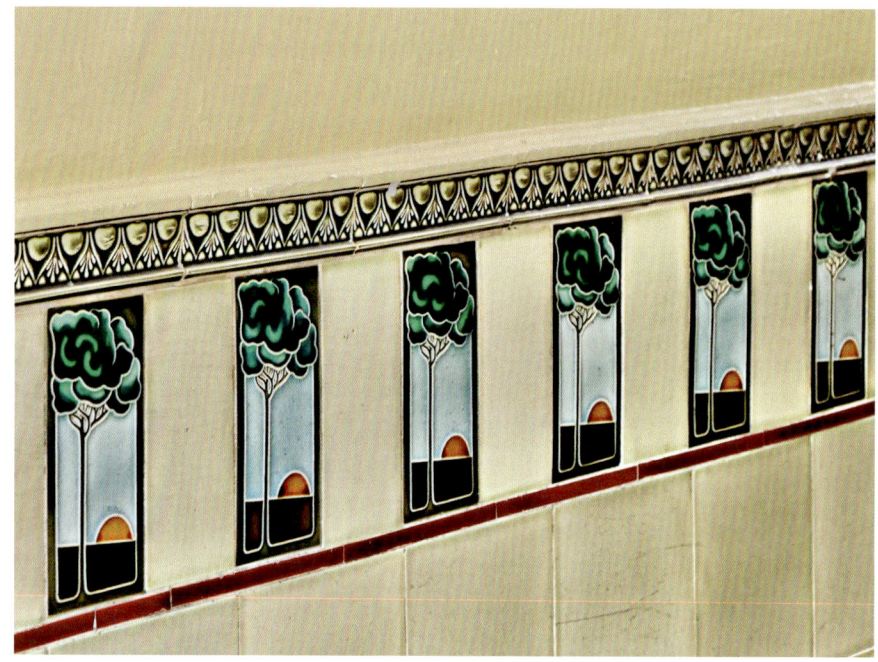

Landschaftsfliesen aus dem Hause NSTG (Norddeutsche Steingutfabrik) waren vornehmlich im norddeutschen Raum zu finden. Dieses schöne Exemplar in Berlin Schöneberg zeigt einen auf das Wesentliche reduzierten Baum vor einer Horizontlinie mit halbkreisförmiger Sonne. Der Stamm des Laubbaums erwächst aus der Fliesenumrandung und weist in seiner Ausführung auf die geometrisch-konstruktive Gestaltung des fortschreitenden Jugendstils hin. Zur Zeit ihrer Fertigung kostete diese Fliese immerhin 21 Pfennig.

Landscape tiles from NSTG (Norddeutsche Steingutfabrik) were mainly found in Northern Germany. This beautiful example in Berlin Schöneberg shows a tree reduced to the essentials in front of a horizon line with a semi-circular sun. The trunk of the deciduous tree grows out of the tile border and its design is indicative of the geometric-constructive design of the progressive Art Nouveau style. At the time of its production, this tile cost as much as 21 pfennigs.

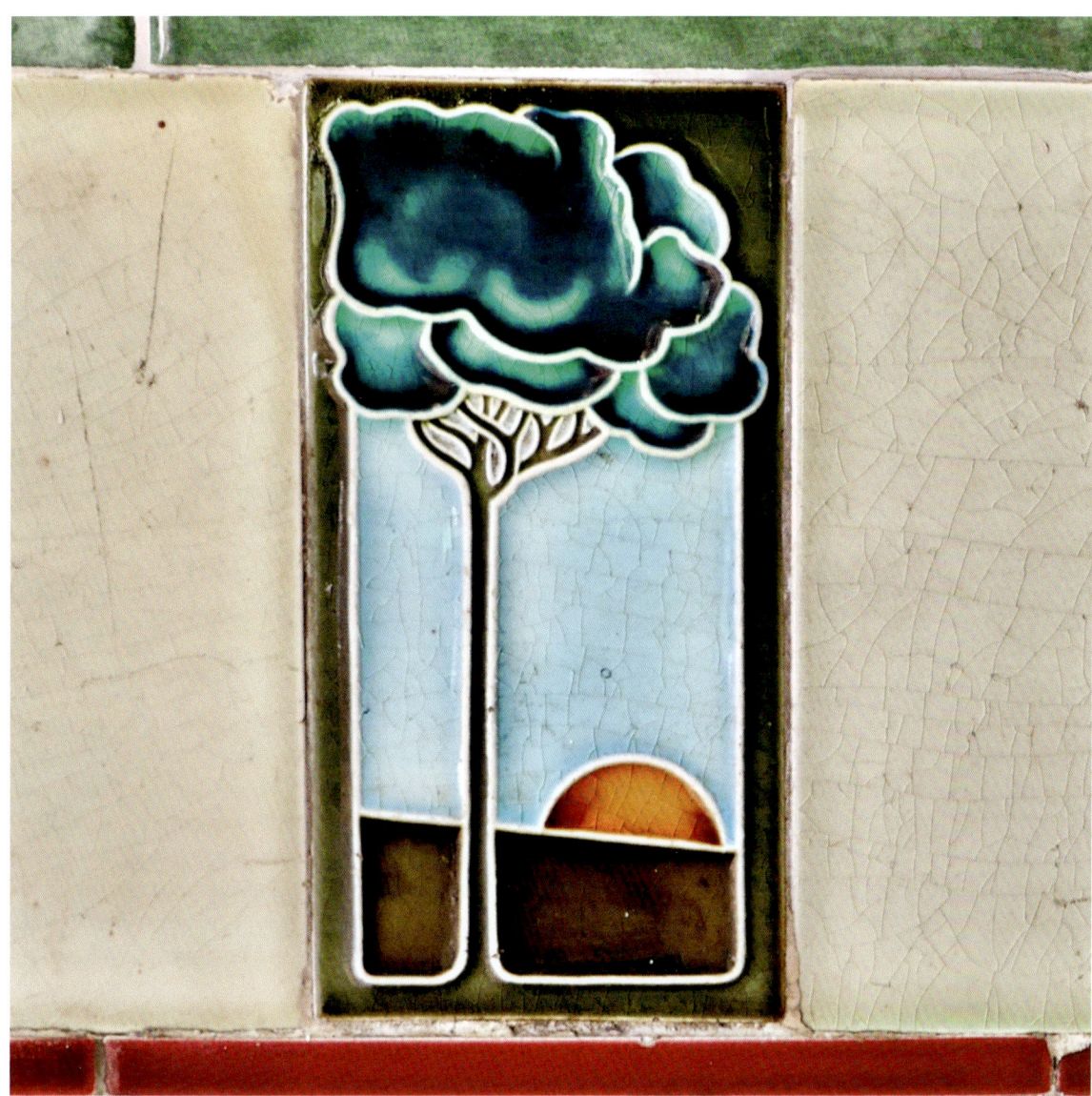

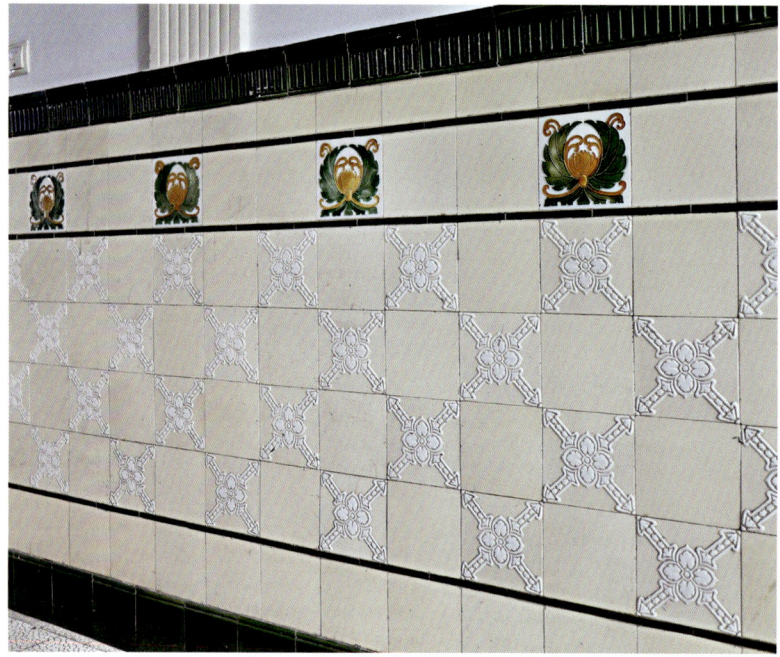

Dieses stilisierte Blumenmotiv der Manufaktur S. O. F. Meissen (vormals Teichert) wurde in den Farben Ocker, Olivgrün und Weiß komponiert. Im unteren Drittel gehen aus einer zentralen, ovalen Form kelchförmige Blütenblätter hervor. Große Laubblätter in Seitenansicht zu beiden Seiten bilden einen Rahmen, der sich oberhalb des Kelchs zu einem Kreis schließt. Konterkariert wird dieser verspielte Entwurf von weißen Rosettenfliesen mit einem Diagonalkreuz aus Bändern und Perlschnurornament von Utzschneider & Cie., die vermutlich später hinzukamen.

This stylised floral motif from the S. O. F. Meissen (formerly Teichert) manufactory was composed in the colours ochre, olive green and white. In the lower third, goblet-shaped petals emerge from a central, oval form. Large leaves in side view on both sides form a frame that closes into a circle above the calyx. This playful design is contrasted by white rosette tiles with a diagonal cross made of ribbons and pearl cord ornamentation by Utzschneider & Cie. which were probably added later.

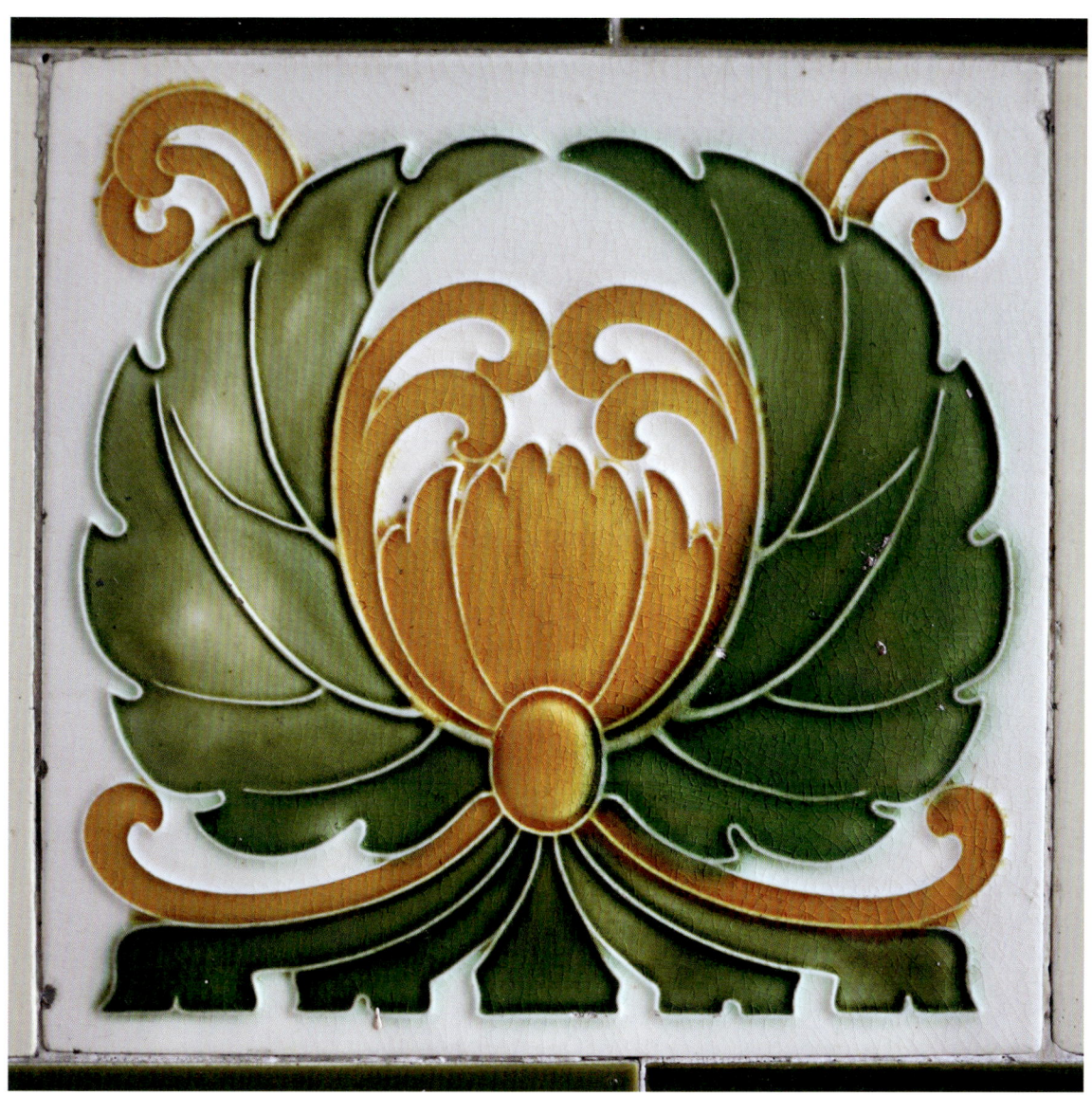

177

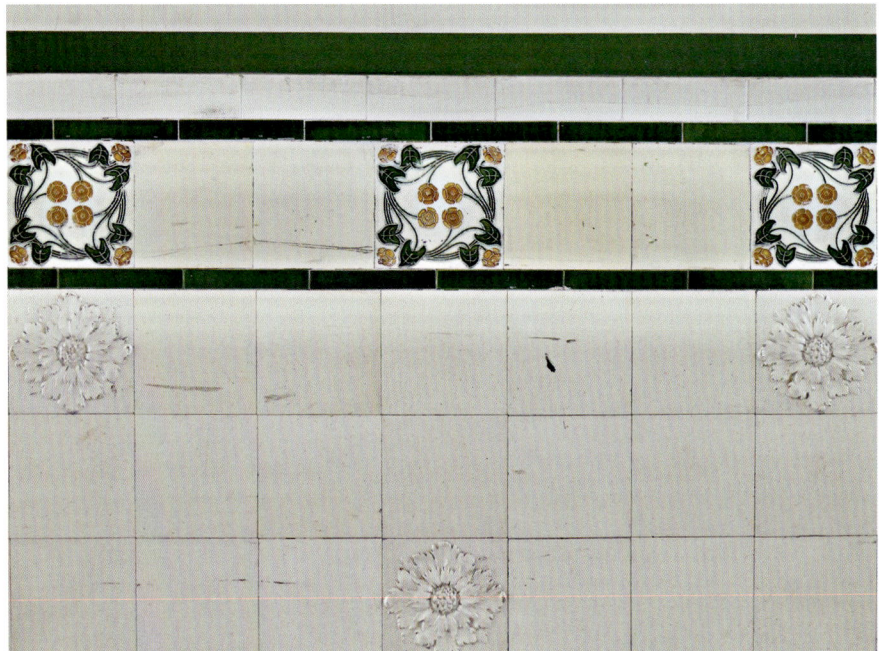

Viel zu selten kann man die Urheber hinter einem Fliesenentwurf aus der Zeit um 1900 noch ausfindig machen. In diesem Hausflur im Stadtteil Wedding sind Jugendstilfliesen von der aus Friedenau stammenden Malerin und Designerin Gertrud Kilz erhalten geblieben. Für die aparten dottergelben Blüten mit verschlungenem Blattwerk erhielt sie von der Zeitschrift „Deutsche Kunst und Dekoration" 1889 einen Preis. Erst danach ging der Entwurf bei der Firma S. O. F. Meissen (vormals Teichert) in Produktion.

It is far too rare to be able to trace the originators behind a tile design from around 1900. In this hallway in the Wedding district, Art Nouveau tiles by the Friedenau-born painter and designer Gertrud Kilz have been preserved. She received a prize from the magazine 'Deutsche Kunst und Dekoration' in 1889 for the striking yolk-yellow flowers with intertwined foliage. The design only went into production at the company S. O. F. Meissen (formerly Teichert) afterwards.

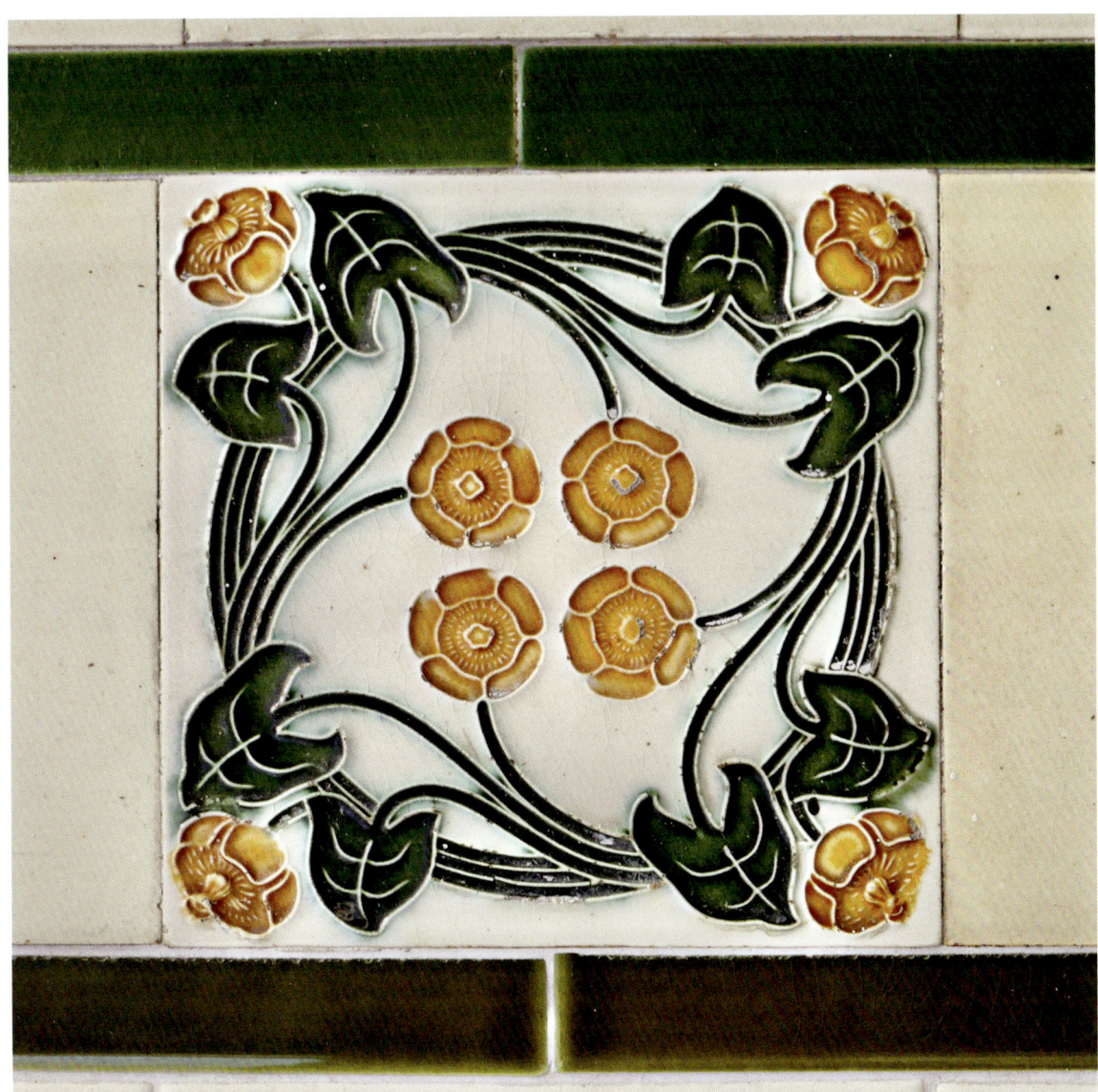

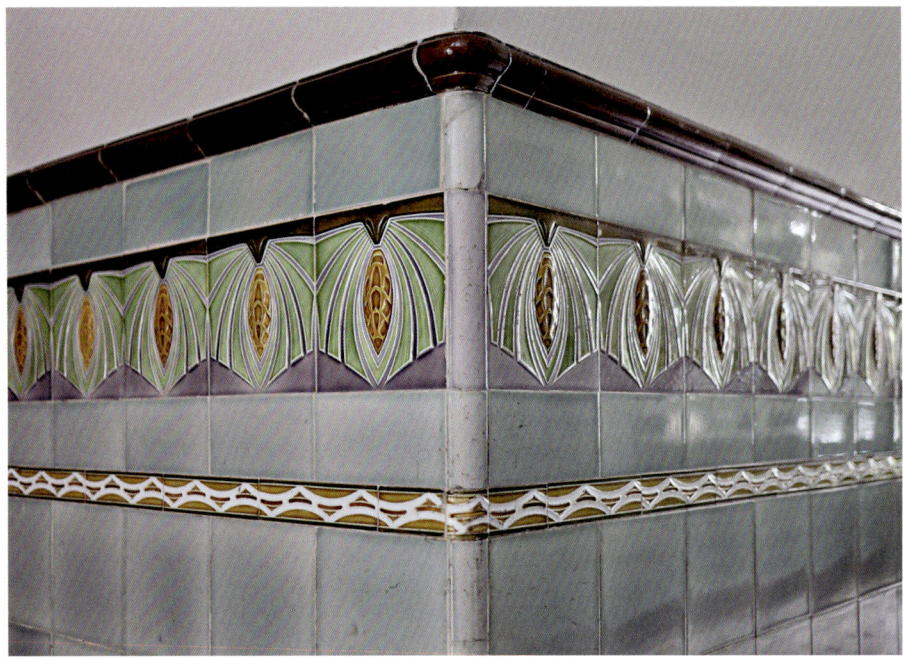

Schmetterling oder Pinienzapfen – das ist hier die Frage. Expressionistisch und extravagant ist dieses Rapportmotiv hinter einer unscheinbaren Eingangstür in Pankow. Das zentrale Motiv aus dem Hause Meissen (vormals Carl Teichert) ist ein stilisierter Pinienzapfen mit starren, immergrünen Nadeln in zwei durchscheinenden Glasuren. Bekannt als Mittelmeerkiefer oder Schirmkiefer kommt der imposante Baum mit der pyramidalen Schirmform und den bis zu 20 Zentimeter langen Nadeln ursprünglich aus dem Mittelmeerraum. War die Pinie im Jugendstil das Paradies, dann galt der Zapfen als Symbol der Unsterblichkeit.

Butterfly or pine cone – that is the question here. This repeat motif behind an inconspicuous entrance door in Pankow is expressionistic and extravagant. The central motif from Meissen (formerly Carl Teichert) is a stylised pine cone with rigid, evergreen needles in two translucent glazes. Known as the Mediterranean pine or umbrella pine, this imposing tree with its pyramidal umbrella shape and needles up to 20 centimetres long originally comes from the Mediterranean region. If the pine tree was paradise in Art Nouveau, then the cone was considered a symbol of immortality.

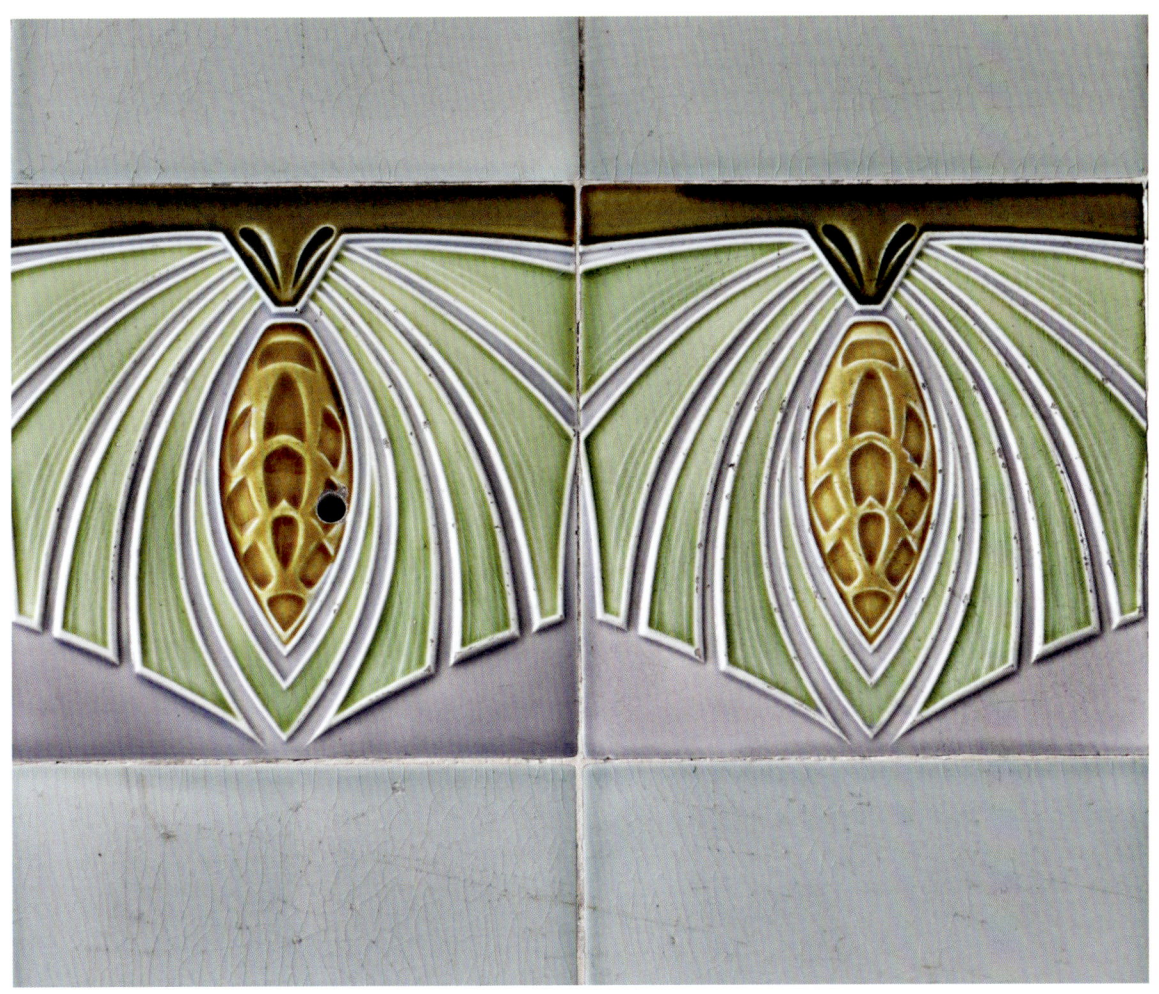

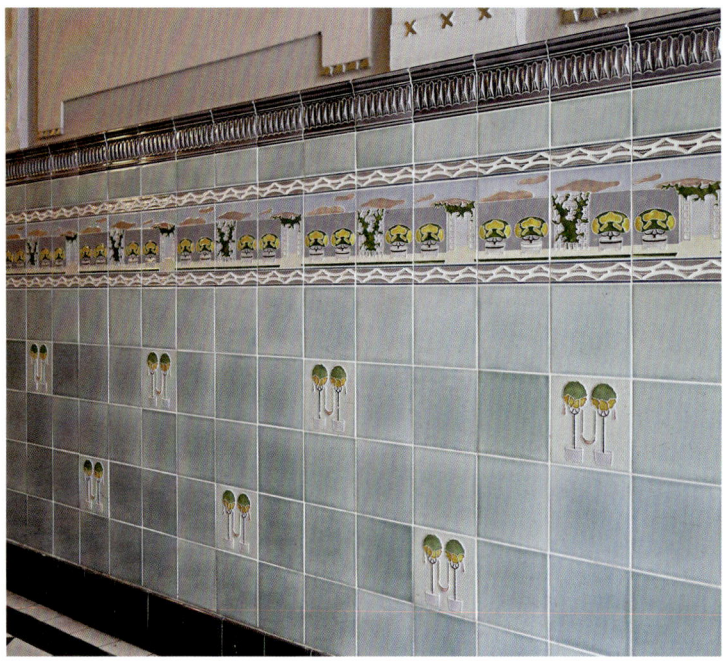

Sehr beliebte Fliesenmotive im Jugendstil waren Zierbäumchen in Kübeln, kombiniert mit weiteren Attributen wie Hecken, Lauben und Spalieren. Zwischen den Bäumchen der Einzelfliese scheint überdies ein romantisierendes Feston wie eine Schaukel eingefügt worden zu sein. Über der stilisierten Garten-Szenerie aus der Meissener Manufaktur schweben hellrosafarbene japanisch anmutende Wolken, die dem kunstvollen, wenngleich farblich sehr eigenwilligen Fliesenbild eine etwas plakative Note verleihen. Jugendstilgärten wurden um 1900 als Fortsetzung des Wohnhauses betrachtet und ebenso in verschiedene Bereiche eingeteilt.

Very popular tile motifs in Art Nouveau were ornamental trees in tubs, combined with other attributes such as hedges, arbours and trellises. In addition, a romanticising festoon such as a swing appears to have been inserted between the small trees on the single tile. Light pink, Japanese-style clouds float above the stylised garden scene from the Meissen manufactory, lending the artistic, albeit very unconventional tile design a somewhat striking touch. Around 1900, Art Nouveau gardens were seen as an extension of the home and were also divided into different areas.

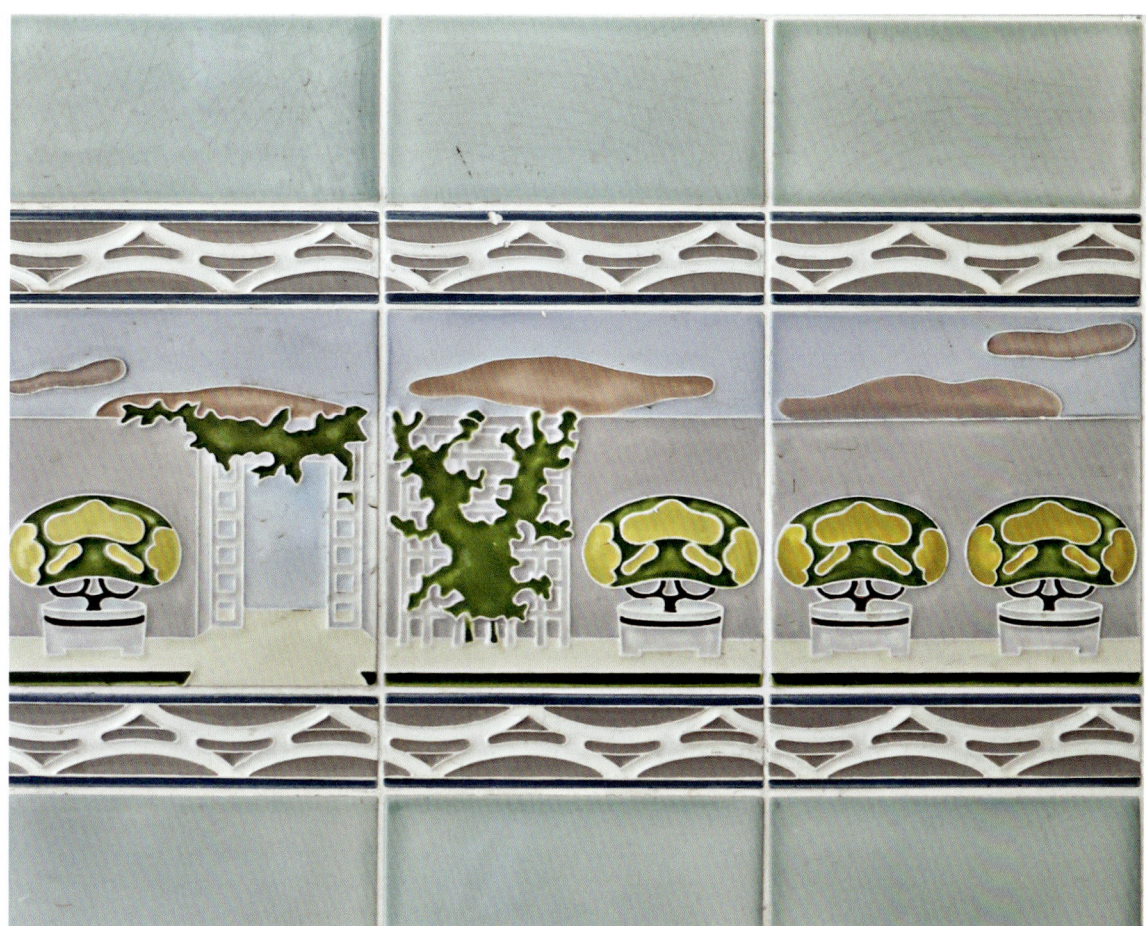

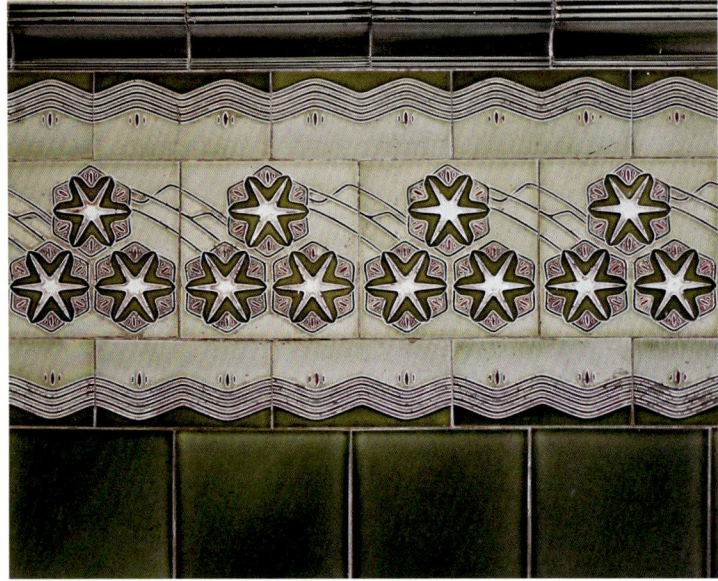

Sternblumen sind auf dem südamerikanischen Kontinent beheimatet. Auf jedem Stängel tragen die Sternblumen nur eine Blüte. Die trichterförmig verwachsenen Blüten, deren Krone sich in sechs Blütenblätter teilt, erinnern an Sterne, daher der Name. Mit ihrem Liebreiz hat die Sternblume es auch in die Weltliteratur geschafft: Im „Faust" lässt Goethe Margarete eine Sternblume pflücken und ihre Blütenblätter eins nach dem anderen zupfen. Drei cremeweiße Exemplare sind auf jeder Einzelfliese aus dem Hause Boizenburg zu finden, die in diesem Hausflur in Charlottenburg oben und unten von wellenförmigen Bordüren umspielt werden. Im Jugendstil standen Sternblumen für Fülle, Harmonie und hohe Ideale.

Starflowers are native to the South American continent. Starflowers have only one flower on each stem. The funnel-shaped flowers, whose corolla is divided into six petals, are reminiscent of stars, hence the name. With its charm, the starflower has also made it into world literature: in 'Faust', Goethe has Margarete pick a starflower and pluck its petals one by one. Three creamy white specimens can be found on each individual tile from Boizenburg, which are surrounded by wavy borders at the top and bottom of this hallway in Charlottenburg. In Art Nouveau, star-shaped flowers symbolised abundance, harmony and high ideals.

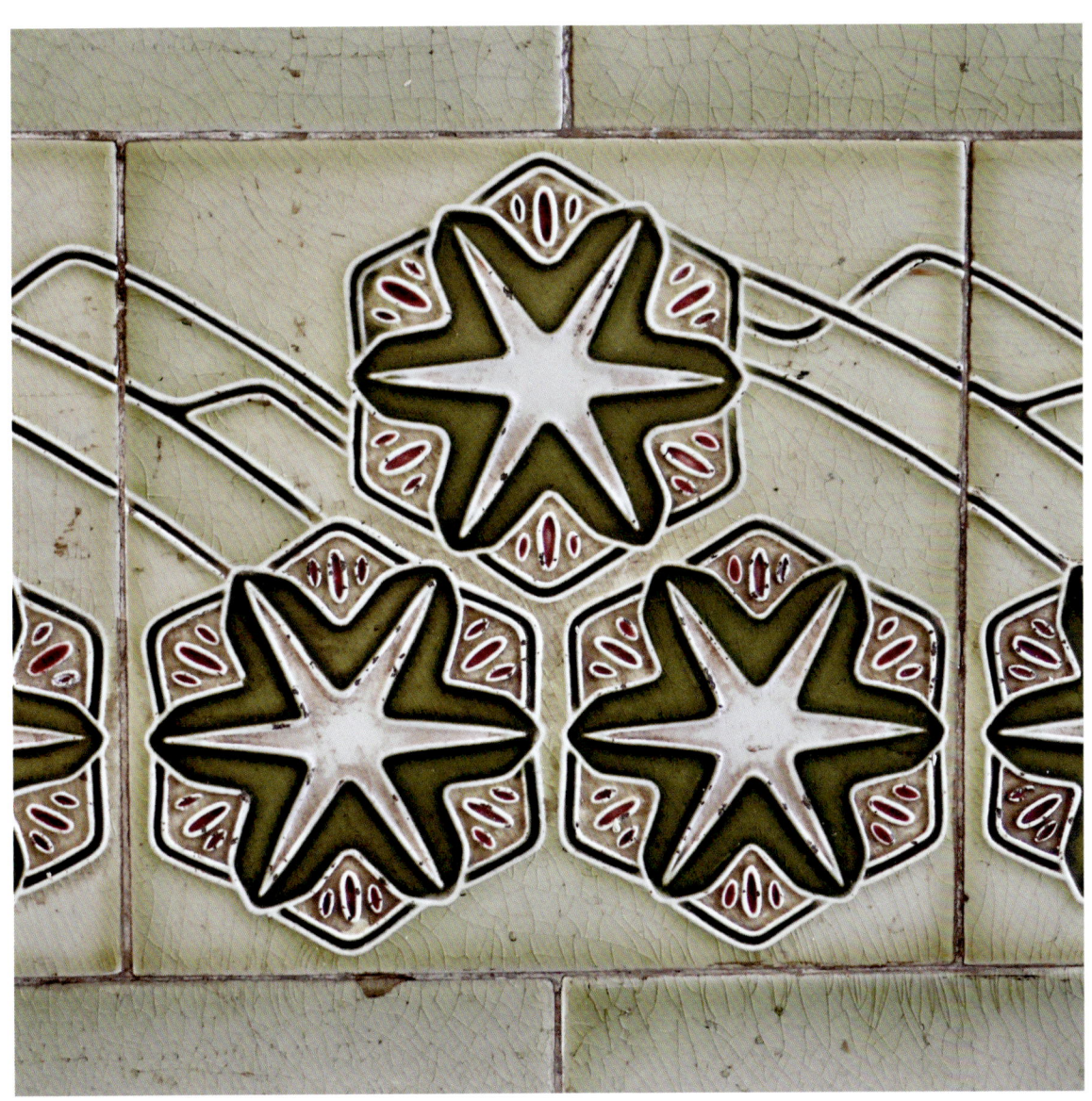

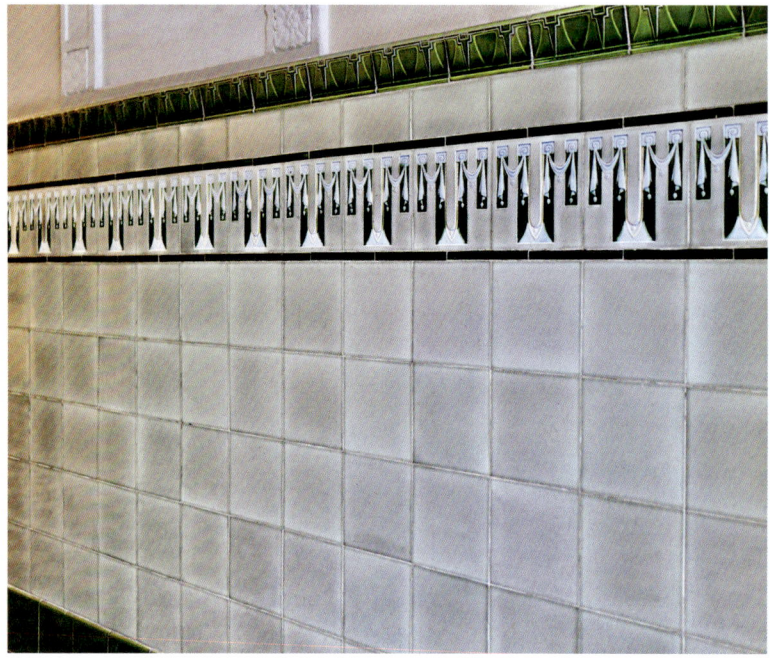

„Es geht um die Schaffung in sich abgeschlossener Kunstwerke, die mit größter Einfachheit einem glücklichen Lebensprinzip zum Ausdruck verhelfen" (Joseph Maria Olbrich). Bei diesen grün-weißen „Vorhangfliesen" aus Mügeln handelt es sich um ein apartes Motiv aus gerafften Stoffbahnen, die pro Fliese an vier Aufhängungen befestigt sind, an denen Quasten baumeln. Die nebeneinander als Rapport angeordneten Fliesen ergeben einen durchgehenden Vorhang, der dem gesamten Eingangsbereich in einem Pankower Wohnhaus eine freudvolle Festlichkeit verleiht.

'It is about creating self-contained works of art that express a happy principle of life with the greatest simplicity' (Joseph Maria Olbrich). These green and white 'curtain tiles' from Mügeln are a distinctive motif made from gathered lengths of fabric, which are attached to four suspensions per tile from which tassels dangle. The tiles, arranged next to each other in a pattern repeat, create a continuous curtain that lends the entire entrance area of a residential building in Pankow a joyful festivity.

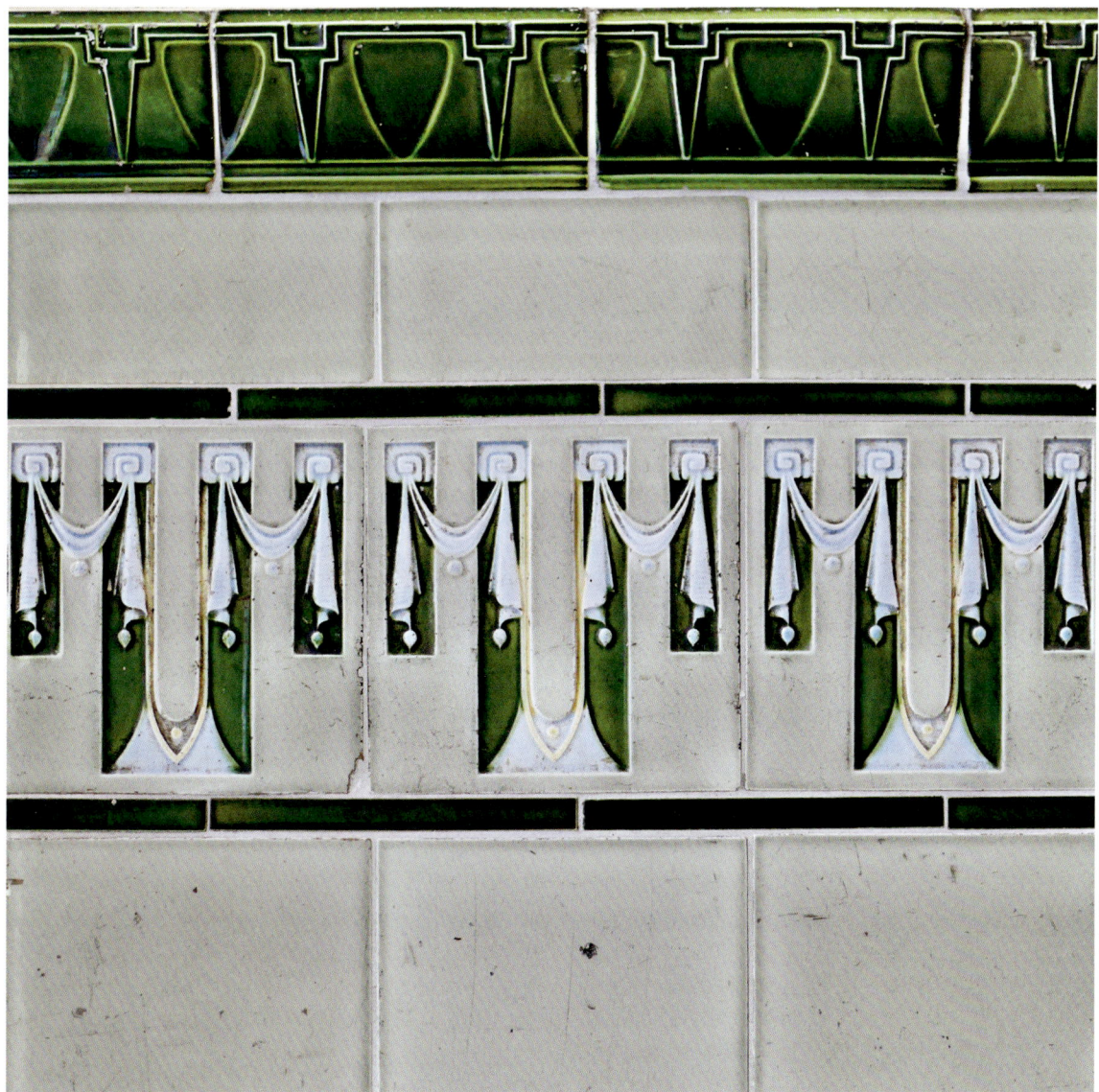

187

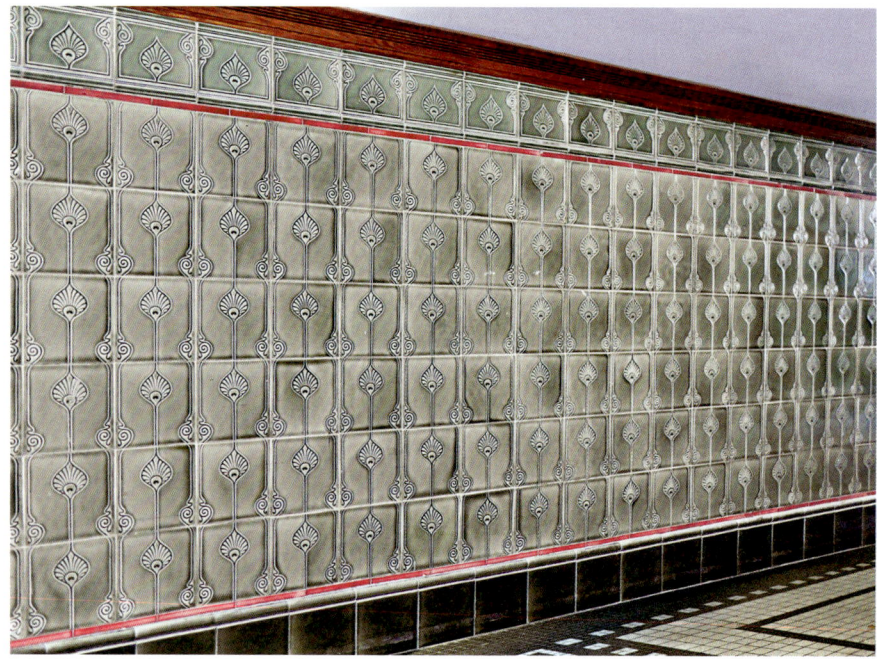

Blätter sind das Symbol für Wachstum, Erneuerung und Wohlstand schlechthin. Der Jugendstil begeisterte sich für alle Pflanzenteile, die die Natur in die Städte und Gebäude tragen konnten. Bei diesem aparten Fliesenentwurf in einem Hausflur in Steglitz handelt es sich um ein Endlosmotiv aus der Pilkington's Tile & Pottery Co. Ltd. aus Manchester. In silbrig schimmerndem Grau brachte es die Steingutfabrik Witteburg 1902 in Kopie auf den Markt und hatte damit verständlicherweise viel Erfolg. „Hier ist der Zauberhauch einer nie dagewesenen Zeit, hier ist ihr Pulsschlag." (Friedrich Ahlers-Hestermann)

Leaves symbolise growth, renewal and prosperity par excellence. Art Nouveau was enthusiastic about all parts of plants that could bring nature into cities and buildings. This striking tile design in a hallway in Steglitz is an endless motif from Pilkington's Tile & Pottery Co. Ltd. in Manchester. The Witteburg earthenware factory launched a copy of it in 1902 in shimmering silvery grey and was understandably very successful. 'Here is the magic breath of an unprecedented time, here is its pulse.' (Friedrich Ahlers-Hestermann)

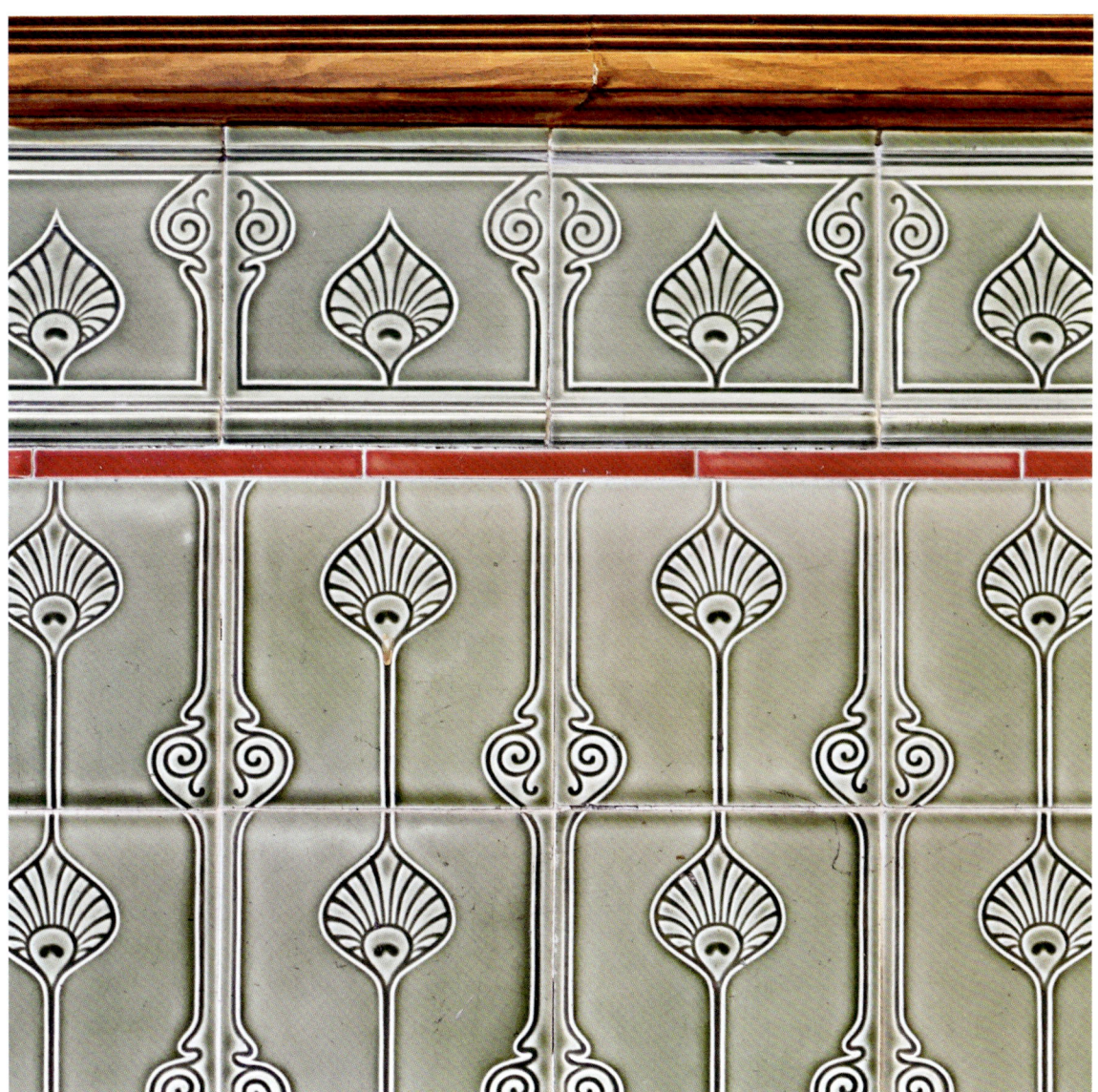

189

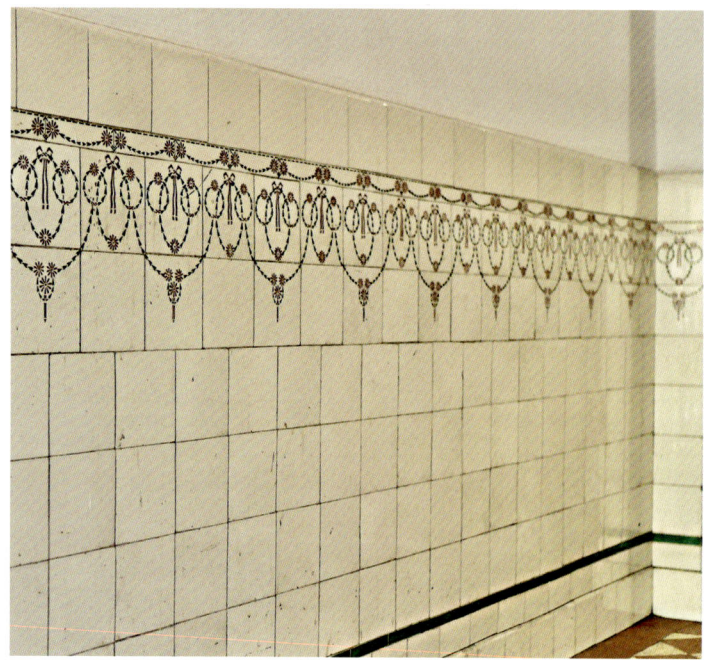

Dieses schablonierte Dekor in Girlandenform verleiht dem Hausflur in Spandau eine gediegene Feierlichkeit. Die hier mit Schleifen und stilisierten Blüten ergänzten immergrünen Lorbeerblätter standen im Jugendstil für innovative Kräfte. Die Produktion der Boizenburger Plattenfabrik wurde 1904 von Steingutgeschirr auf Steingutwandfliesen umgestellt und produzierte ein Jahr später bereits 750.000 Wandfliesen. Das Unternehmen war bis 2023 ein Premiumhersteller von Fliesen.

This stencilled decoration in garland form lends a dignified solemnity to the hallway in Spandau. The evergreen laurel leaves complemented here with bows and stylised blossoms, stood for innovative forces in Art Nouveau. Production at the Boizenburg tile factory was switched from earthenware tableware to earthenware wall tiles in 1904 and a year later was already producing 750,000 wall tiles. The company has been a premium manufacturer of tiles until 2023.

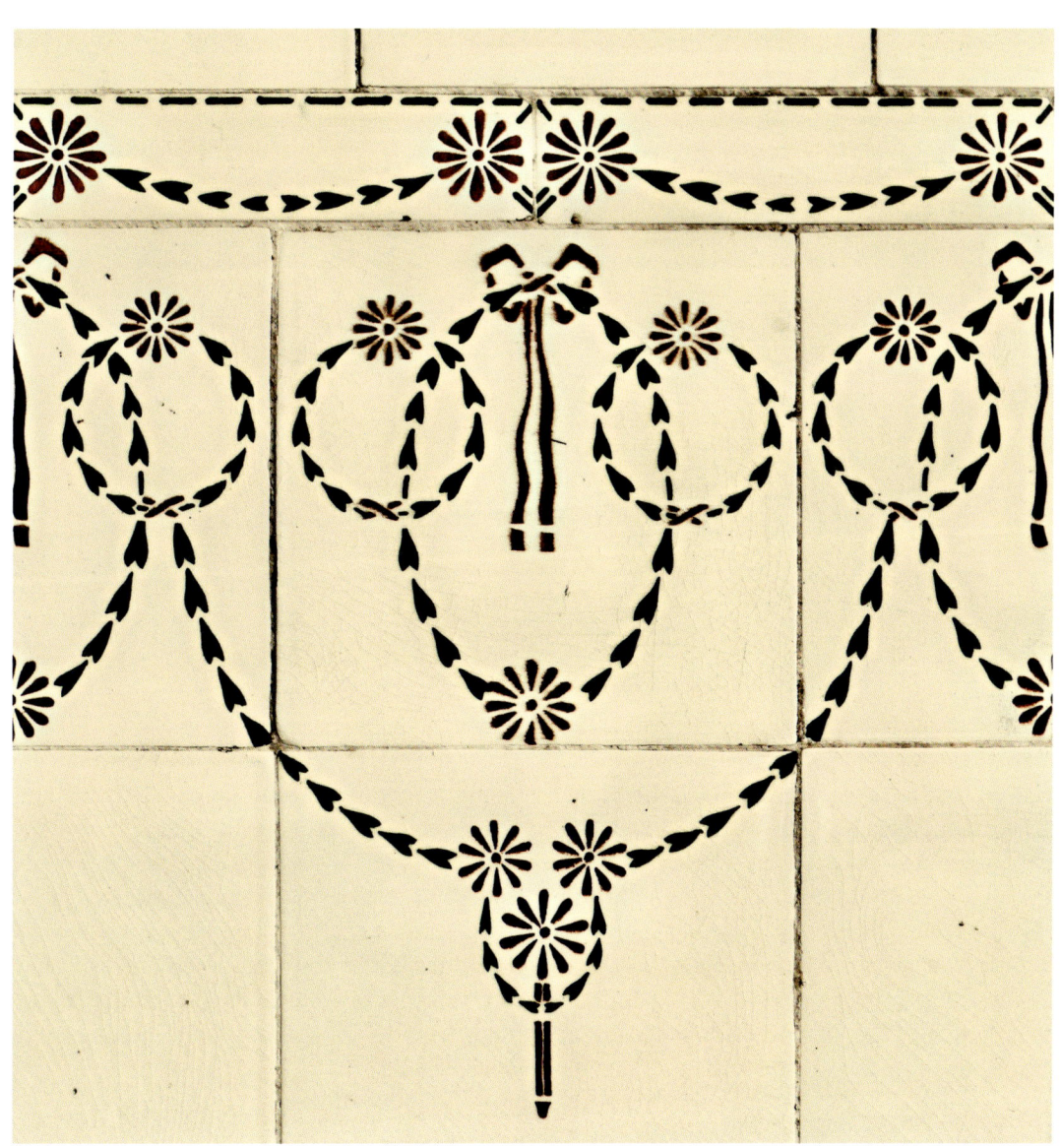

191

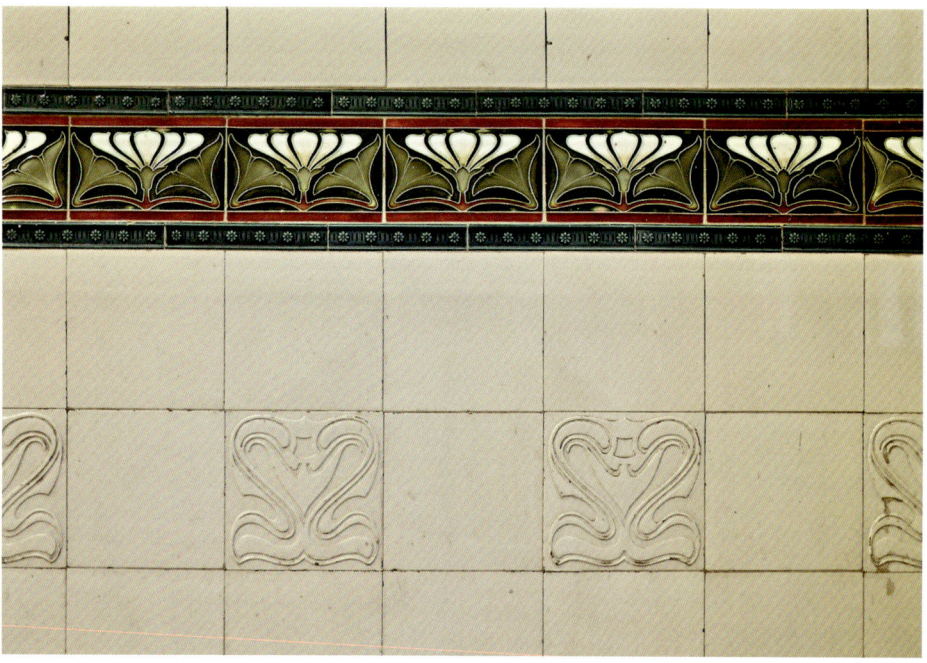

Eine kelchförmige Blüte in Seitenansicht in der Mitte eines Seerosen-Dekors aus der Manufaktur Tonwerk Offstein ist hier zu sehen. Die Blüte und die beiden seitlichen, ebenfalls kelchförmigen Pflanzenteile füllen das oben und unten von glatten Bordüren eingefasste horizontale Band ganz aus. Die geheimnisvolle Seerose barg die Metamorphose, die der Jugendstil bevorzugte, auch in ihrem Namen. Die weiße „Nymphea" war eine poetische Demonstration dafür, dass alles Organische, alles Leben seinen Ursprung im Wasser hat.

A side view of a goblet-shaped flower in the centre of a water lily decoration from the Tonwerk Offstein manufactory can be seen here. The flower and the two equally goblet-shaped plant parts on the sides completely fill the horizontal band, which is framed by smooth borders at the top and bottom. The mysterious water lily also contained the metamorphosis favored by Art Nouveau in its name. The white 'Nymphea' was a poetic demonstration of the fact that everything organic, all life has its origin in water.

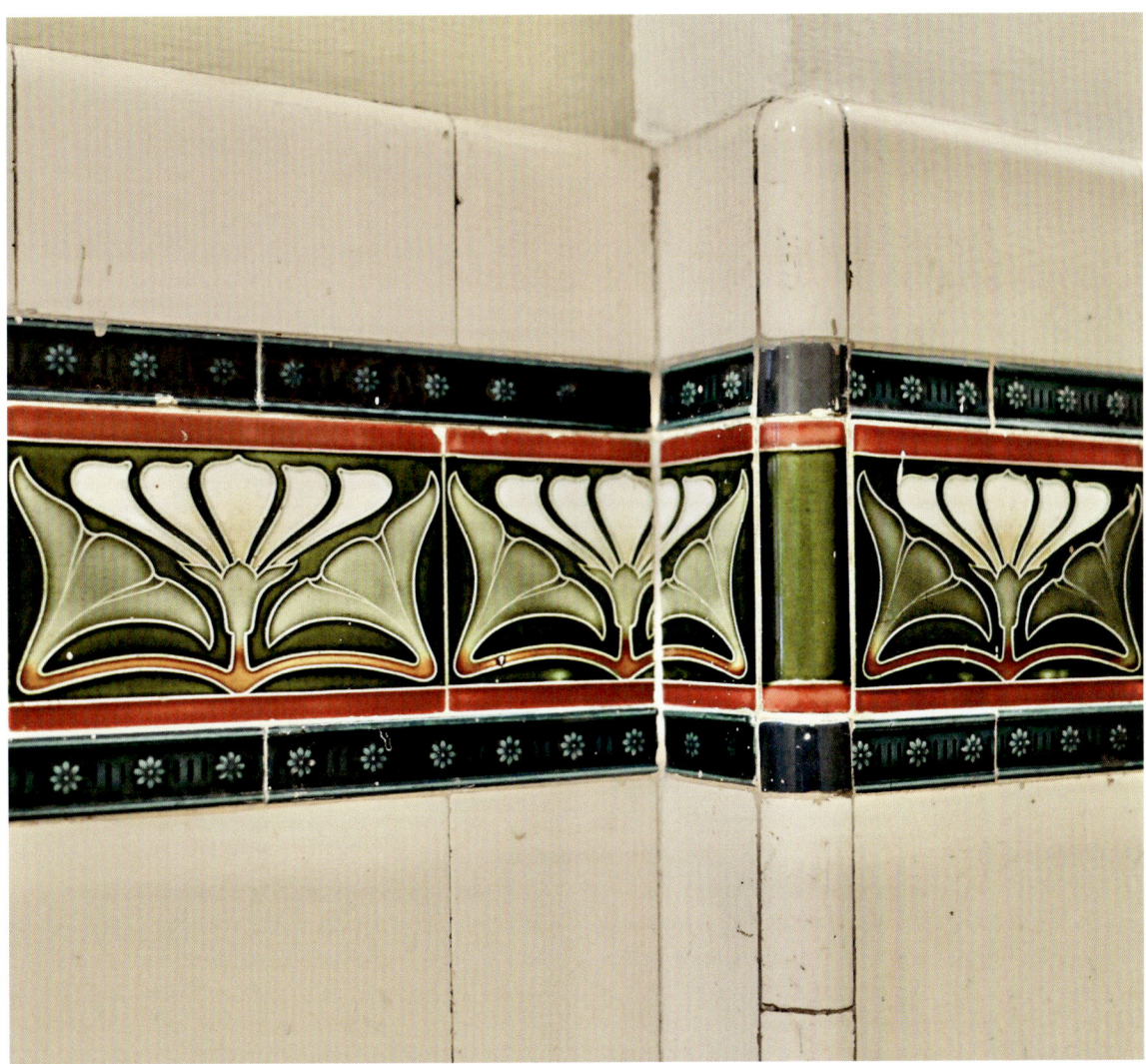

193

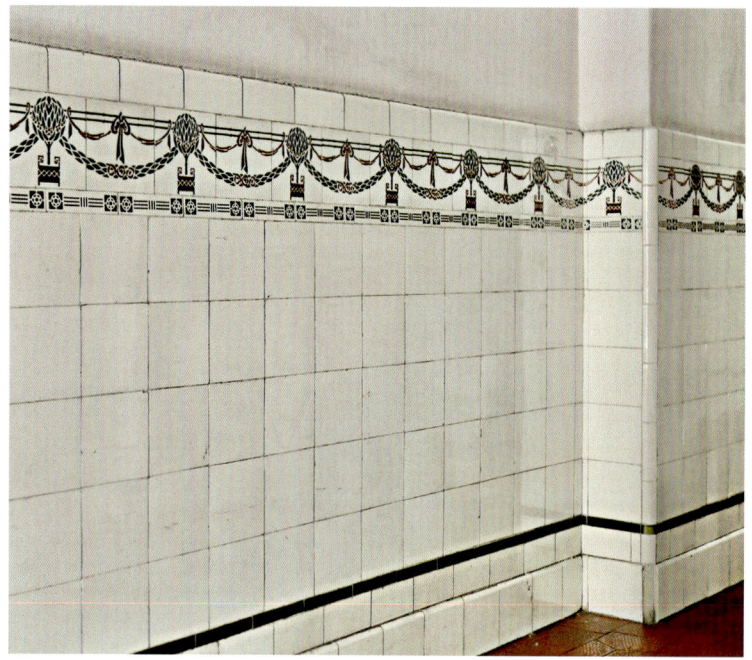

Dieses ausgefallene Rapportmotiv vereint Lorbeer-
bäume mit Girlanden und verleiht einem engen
Hausflur in Spandau einen festlichen Charakter. Die
seit 1748 auf Keramik spezialisierte Firma Villeroy &
Boch brachte zwischenzeitlich auch schablonierte
Dekore wie dieses auf den Markt. Die immergrünen
Lorbeerblätter galten im Jugendstil als Symbol für
innovative Kräfte. Als Gegenpol zu der oft eintönigen
Farbgebung des Historismus, der die Jahrzehnte
zuvor geprägt hatte, kam um 1900 eine neue Farbigkeit in die Architektur. Grün galt im Jugendstil als
„die befreite Farbe" (Friedrich Ahlers-Hestermann).

This unusual repeat motif combines laurel trees
with garlands and gives a rather narrow hallway in
Spandau a festive character. Villeroy & Boch, which
has specialised in ceramics since 1748, has also
launched stencilled decors like this one on the market. The evergreen laurel leaves symbolised innovative forces in Art Nouveau. Around 1900, a new colourfulness was introduced into architecture as a
counterpoint to the rather monotonous colour
scheme of historicism that had characterised the
previous decades. Green was regarded as 'the liberated colour' in Art Nouveau (Friedrich Ahlers-Hestermann).

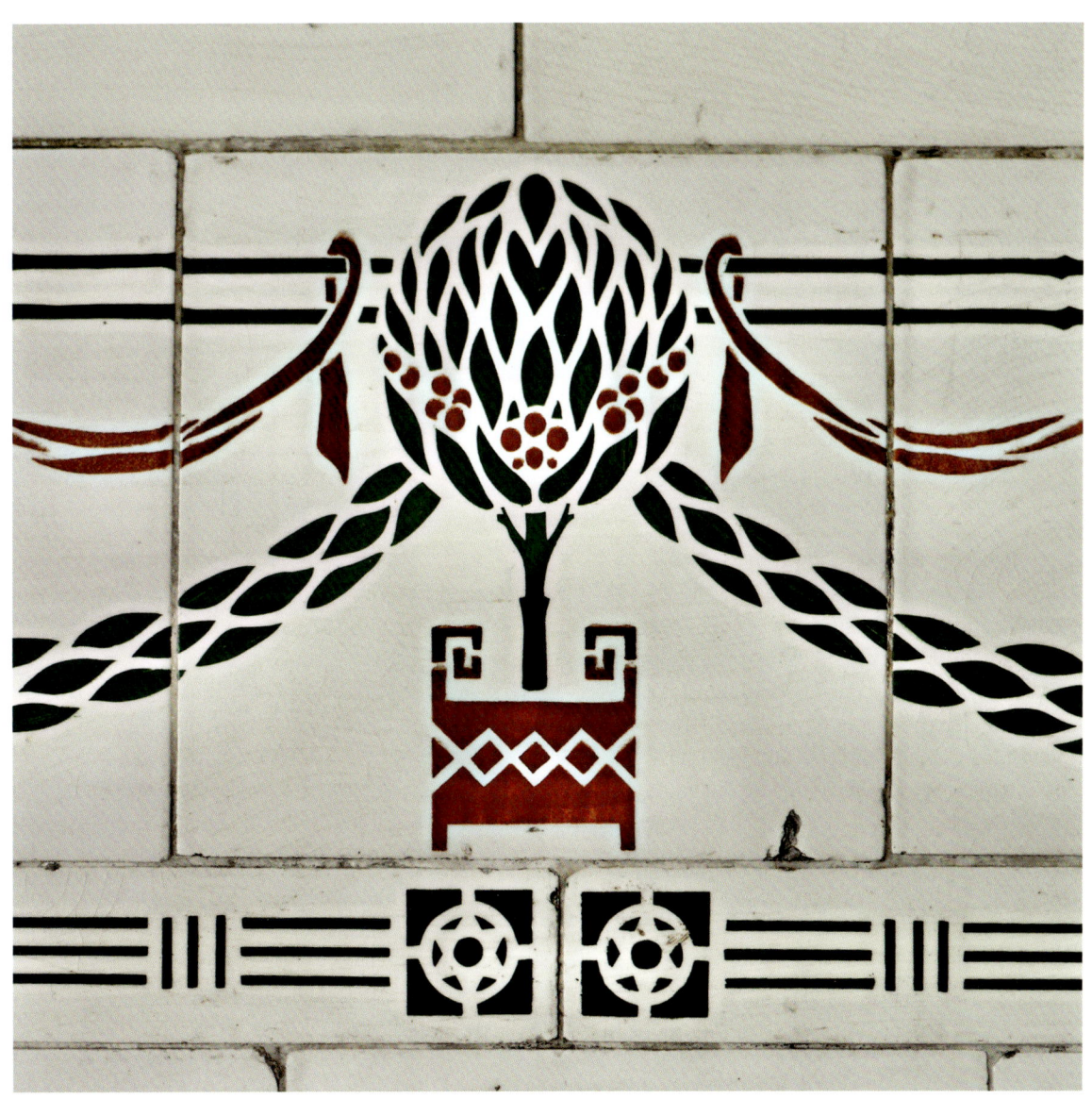

195

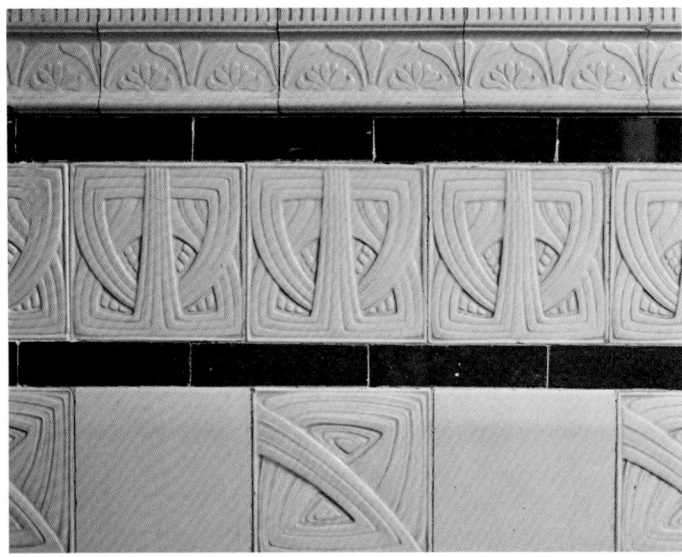

Sein berühmtes Credo „Die Linie ist eine Kraft" hat der belgische, in Deutschland wirkende Architekt und Designer Henry van de Velde hier brillant umgesetzt. Ab 1895 entwarf er für die Manufaktur Villeroy & Boch ikonische Jugendstilfliesen. Dieses monochrome, preisgekrönte, aber schon abstrakte Banddekor ist ein Zufallsfund. Das Ende des Jugendstils in Deutschland kann auf die Dresdener Kunstgewerbeausstellung 1906 datiert werden, in deren Folge van de Velde, Peter Behrens und andere Künstler 1907 den Deutschen Werkbund gründeten, der die Sachlichkeit zum neuen Leitbild erhob. 1909 gründete van de Velde die Kunstgewerbeschule Weimar, die er bis zu ihrer Schließung 1915 als Direktor leitete, und die 1919 zur Keimzelle der Bauhaus-Bewegung wurde.

The Belgian architect and designer Henry van de Velde, who worked in Germany, brilliantly realised his famous credo 'The line is a force' here. From 1895, he designed iconic Art Nouveau tiles for the Villeroy & Boch manufactory. This monochrome, award-winning but already abstract ribbon decoration is a chance find. The end of Art Nouveau in Germany can be dated to the Dresden Arts and Crafts Exhibition in 1906, following which van de Velde, Peter Behrens and other artists founded the Deutscher Werkbund in 1907, which elevated objectivity to a new guiding principle. In 1909, van de Velde founded the Weimarer Kunstgewerbeschule, which he headed as director until its closure in 1915, and which became the nucleus of the Bauhaus movement in 1919.

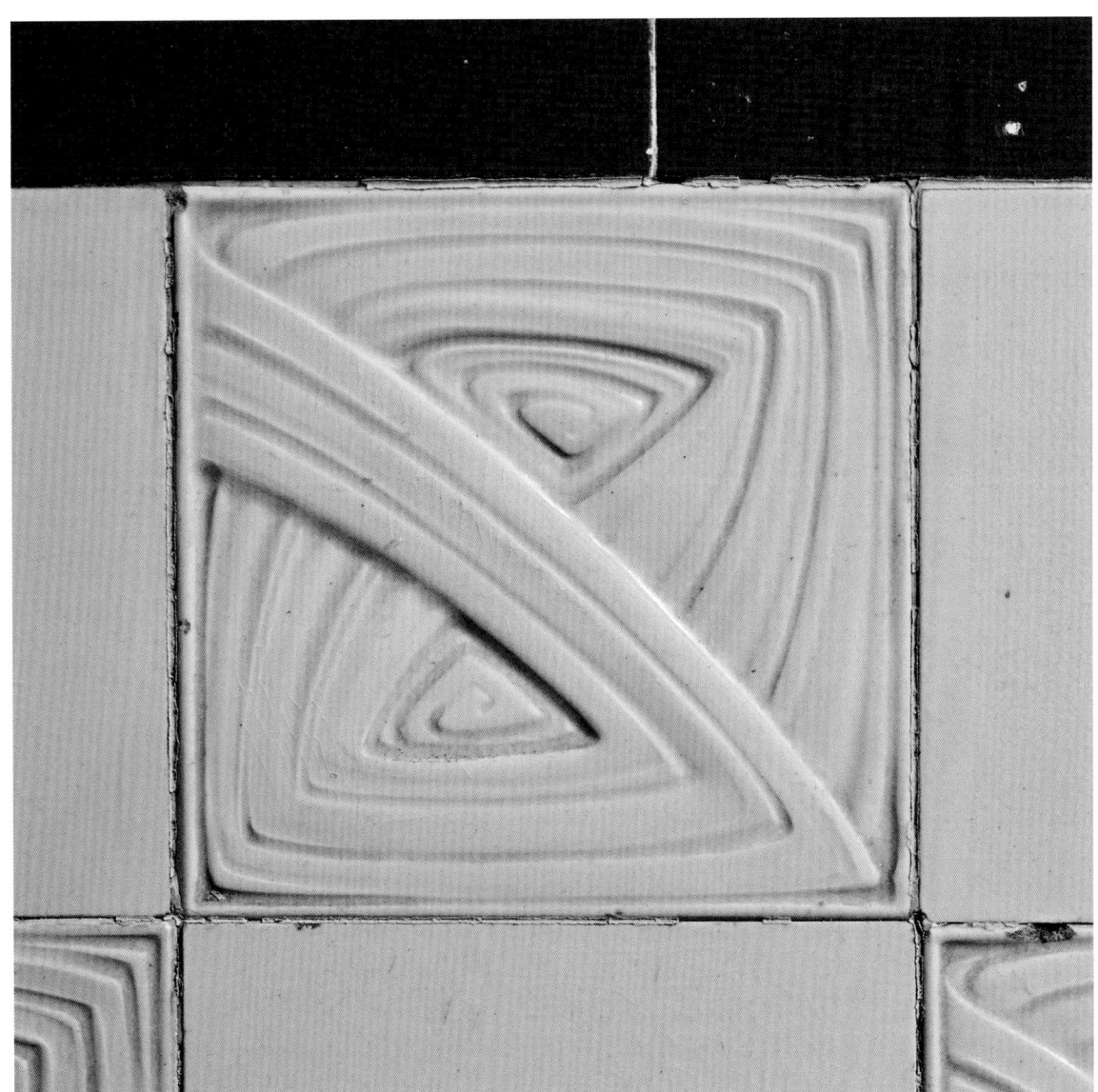

197

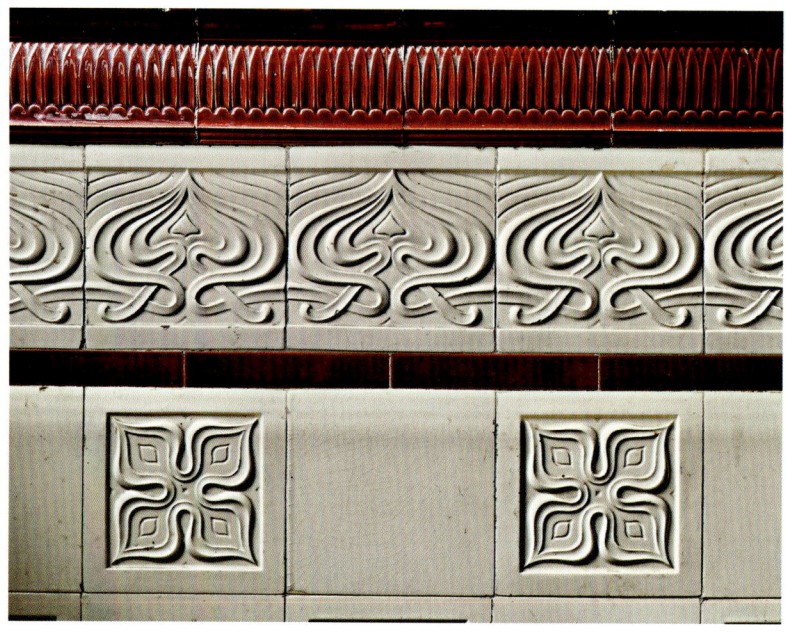

Paul Utzschneider kaufte 1799 eine kleine Fayence-
manufaktur in Saargemünd und baute die Produktion aus. Auch Kaiser Napoleon I. zählte zu seinen
Kunden. 1871 annektierte Deutschland Elsass-Loth-
ringen. Während des Zweiten Weltkriegs wurde die
Firma unter Zwangsverwaltung gestellt, die wirt-
schaftliche Führung übernahm Villeroy & Boch. 1978
wurde das Unternehmen von einem französischen
Konsortium aufgekauft. Teile der früheren Manufaktur Utzschneider & Cie. sind heute noch unter dem
Handelsnamen Zahnafliesen aktiv. Diese elfenbein-
farbenen, abstrakten Pflanzenmotive sind besonders
anmutig, da sie sich vor allem oben im Rapport als
umgedrehte Herzen entpuppen.

Paul Utzschneider bought a small faience manufactory in Saargemünd in 1799 and expanded production. Emperor Napoleon I was also one of his cus-
tomers. In 1871, Germany annexed Alsace-Lorraine.
During the Second World War, the company was
placed under forced administration and Villeroy &
Boch took over the economic management. In 1978,
the company was bought by a French consortium.
Parts of the former Utzschneider & Cie. manufactory
are still active today under the trade name Zahnafliesen. These ivory-coloured, abstract plant motifs
are particularly graceful, as they turn out to be in-
verted hearts, especially at the top of the repeat.

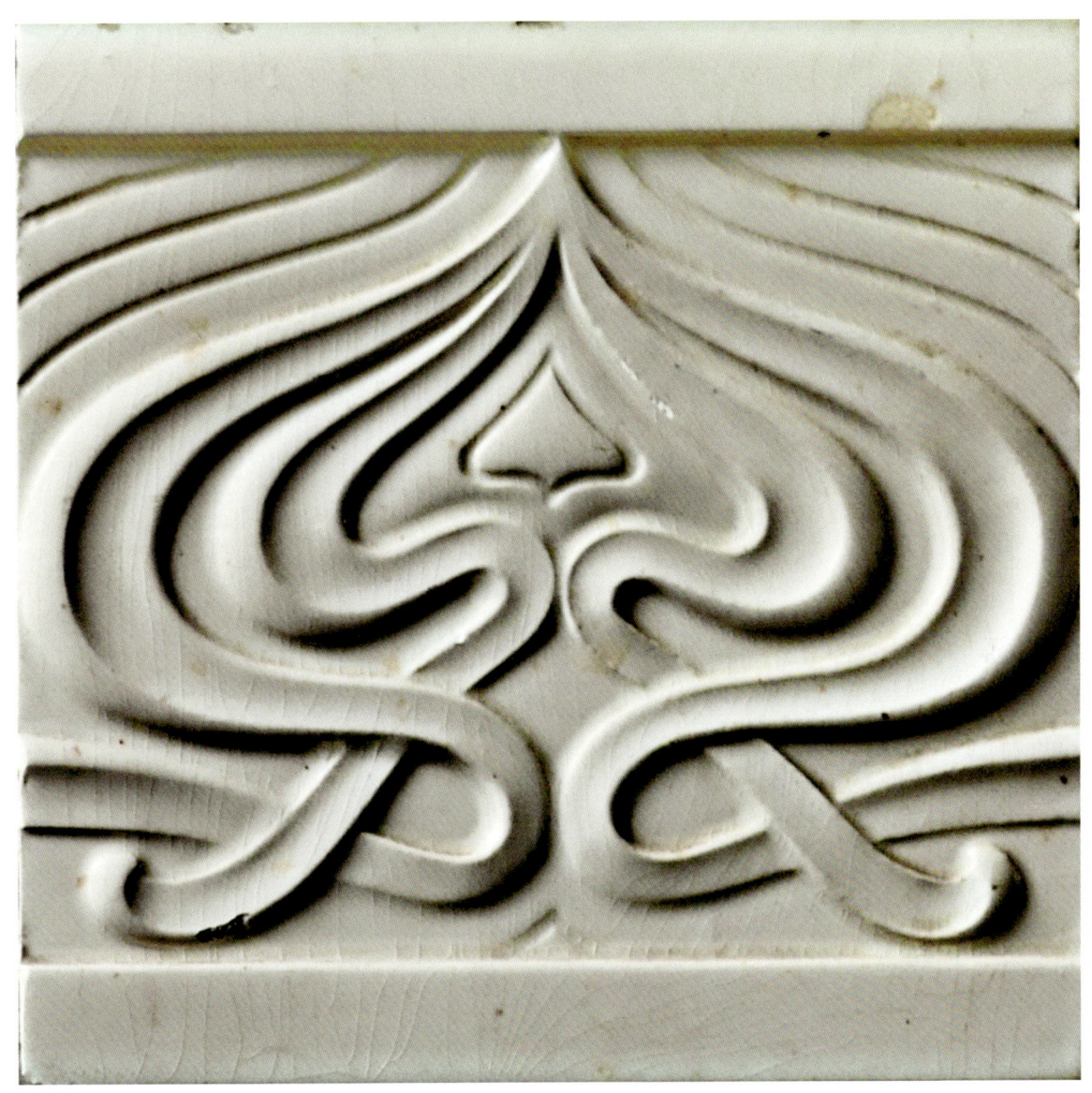

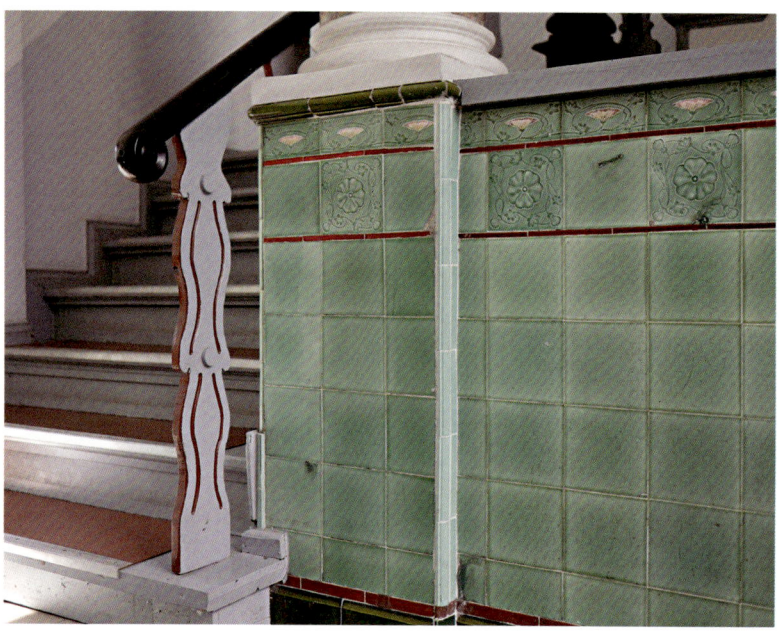

Bei diesem Fliesenentwurf aus der Meissener Ofen- und Porzellanfabrik vormals Carl Teichert erkennt man erst bei genauerem Hinsehen die kleinen, fächerförmigen Blätter der Wald-Anemone. Die Stängel sind stilisiert dargestellt und verbinden sich zu einer Blumenkette. Eine Reihe aus Halbfliesen rundet diesen ausgefallenen Fliesenspiegel mit den ungemein dekorativen, im Jugendstil für Vergänglichkeit, Hoffnung und Sanftheit stehenden Anemonenblüten ab. Diese Fliese gibt es auch in Flaschengrün. Die hellgrüne Variante setzt die geschnitzten Holzelemente dieses Treppenhauses wunderbar in Szene und nimmt dabei die Riemchenfarbe Zinnoberrot wieder auf.

In this tile design from the Meissen Ofen- und Porzellanfabrik (formerly Carl Teichert), the small, fan-shaped leaves of the forest anemone can only be recognised on closer inspection. The stems are stylised and join together to form a chain of flowers. A row of half-tiles rounds off this unusual tile with the incredibly decorative anemone blossoms, which symbolise transience, hope and gentleness in Art Nouveau style. This tile is also available in bottle green. The light green version sets off the carved wooden elements of this staircase wonderfully and echoes the vermilion colour of the tile slips.

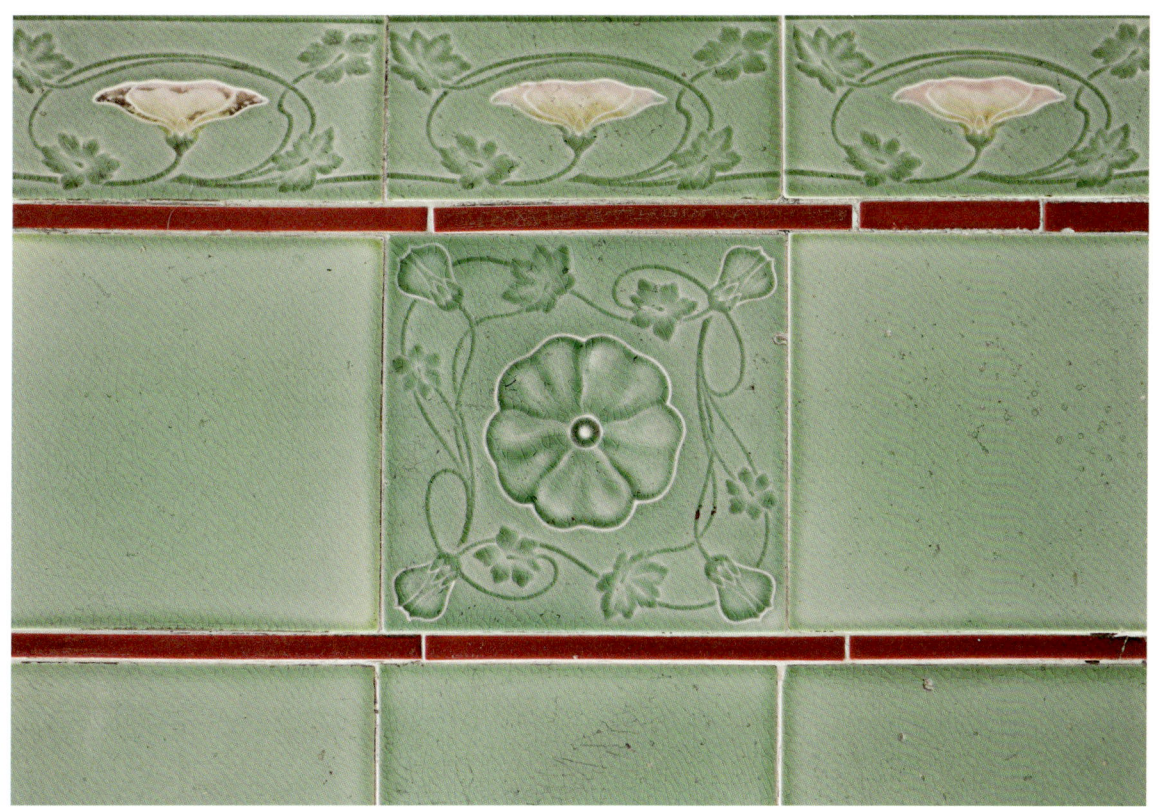

201

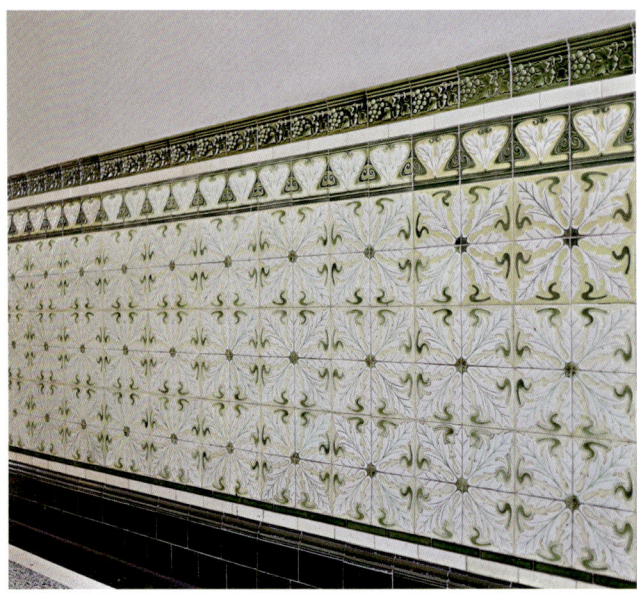

„Der Kunsthandwerker hatte seinen Platz und seinen Rang unter den freien Künsten wiedererobert" (Henry van de Velde). Ein aus vier im Quadrat angeordneten Einzelfliesen mit einem Löwenzahn-Motiv aus dem Hause Villeroy & Boch wird flankiert von einem Rapport aus Fliesen mit jeweils zwei spiegelverkehrt angeordneten Laubblättern. Ausnahmsweise ist sogar die Designerin von diesem selten zu findenden Fliesenspiegel bekannt. Joséphine Scheid entschied sich bei diesem Entwurf für eine farbintensive Melange aus Gelbgrün, Weiß und Dunkelgrün. Symbolisch stand der Löwenzahn im Jugendstil für Mut, Ausdauer und Durchhaltevermögen, wuchs er doch auch in unwegsamem Gelände und an unwirtlichen Orten.

'The craftsman had regained his place and rank among the liberal arts' (Henry van de Velde). A single tile with a dandelion motif from Villeroy & Boch, arranged with four tiles in a square, is flanked by a repeat of tiles, each with two leaves arranged in mirror image. For once, even the designer of this rarely found tile pattern is known. For this design, Joséphine Scheid opted for a colourful mélange of yellow-green, white and dark green. In Art Nouveau, the dandelion symbolised courage, endurance and perseverance, as it also grew in rough terrain and inhospitable places.

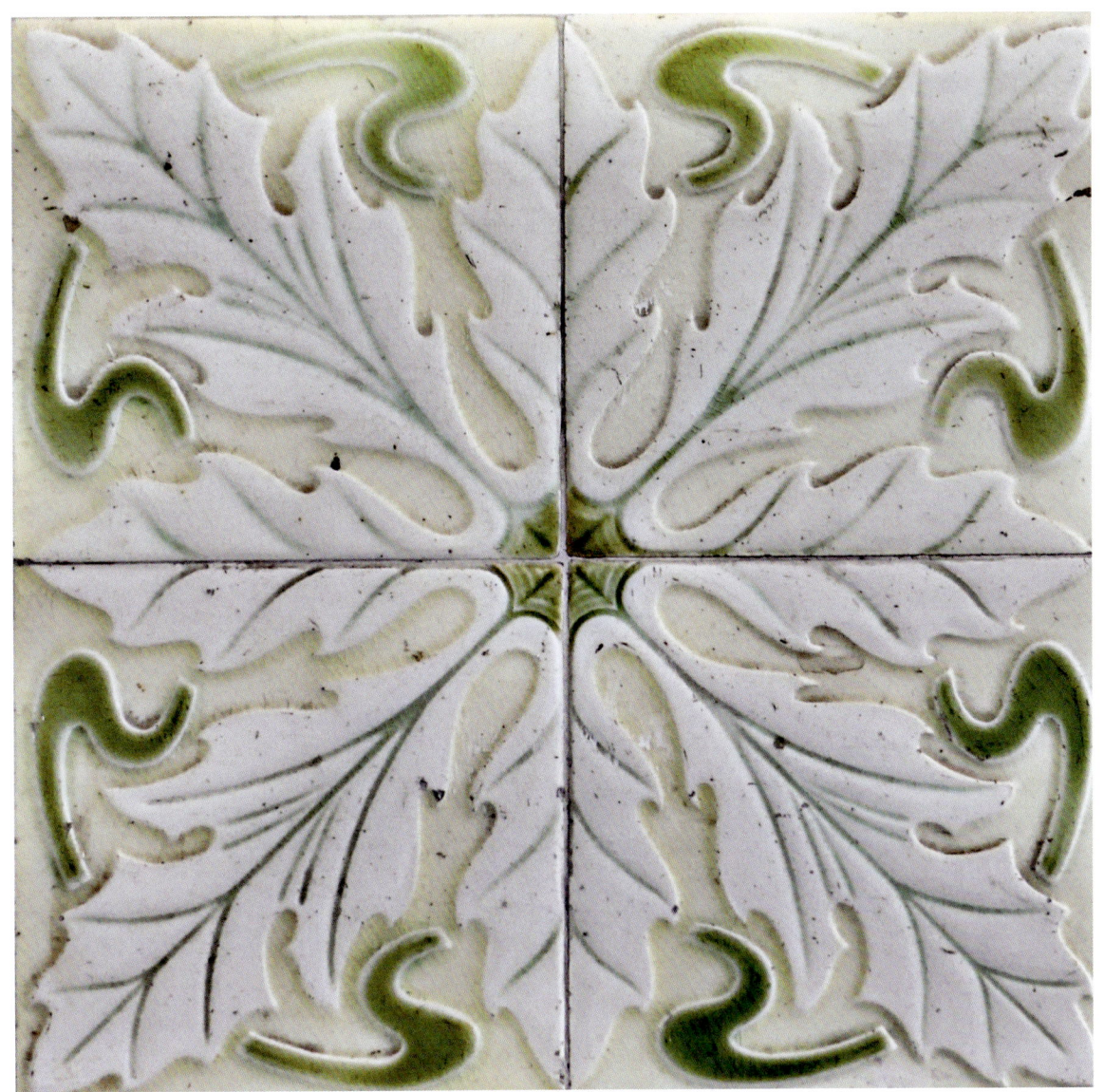

203

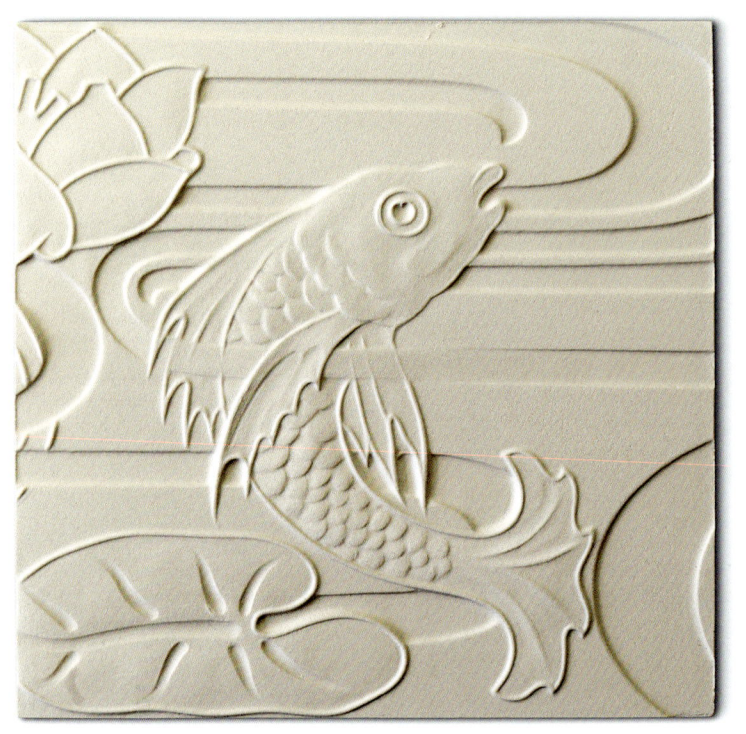
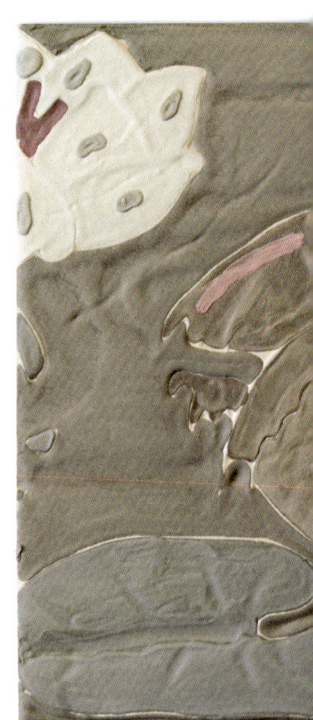

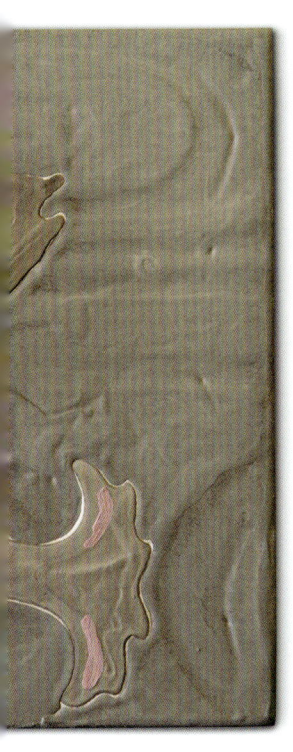
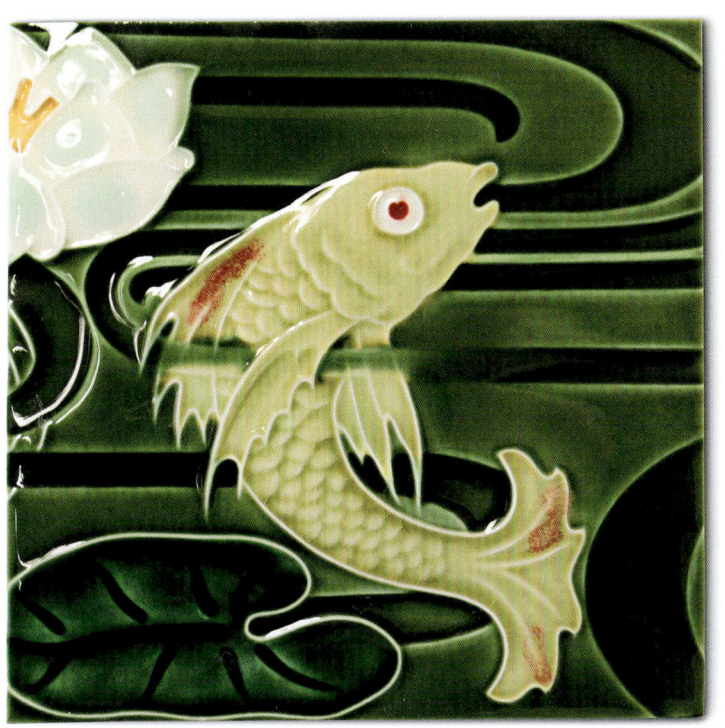

Die Herstellung von Jugendstilfliesen

Die Produktion von Jugendstilfliesen setzt handwerkliche Perfektion voraus. Die hier gezeigten glasierten Wandfliesen aus Steingut waren nicht nur eine Augenweide oder schmückendes Beiwerk. Sie galten als gut zu reinigen, hygienisch und robust. Der Begriff ‚Jugendstilfliese' umfasste mehrere Arten von Fliesen, wie Dekorfliesen, Uni-Fliesen und Abschlussfliesen (Bordüren und Sockel), die ein ganzes Jugendstilfliesen-Programm ergaben. Die Anzahl künstlerischer Wandfliesenentwürfe deutscher Herkunft belief sich schätzungsweise auf über 8000 für den Zeitraum zwischen 1895 und 1935, hergestellt in über 25 Manufakturen. Namhafte Designer wie Henry van de Velde oder Peter Behrens entwarfen Motive, aber meist wurde nur der Name des Herstellers auf die Rückseite der Fliese gedruckt. Die ausführenden KünstlerInnen blieben unbekannt.

Jugendstil-Dekorfliesen waren in der Mehrzahl reliefiert und mehrfarbig und wurden von Hand bemalt. Reliefdekorfliesen unterteilten sich in Faden-, Flach- und Hochdekore. Im ersten Fall bildet ein fadenartig geprägtes Steggebilde die formale Grundlage für das Dekor der Wandfliese, der reliefierte Faden verhindert das Ineinanderlaufen der Farben. Faden- und Flachdekore können maschinell hergestellt werden. Hochrelieffliesen werden oft von Hand produziert und erreichen eine Höhe von bis zu fünf Millimetern.

Das klassische Format war 15 × 15 cm, es gab aber auch Halbformate oder kleinere Formate. In der Brandenburger Manufaktur von GOLEM Baukeramik wird das Handwerk der Jugendstilfliese bewahrt und die Tradition dieser Fliesenkunst weitergeführt.

Mittlerweile umfasst das Fliesensortiment 400 Dekore. Durch die Pflege überlieferter Arbeitstechniken und die Verarbeitung erstklassiger Materialien erreicht die Manufaktur ein Höchstmaß an ästhetischer Finesse und Authentizität. Die Beibehaltung der Scharfkantigkeit, der originalgetreue Glasurauftrag sowie traditionelle Glasurrezepte sorgen dafür, dass die Fliesen den Originalen zum Verwechseln ähnlichsehen. Nur das GOLEM-Logo auf der Rückseite weist sie als ein Produkt unserer Zeit aus. Das charakteristische Craquelé und der individuelle Pinselstrich, der sich in der Glasur abzeichnet, machen den feinen Unterschied aus. Der Scherben wird nach wie vor aus Ton, Kaolin, Quarz und Feldspat hergestellt.

Die Arbeitsschritte vom Original zur originalgetreuen Reproduktion werden oben anhand der GOLEM-Fliese F 94 gezeigt. Das zweiteilige Rapport-Motiv mit den grünen Karpfen stammt aus dem Jahr 1900 und wurde von Villeroy & Boch entworfen. Es ist ein Klassiker im Jugendstilfliesen-Sortiment von GOLEM. Zunächst wird in Handarbeit eine negative Gipsform angefertigt. Mit dem Pressstempel kann dann das Motiv in den Rohling geprägt werden. Durch den ersten Brand wandelt der Rohling seine Farbe von Grau zu Weiß und erreicht seine endgültige Festigkeit. Jetzt kann die Glasur aufgetragen werden.

Das komplexe Motiv der Dekorfliese F 94 (eine Kombination aus Faden- und Flachrelief) ist zunächst nur in Höhen, Tiefen und Umrisslinien auf dem hellen Tonscherben erkennbar. Es erfordert große Geschicklichkeit, beim Bemalen mithilfe eines Malhörnchens, einem birnenförmigen Gummibalg mit einem in die Spitze eingesetzten Metallkiel, die richtige Glasurstärke durch die Geschwindigkeit des Auftragens zu steuern. Die Glasur muss gleichmäßig und zügig aufgetragen werden. Jeder Auftrag wird von einer einzigen Person ausgeführt, damit die Serie wie „aus einem Guss" wirkt. Die endgültige Farbigkeit entsteht erst im Brennofen, wenn alle Bestandteile der Glasur miteinander verschmolzen sind. Es wird großen Wert auf Handarbeit in allen Prozessen der Fertigung gelegt. Die dadurch entstehenden Unregelmäßigkeiten machen jede Fliese zu einem Unikat.

Viktor Schmidt

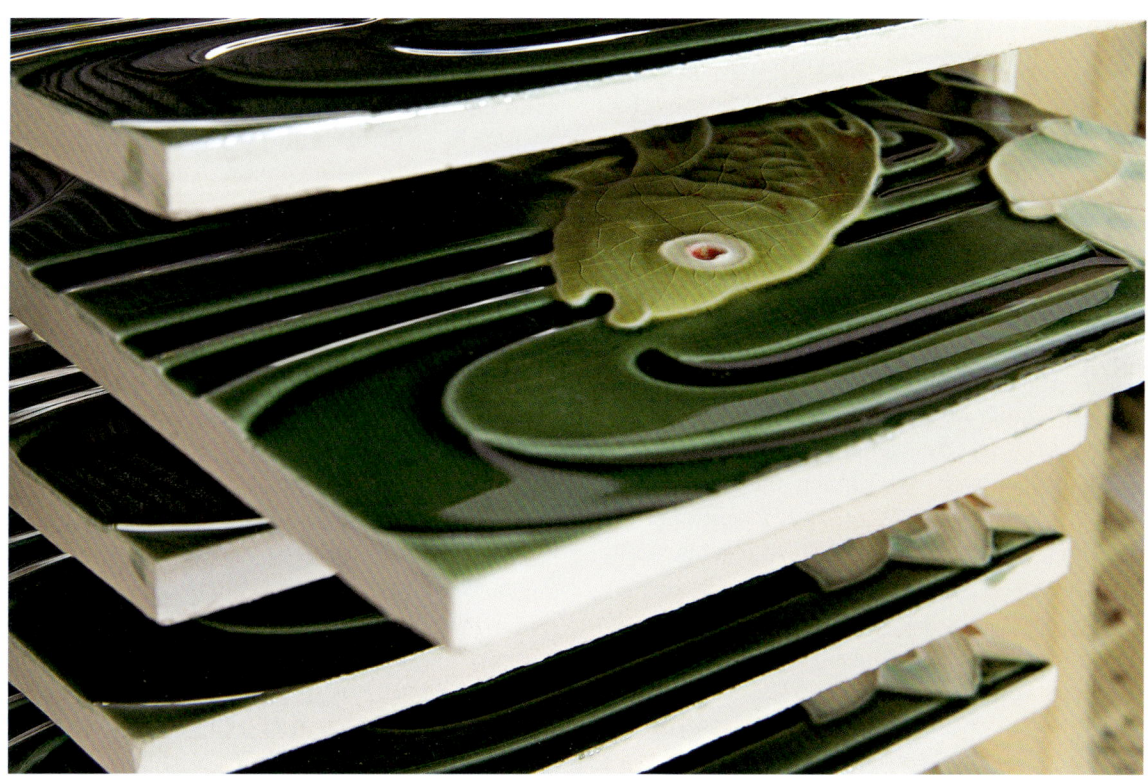

The production of Art Nouveau tiles

Perfect craftsmanship is the basic qualification for the production of Art Nouveau tiles. The glazed earthenware wall tiles shown here were not just a feast for the eyes or decorative accessories. They were considered easy to clean, hygienic and robust. The term 'Art Nouveau tile' encompassed several types of tiles, such as decorative tiles, plain tiles and finishing tiles (borders and plinths), which made up an entire Art Nouveau tile programme. The number of artistic wall tile designs of German origin is estimated to have totalled over 8000 for the period between 1895 and 1935, produced in over 25 factories. Renowned designers such as Henry van de Velde or Peter Behrens created motifs, but usually only the name of the manufacturer was printed on the back of the tile. The executing artists remained unknown.

Art Nouveau decorative tiles were mostly relief and multi-coloured and were painted by hand. Relief decorative tiles can be divided into thread, flat and raised decors. In the first case, a thread-like embossed web forms the formal basis for the wall tile's decoration; the relief thread prevents the colours from running into each other. Thread and flat decors can be produced by machine. High-relief tiles are often produced by hand and reach a height of up to five millimetres. The classic format was 15 × 15 cm, but there were also half formats or smaller formats. GOLEM Baukeramik's Brandenburg factory preserves the craft of Art Nouveau tiling and continues the tradition of this tile art.

The tile range now comprises 400 decors. By maintaining traditional working techniques and processing first-class materials, the manufactory achieves the highest degree of aesthetic finesse and authenticity. The retention of sharp edges, the faithful application of glaze and traditional glaze recipes ensure that the tiles look like the originals. Only the GOLEM logo on the back identifies them as a product of our time. The characteristic craquelure and the individual brushstroke that can be seen in the glaze make the subtle difference. The body is still made from clay, kaolin, quartz and feldspar.

The work steps from the original to the faithful reproduction are shown above using the GOLEM tile F 94. The two-part repeat motif with the green carp dates back to 1900 and was designed by Villeroy & Boch. It is a classic in GOLEM's Art Nouveau tile range. First, a negative plaster mould is made by hand. The motif can then be embossed into the blank using a press stamp. The first firing changes the colour of the blank from grey to white and gives it its final strength. Now the glaze can be applied.

The complex motif of the F 94 decorative tile (a combination of thread and bas-relief) is initially only recognisable in heights, depths and outlines on the light-coloured clay body. It requires great skill to control the correct glaze thickness by the speed of application when painting with the help of a painting horn, a pear-shaped rubber bellows with a metal quill inserted into the tip. The final colour is only created in the kiln when all the components of the glaze have fused together. Great importance is attached to manual labour in all production processes. The resulting irregularities make each tile unique.

(Viktor Schmidt)

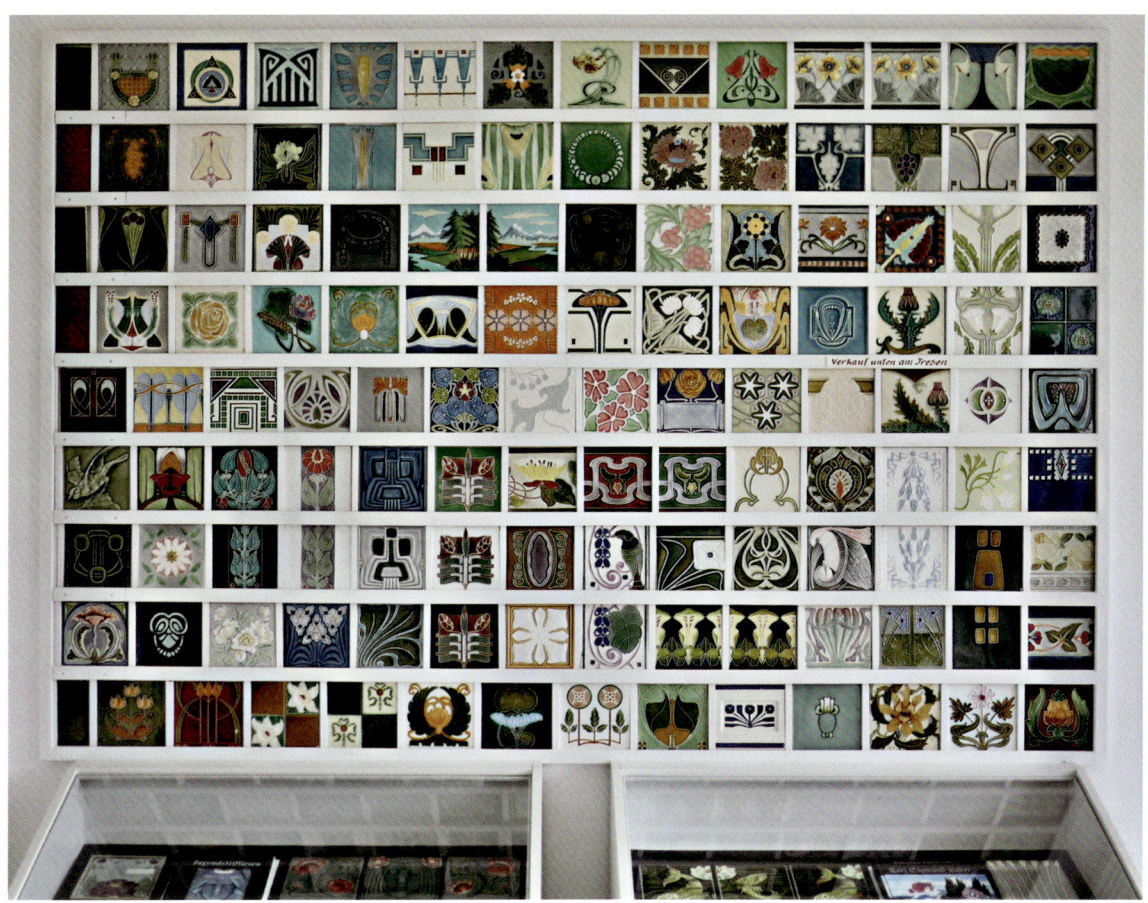

Fliesenhandel Schittek verkauft noch Originaljugendstilfliesen

Heike Maria Johenning, Jahrgang 1968, ist freiberufliche Autorin und Übersetzerin. Sie studierte Romanistik und Slawistik in München, Paris und Moskau und machte ihren Abschluss am Sprachen- und Dolmetscher-Institut München. Sie hat zahlreiche Reise- und Architekturführer (über Montréal, St. Petersburg, Kyiv, Tbilissi, Moskau und Baku) geschrieben. Das Phänomen „Jugendstil in Osteuropa" beleuchtet sie in ihren Veröffentlichungen und Vorträgen. 2023 kam ihr Titel „Fassadendämmerung. Berliner Jugendstil" (Ammian Verlag) auf den Markt. Auf Ihrem Instagram-Account @artnouveau.heike zeigt sie die Schönheit des Jugendstils.

Heike Maria Johenning, born in 1968, is a freelance author and translator. She studied Romance and Slavic languages in Munich, Paris, and Moscow and graduated from the Sprachen- und Dometscher-Institut in Munich. She has written numerous travel and architecture books (on Montreal, St. Petersburg, Kyiv, Tbilisi, Moscow and Baku). In her publications and lectures she explores the phenomenon of 'Art Nouveau in Eastern Europe'. In 2023, her book "Fassadendämmerung. Berliner Jugendstil" (Ammian Verlag) was published. On her Instagram account @artnouveau.heike, she showcases the beauty of Art Nouveau.

ISBN 978-3-422-80331-2
e-ISBN (PDF) 978-3-422-80333-6

Library of Congress Control Number: 2025942963

Bibliografische Information der Deutschen Nationalbibliothek
Die Deutsche Nationalbibliothek verzeichnet diese Publikation in der Deutschen Nationalbibliografie; detaillierte bibliografische Daten sind im Internet über http://dnb.dnb.de abrufbar.

© 2025 Deutscher Kunstverlag
Ein Verlag der Walter de Gruyter GmbH, Berlin/Boston, Genthiner Straße 13, 10785 Berlin

Bildnachweise: Fliesen S. 14–203, S. 209 und Einband © Heike Maria Johenning; Abbildungen S. 204–207 © Viktor Schmidt.
Abbildung S. 147 aus dem Buch „Tiles & Styles" von Ken Forster, Schiffer Publishing
Einbandgestaltung: Rüdiger Kern, Berlin
Satz: Savage Types Media, Berlin
Druck und Bindung: Beltz Grafische Betriebe GmbH, Bad Langensalza

www.deutscherkunstverlag.de
www.degruyterbrill.com
Fragen zur allgemeinen Produktsicherheit:
productsafety@degruyterbrill.com